Grundlehre von der Strafrechtswidrigkeit

違法性の基礎理論

著 日髙 義博

イウス出版

Meinem Lehrer
Prof. Dr. Knut Amelung
in Dankbarkeit zugeeignet

はしがき

　戦後の日本の刑法学が正面から取り組まなければならなかった課題の一つに目的的行為論がある。目的的行為論は、犯罪論の全体的枠組みを変動させるインパクトを有していただけに、論争は行為論にとどまらず、他の分野においても根本的な議論を巻き起こした。目的的行為論を支持する論者が人的違法論を展開したことから、違法論においては、違法要素に主観的ファクターをより取り込むことが可能なのか、それとも客観的ファクターに限定していくべきなのか、という違法性の実質に係わる議論を巻き起こした。違法性の実質が規範違反なのか法益侵害なのかという従来の論争を、行為反価値か結果反価値かという視点からの論争に変動せしめたのである。この点は、今日の違法論の中核的問題となっており、さまざまな違法モデルが提示されている。このような法状況の中で、本書は、違法モデルとして跛行的結果反価値論を提唱し、違法性の基礎理論を一書にまとめたものである。

　違法論を研究する際、法益論の研究は避けては通れない。私は、1980年にドイツのトリーア大学法学部に留学し、アメルンク教授（Knut Amelung：その後ドレスデン大学法学部に移った）の下で法益論の研究を始めた。しかし、当時はまだ不作為犯論の研究に主軸を置いていたことから、法益論については、基礎的な研究に止まった。違法論の本格的な研究に着手したのは、1990年に再びトリーア大学に留学する機会を得た時からである。古都トリーア（Trier）での研究時間は、モーゼルの流れのようにゆったりと流れ、深い思索と多岐にわたる議論を可能にした。トリーアでの研究生活に恵まれなかったら、跛行的結果反価値論の構築は不可能であったと思われる。

　第1部の第3章「主観的違法要素と違法論」および第4章「偶然防衛と違法モデル」は、トリーアにおいて構想した跛行的結果反価値論を基礎に置いている。第1章「可罰的違法性と違法の統一性」は、法の存在構造と違法との関係を解き明かそうとしたものである。本稿は、最近執筆したものではあ

るが、その思索の原点は、もう二昔も前のことである。畏友のギュンター教授（Hans-Ludwig Günther：現在チュービンゲン大学法学部教授）が、まだトリーア大学の助手であった頃、教授資格論文のテーマとして可罰的違法性の研究に取り組んでいたが、彼と毎日のように研究室において議論したことが論稿の土台になっている。法哲学的思索と体系的思考との結合という課題について、断続的ではあったが長い間思索を巡らしたことになる。その他、トピック的な問題についての論稿も本書に収録し、違法論の全体像が浮き彫りになるようにした。

第2部については、実行行為論において、法益侵害性とりわけ法益侵害の危殆化の判断をどのように展開するのかについて論究したものである。不能犯論の危険判断においては、行為反価値論と結果反価値論との対立が顕著に反映している。議論の出発点としていかなる違法論を構築するのかが問われる局面でもある。さらに、原因において自由な行為の理論においては、実行行為論における危険判断の問題に加え、責任主義との連結のあり方が問われ、錯綜した問題の解決が迫られている。この点について、第8章、第9章の論稿は、跛行的結果反価値論の観点から問題解決を図ったものである。

第3部においては、法益論に関するアメルンク教授の論稿の翻訳紹介を収録した。収録した2論文は、アメルンクの法益論の骨格を理解する上で重要なものである。規範によって保護されているものが法益であり、規範それ自体は法益ではないとする見解がどのような理論的背景から主張されるに至ったかを理解しておくことは、結果反価値性を重視する立場にあっては極めて重要である。法益の精神化に歯止めがかからないと、結果反価値論は行為反価値論に転化する可能性を秘めているのである。

違法論の研究を本書にまとめるまで、約20年の歳月が流れた。これまで10年を一つの節目として研究をまとめてきたが、違法論の研究は、他の研究テーマと並行して続けてきたため、長い時間を要した。その間には、研究環境を阻害する要因も介在した。体調を壊したり、最近では学内の激職にあったり、様々な事情が介在した。ともあれ、本研究が完結する上で極めて重

要な研究環境を与えてくれたアメルンク教授に本書を献げたい。

　人間、死線を彷徨うと実に不思議な夢を見るものである。5年ほど前に病床にあった時、白袴を着た祖父佐兵衛と父常秋が夢の中に現れた。2人して、彼岸から私を迎えに来たのである。しかし、再び研究生活に戻ることを許してくれたことに感謝しなければならない。

　本書の出版に際しては、イウス出版の田中伸治社長に種々お世話になった。田中君は、私のゼミ生であったこともあり、親しい間柄である。法律関係の出版に情熱をもって取り組もうとする姿勢にうたれ、長年の研究成果の公刊を彼の手に託すことにした。出版事業を取り巻く環境には厳しいものがあるが、彼の情熱が開花する上で、幾ばくかの寄与をなしうることを切に願う次第である。

　本書の校正作業については、私の研究室の森住信人（専修大学大学院法学研究科博士後期課程）、斎藤あゆみ（専修大学法科大学院）の両君が熱心に手伝ってくれた。学長職にあることから旧稿の見直し作業がはかどらなかったが、両君の助力により漸く上梓することができた。記して感謝の意を表する。

　平成17年5月15日

　　　　　　　　　　　　　　　　　新緑の美しい伊利麻にて

　　　　　　　　　　　　　　　　　　　　　　日髙　義博

目　次

第1部　違法性の基礎理論 …………………………………………1

第1章　可罰的違法性と違法の統一性 …………………………3
1　問題の所在 …………………………………………………3
2　法の存在論的構造と違法論 ………………………………7
3　可罰的違法性の犯罪論体系上の位置付け ………………12
4　超法規的違法性阻却事由としての可罰的違法性 ………16
5　結　語 ………………………………………………………17

第2章　可罰的違法性に関する2判例 …………………………19
1　ピケッティングに際しての他の組合員に対する逮捕行為と可罰的違法性 ………………………………………………19
　1　事実の概要 ………………………………………………19
　2　判決要旨 …………………………………………………22
　3　評　釈 ……………………………………………………23
2　公職選挙法166条にいう「選挙運動のためにする演説」の意義および同条違反行為・法定外文書頒布行為の可罰的違法性 ………29
　1　事実の概要 ………………………………………………29
　2　判決要旨 …………………………………………………33
　3　評　釈 ……………………………………………………34

第3章　主観的違法要素と違法論 ………………………………41
1　はじめに ……………………………………………………41
2　主観的違法要素の理論の発展過程 ………………………43
　1　概　要 ……………………………………………………43
　2　客観的違法論からのアプローチ ………………………45
　3　人的不法論の展開 ………………………………………48
　4　理論の方向性 ……………………………………………50

3 行為反価値・結果反価値との関係 …………………52
  1 違法二元論における基本形 …………………52
  2 一元的・主観的不法論での取扱い …………………54
  3 違法二元論からの行為反価値の限定 …………………55
  4 物的不法論での取扱い …………………56
  5 小 括 …………………57
 4 跛行的結果反価値論からの試論 …………………58
  1 行為反価値・結果反価値の内容および機能 …………………58
  2 主観的違法要素の種類 …………………60
  3 主観的要素の犯罪論体系上の位置付け …………………63
第4章 偶然防衛と違法モデル …………………65
 1 はじめに …………………65
 2 偶然防衛論の現状 …………………67
 3 違法二元論における違法モデル …………………75
 4 結果反価値と行為反価値との関係 …………………77
 5 誤想防衛との関係 …………………79
第5章 正当防衛に関する2判例 …………………81
 1 正当防衛における防衛手段としての相当性の範囲 …………………81
  1 事実の概要 …………………81
  2 判決要旨 …………………83
  3 評 釈 …………………84
 2 「急迫不正の侵害」の継続と防衛行為の相当性 …………………88
  1 事実の概要 …………………88
  2 判決要旨 …………………89
  3 評 釈 …………………90
第6章 被害者の承諾と違法論 …………………96
 1 安楽死ならびに尊厳死の許容性について——死に対する自己決定権と生命の保護—— …………………96

1　はじめに …………………………………………………96
　　　2　安楽死の許容性について …………………………………97
　　　3　尊厳死の許容性について …………………………………102
　2　東海大学安楽死事件判決について …………………………106
　　　1　事実の概要 …………………………………………………106
　　　2　横浜地裁の判決要旨 ………………………………………110
　　　3　本判決の意義および問題点 ………………………………114
　　　4　積極的安楽死の許容要件について ………………………115
　　　5　医療行為の中止の要件について …………………………117
　3　未成年者誘拐罪と被害者の承諾 ……………………………121
　　　1　はじめに …………………………………………………121
　　　2　問題点 ……………………………………………………121
　　　3　未成年者誘拐罪の保護法益 ………………………………122
　　　4　未成年者および誘拐の意義 ………………………………125
　　　5　被拐取者の承諾は違法性阻却事由となりうるか ………127
　　　6　結　語 ……………………………………………………130
　4　姦通目的での住居の立ち入りと妻の承諾 …………………132
　　　1　妻の不倫と夫の権利 ………………………………………132
　　　2　具体的事実 …………………………………………………132
　　　3　尼崎簡易裁判所の判断 ……………………………………133
　　　4　本判決の問題点 ……………………………………………134
　　　5　住居侵入罪の保護法益 ……………………………………134
　　　6　妻の承諾の効果 ……………………………………………136
　5　妻に対する強姦 ………………………………………………137
　　　1　夫婦の間で強姦があるのか ………………………………137
　　　2　具体的事実 …………………………………………………137
　　　3　広島高裁松江支部の判断 …………………………………139
　　　4　本判決の問題点 ……………………………………………139

5　性交を求める権利と強姦罪 …………………………………140
　　6　承諾の推定と強姦罪 ……………………………………………141
　第7章　猥褻裁判と刑法の脱倫理化 …………………………………142
　　1　はじめに …………………………………………………………142
　　2　猥褻概念の推移と問題点 ………………………………………143
　　3　猥褻裁判の推移 …………………………………………………146
　　4　規範的構成要件としての猥褻概念 ……………………………149
　　5　猥褻罪の保護法益は何か ………………………………………151
　　6　刑法の脱倫理化と性表現の自由化 ……………………………152
　　7　猥褻罪の処罰限度と表現の自由 ………………………………154

第2部　実行行為と法益侵害性 ………………………………………157

　第8章　不能犯論における危険判断 …………………………………159
　　1　はじめに …………………………………………………………159
　　2　問題となる限界事例 ……………………………………………162
　　3　具体的危険説の危険判断 ………………………………………164
　　4　客観的危険説の危険判断 ………………………………………170
　　5　不能犯論の理論的方向性 ………………………………………174
　　6　結　語 ……………………………………………………………178
　第9章　原因において自由な行為の理論の理論的枠組みについて
　　　　………………………………………………………………………182
　　1　はじめに …………………………………………………………182
　　2　理論の方向性 ……………………………………………………184
　　3　同時存在の原則と責任主義 ……………………………………190
　　4　原因設定行為の実行行為性 ……………………………………192
　　5　理論の射程範囲 …………………………………………………195

第3部　法益論についての翻訳紹介 ……………………197

1　クヌト・アメルンク「ドイツ刑法学における法益保護理論の現状」
[訳者前言] ………………………………………………………………199
1　はじめに ……………………………………………………………200
2　歴史的なことについて ……………………………………………202
　1　法益概念の発展の各よりどころ ………………………………202
　2　法益概念の歴史における誤解 …………………………………207
　3　歴史的機能 ………………………………………………………208
3　法益保護理論の機能と限界 ………………………………………211
　1　方法論に関して …………………………………………………211
　2　ヴェルツェルの意味における法益保護理論の実定的機能 ……215
　3　法益概念の限界問題 ……………………………………………218
　4　ヴェルツェルの意味における法益保護理論の刑事政策的限界
　　　……………………………………………………………………222

2　クヌト・アメルンク「法益侵害と社会侵害性」
1　啓蒙主義における社会侵害思想の発生 …………………………226
2　法益侵害理論による社会侵害の説明 ……………………………227
3　法益侵害としての犯罪理論の規範的内容 ………………………231
4　価値の問題 …………………………………………………………237
[訳者あとがき] …………………………………………………………243

［文献略語］

【判例集】
刑集：最高裁判所刑事判例集
刑録：大審院刑事判決録
高刑集：高等裁判所刑事判例集
下刑集：下級裁判所刑事判例集
裁判特報：高等裁判所刑事裁判特報
判時：判例時報
判タ：判例タイムズ

【雑　誌】
警論：警察学論集
警公：警察公論
刑雑：刑法雑誌
ジュリ：ジュリスト
重判解：重要判例解説
曹時：法曹時報
判評：判例評論
法教：法学教室
法時：法律時報
法セミ：法学セミナー

【基本書】
植松・総論：植松正『再訂 刑法概論Ⅰ総論』（昭和49年）
植松・各論：植松正『再訂 刑法概論Ⅱ各論』（昭和50年）
内田・総論：内田文昭『刑法Ⅰ（総論）』（改訂、昭和61年）
大塚・総論：大塚仁『刑法概説（総論）』（3版増補版、平成17年）
大塚・各論：大塚仁『刑法概説（各論）』（3版、平成8年）
大塚・各論㊤：大塚仁『刑法各論 上巻』（改訂版、昭和59年）
大野・総論㊤：大野平吉『概説犯罪総論 上巻』（補訂版、平成6年）
大場・総論㊦：大場茂馬『刑法総論 下巻』（大正2〜6年）
大谷・総論：大谷實『刑法講義総論』（新版追補版、平成16年）
大谷・各論：大谷實『刑法講義各論』（新版追補版、平成14年）
小野・総論：小野清一郎『新訂 刑法講義総論』（13版、昭和29年）
小野・各論：小野清一郎『新訂 刑法講義各論』（3版、昭和25年）
香川・総論：香川達夫『刑法講義（総論）』（3版、平成8年）
勝本・総則：勝本勘三郎『刑法要論総則』（大正2年）
川端・総論：川端博『刑法総論講義』（平成7年）
木村・総論：木村亀二＝阿部純二補訂『刑法総論』（昭和53年）
江家・総論：江家義男『刑法（総論）』（昭和27年）

江家・各論：江家義男『刑法各論』（増補、昭和38年）
佐伯・総論：佐伯千仭『刑法総論』（改訂版、昭和49年）
佐伯・各論：佐伯千仭『刑法各論』（改訂版、昭和56年）
佐久間・総論：佐久間修『刑法講義（総論）』（平成9年）
曽根・総論：曽根威彦『刑法総論』（3版、平成12年）
瀧川・各論：瀧川幸辰『刑法各論』（増補、昭和43年）
団藤・総論：団藤重光『刑法綱要総論』（3版、平成2年）
団藤・各論：団藤重光『刑法綱要各論』（3版、平成2年）
内藤・総論(上)、(中)、(下)：内藤謙『刑法講義総論(上)、(中)、(下)』（昭和58年、昭和61年、平成3年）
中・総論：中義勝『講述 犯罪総論』（昭和55年）
中山・総論：中山研一『刑法総論』（昭和57年）
西原・総論：西原春夫『刑法総論』（昭和52年）
西原・各論：西原春夫『犯罪各論』（2版、昭和49年）
野村・総論：野村稔『刑法総論』（補訂版、平成10年）
日髙・総論講義ノート：日髙義博『刑法総論講義ノート』（3版、平成17年）
平野・総論Ⅰ、Ⅱ：平野龍一『刑法 総論Ⅰ、Ⅱ』（昭和50年）
平野・概説：平野龍一『刑法概説』（昭和52年）
福田・総論：福田平『全訂 刑法総論』（4版、平成16年）
福田・各論：福田平『全訂 刑法各論』（3版補訂、平成14年）
藤木・総論：藤木英雄『刑法講義総論』（昭和50年）
藤木・各論：藤木英雄『刑法講義各論』（昭和51年）
前田・総論：前田雅英『刑法総論講義』（3版、平成10年）
牧野・総論(下)：牧野英一『刑法総論 下巻』（全訂版、昭和34年）
宮本・学粋：宮本英脩『刑法学粋』（5版、昭和10年）
宮本・大綱：宮本英脩『刑法大綱』（昭和10年）
泉二・大要：泉二新熊『刑法大要』（増訂版、34版、昭和12年）
山口・問題探究総論：山口厚『問題探究 刑法総論』（平成10年）
山中・総論Ⅰ：山中敬一『刑法総論Ⅰ』（平成11年）

【講座・注釈書】
刑法基本講座(4)：阿部純二＝内田文昭＝川端博＝板倉宏＝香川達夫＝曽根威彦編『刑法基本講座 第4巻』（平成4年）
刑事法講座(2)：日本刑法学会編『刑事法講座 第2巻』（昭和27年）
刑事法講座(7)：日本刑法学会編『刑事法講座 第7巻』（昭和28年）
大コンメ刑法(2)：大塚仁＝河上和雄＝佐藤文哉＝古田佑紀編・大コンメンタール刑法 第2巻（2版、平成11年）
注釈刑法(4)各則(2)：団藤重光編『注釈刑法(4)各則(2)』（昭和40年）
注釈刑法(5)各則(3)：団藤重光編『注釈刑法(5)各則(3)』（昭和40年）
現代刑法講座(2)：中山研一＝西原春夫＝藤木英雄＝宮澤浩一編『現代刑法講座 第2巻』（昭和54年）

【記念論文集】
植松還暦：植松博士還暦祝賀『刑法と科学・法律編』(昭和46年)
香川古稀：香川達夫博士古稀祝賀『刑事法学の課題と展望』(平成8年)
佐伯還暦(上)：佐伯博士還暦祝賀『犯罪と刑罰(上)』(昭和43年)
荘子古稀：荘子邦雄先生古稀祝賀『刑事法の思想と理論』(平成3年)
団藤古稀(1)、(2)、(3)：『団藤重光博士古稀祝賀論文集 第1巻、第2巻、第3巻』(昭和59年)
中古稀：中義勝先生古稀祝賀『刑法理論の探求』(平成4年)
平野古稀(上)、(下)：『平野龍一先生古稀祝賀論文集 上巻、下巻』(平成2年)
福田＝大塚古稀(上)、(下)：福田平・大塚仁博士古稀祝賀『刑事法学の総合的検討(上)、(下)』(平成5年)
松尾古稀(上)：『松尾浩也先生古稀祝賀論文集 上巻』(平成10年)

【論文集】
井田・目的的行為論：井田良『犯罪論の現在と目的的行為論』(平成7年)
現代刑法論争Ⅰ、Ⅱ：植松正＝曽根威彦＝川端博＝日髙義博『現代刑法論争Ⅰ、Ⅱ』(2版、平成9年)
刑法論集(1)：大塚仁『刑法論集(1)』(昭和51年)
大塚・基本問題：大塚仁『犯罪論の基本問題』(昭和57年)
佐伯・違法性の理論：佐伯千仭『刑法における違法性の理論』(昭和49年)
佐久間・事実の錯誤：佐久間修『刑法における事実の錯誤』(昭和62年)
刑法理論の現代的展開総論Ⅰ、Ⅱ：芝原邦爾＝町野 朔＝堀内 捷三＝西田典之編『刑法理論の現代的展開 総論Ⅰ、Ⅱ』(昭和63年、平成2年)
曽根・重要問題(総論)：曽根威彦『刑法の重要問題(総論)』(第2版、平成17年)
曽根・刑事違法論：曽根威彦『刑事違法論の研究』(平成10年)
論争刑法：中義勝編『論争刑法』(昭和51年)
中山・論争問題：中山研一『刑法の論争問題』(平成3年)
野村・未遂犯の研究：野村稔『未遂犯の研究』(昭和59年)
林・基礎理論：林幹人『刑法の基礎理論』(平成7年)
日髙・錯誤論の新展開：日髙義博『刑法における錯誤論の新展開』(平成3年)
藤木・理論：藤木英雄『可罰的違法性の理論』(昭和42年)
藤木・可罰的違法性：藤木英雄『可罰的違法性』(昭和50年)
振津・刑事不法論：振津隆行『刑事不法論の研究』(平成8年)
前田・刑法の基礎：前田雅英『刑法の基礎 総論』(平成5年)
前田・研究：前田雅英『可罰的違法性論の研究』(昭和57年)
松宮・刑事立法論：松宮孝明『刑事立法と犯罪論体系』(平成15年)
宗岡・客観的未遂論：宗岡嗣郎『客観的未遂論の基本構造』(平成2年)
山口・危険犯：山口厚『危険犯の研究』(昭和57年)

【収録論文初出一覧】

第1部 違法性の基礎理論
① 「可罰的違法性と違法の統一性」斉藤誠二先生古稀祝賀記念『刑事法学の現実と展開』（平成15年6月）73頁［第1章］
② 「ピケッティングに際しての他組合員に対する逮捕行為と可罰的違法性」警察研究48巻3号54頁（昭和52年3月）［第2章］
③ 「公職選挙法166条にいう『選挙運動のためにする演説』の意義および同条違反行為・法定外文書頒布行為の可罰的違法性」警察研究49巻3号68頁（昭和53年3月）［第2章］
④ 「主観的違法要素と違法論」福田平・大塚仁博士古稀祝賀『刑事法学の総合的検討(下)』（平成5年10月）279頁［第3章］
⑤ 「偶然防衛と違法モデル」専修大学法学研究所紀要23『刑事法の諸問題Ⅴ』113頁（平成10年2月）［第4章］
⑥ 「正当防衛における防衛手段としての相当性の範囲」判例評論377号66頁＜判例時報1346号228頁＞（平成2年7月）［第5章］
⑦ 「『急迫不正の侵害』の継続と防衛行為の相当性」現代刑事法1巻1号69頁（平成11年5月）［第5章］
⑧ 「安楽死ならびに尊厳死の許容性について―死に対する自己決定権と生命の保護―」警察公論50巻3号41頁（平成7年3月）［第6章］
⑨ 「東海大学安楽死事件判決について」警察公論50巻11号39頁（平成7年11月）［第6章］
⑩ 「未成年者誘拐罪と被害者の承諾」西原春夫・藤木英雄・森下忠編『刑法学4』（昭和52年12月）113頁［第6章］
⑪ 「姦通目的での住居の立ち入りと妻の承諾」井口茂・石黒一憲・神田秀樹・羽田野宣彦・樋口範雄・日髙義博『判例に学ぶ法律考現学』（平成2年4月）161頁［第6章］
⑫ 「妻に対する強姦」井口茂・石黒一憲・神田秀樹・羽田野宣彦・樋口範雄・日髙義博『判例に学ぶ法律考現学』（平成2年4月）168頁［第6章］
⑬ 「猥褻裁判と刑法の脱倫理化」専修大学今村法律研究室報17号44頁（平成2年10月）［第7章］

第2部 実行行為と法益侵害性
⑭ 「不能犯論における危険判断」宮澤浩一先生古稀祝賀論文集 第2巻『刑法理論の現代的課題』（平成12年5月）413頁［第8章］
⑮ 「原因において自由な行為の理論の理論的枠組みについて」『西原春夫先生古稀祝賀論文集 第2巻』（平成10年3月）219頁［第9章］

第 3 部　法益論についての翻訳紹介
⑯クヌト・アメルンク「ドイツ刑法学における法益保護理論の現状」ジュリスト770号88頁（昭和57年7月）
⑰クヌト・アメルンク「法益侵害と社会侵害性」専修法学論集57号239頁（平成4年9月）

第1部　違法性の基礎理論

第1章　可罰的違法性と違法の統一性

  1　問題の所在
  2　法の存在論的構造と違法論
  3　可罰的違法性の犯罪論体系上の位置付け
  4　超法規的違法性阻却事由としての可罰的違法性
  5　結　語

1　問題の所在

（1）　わが国の刑法学は、ドイツ刑法学の影響を強く受けながら理論的な発展を遂げてきた。その中にあって、可罰的違法性の理論は、わが国において独自の発展をみた理論の一つである。可罰的違法性の理論は、刑法上違法とするためには、違法性の質および量の面において刑罰を科すに価する程度の一定の強さが認められなければならないとする考え方である。この考え方を採った場合には、民法や行政法などの分野において違法とされる行為であっても、刑法上は違法性がないとして処理される場合があることを是認することになる。

　この結論は、どの法領域であれ違法性の概念は同一であるとする厳格な違法一元論の立場とは相容れないものである。ドイツ刑法学において、可罰的違法性の理論が積極的に展開されてこなかった理由は、違法一元論が支配的であったこととも関係している。しかし、ドイツにおいても、1980年代に入ると、ハンス・ルートヴィヒ・ギュンターの教授資格論文が揺らぎのなかった違法一元論に大きな波紋を呼びおこした[1]。すなわち、当罰的不法（strafwürdiges Unrecht）という観点から、一般規範に反するという違法性を残しながら刑法上の違法性のみを失わしめる特殊な刑事不法阻却事由

(Strafunrechtsausschließungsgrund) が存在するとの主張がなされ、違法一元論にも幅が出てくるようになったのである。

　ギュンターの当罰的不法の理論は、わが国の可罰的違法性の理論とその理論的枠組みにおいて似通った点があり、ドイツ刑法学の日本化の一局面として捉えることもできなくはない[2]。しかし、違法論の前提である法存在論の捉え方は、ドイツ刑法学の規範論を出発点にしており、わが国の可罰的違法性の理論にとっても重要な示唆を与えるものである。すなわち、可罰的違法性の概念を是認する上で、法秩序の統一性と違法判断の相対性とをどのように関係づけるのか、さらには法存在論と規範論とをどのように結び付けるのかという問題について、なお検討が必要なのである。可罰的違法性の理論をめぐる最近の論争点は、これらの点に移行していると言っても過言ではない[3]。

　（2）わが国における可罰的違法性の理論の発展過程を振り返ってみると、可罰的違法性の考え方は、すでに宮本英脩博士の叙述の中に見られた。宮本博士は、違法一元論の立場に立って一般規範違反としての違法性を統一的に捉えながら、一般規範的に違法と評価されたものを、さらに刑法上可罰的なものと判断することが必要であるとの考えを示されていた[4]。その後、この考え方は、佐伯千仭博士によって発展させられた。すなわち、違法性は根本において法秩序全体に通ずるものであるが、その発現形態において、さまざまな種別があり軽重にも段階があるという「やわらかな違法一元論」に依拠した可罰的違法性の理論の主張をみるのである。犯罪類型で問題となる違法性は、刑罰を科すに適した質と量を持ったものでなければならず、可罰的違法性が欠ける場合には、犯罪論体系上の処理としては、構成要件該当性自体が阻却される場合もあれば、構成要件該当性はあるが違法性が阻却されることになる場合もあると言うのである[5]。一方、藤木英雄博士は、行為が刑罰法規の構成要件に該当する形式・外観を呈していても、当該構成要件が予想する可罰的程度の実質的違法性を欠く場合には、構成要件該当性そのものが阻却されるとし、可罰的違法性の理論は社会的相当性の理論とその基礎を同じくするものと主張された[6]。佐伯説と藤木説とでは、犯罪論体系の捉え方

や違法論の構築に相違があることもあって、その理論的な対立は可罰的違法性に関する論争をダイナミックなものにした。さらに、このような可罰的違法性の理論に対し、木村亀二博士は、違法一元論の立場からは可罰的違法性の概念自体を是認しえないとし[7]、佐伯博士との間に論争を展開されたのであった。これらの論争によってわが国の可罰的違法性の理論の骨格が築かれたのである。

　その後、可罰的違法性の理論に新たな転機をもたらしたのは、前田雅英教授の見解である[8]。前田教授の見解によれば、可罰的違法性の問題は、構成要件の実質的解釈および実質的違法性の判断に解消しうるというのである。厳格な違法一元論が可罰的違法性の概念を否定するのに対して、やわらかな違法一元論では可罰的違法性の概念を肯定するという対立軸の中にあって、各法領域ごとに独立に、かつ目的論的に違法性の有無を判断すべきだとする違法相対論に解決のベクトルを求めようとしたのである[9]。この立場では、一般規範に反するという違法性の観念は意味を持たない。民法上の違法性と刑法上の違法性とは同一である必要がなく、刑法固有の違法性を是認しうるとする。したがって、可罰的違法性の問題は、違法性のレベルにあっては実質的違法性の判断の中に解消され、犯罪論体系上特別な意味を持たないことになる。

　最高裁判例は、昭和40年代に、労働争議事件に関して可罰的違法性の理論に好意的な態度を採っていたが[10]、昭和50年代には、可罰的違法性の理論の適用に極めて厳格な態度を示すようになった[11]。このような判例の流れは、違法相対論の立場を示すものと見ることもできようが、そうだとすると刑法理論の刑罰限定機能としての側面に問題を残すことになる。現在の判例状況の下にあっては、可罰的違法性の理論はいまや「生ける屍」であるとして、新たに非当罰的不問行為の概念を提唱する板倉宏教授の主張も出されているのである[12]。

　（3）　このような理論状況の下にあって、検討すべき第1の課題は、可罰的違法性の理論の前提に据えられるべき法の存在構造を明らかにし、違法の

統一性とか違法の相対性とか言われるものの実体を明確にしておく必要がある。つまり、厳格な違法一元論、やわらかな違法一元論、違法相対論（違法多元論）のそれぞれの見解が前提としている「違背の対象たる法」はいかなるものなのか、言葉をかえれば違法論の出発点である法の存在構造をどのように捉えているのかということを、まずは明らかにしておかないことには議論がかみ合わないのである。第2の課題としては、可罰的違法性を犯罪論体系上にどのように位置付けるのかも改めて検討しておく必要がある。ここでは、構成要件と違法性との関係をどう捉えるのかという視点の他に、当罰的不法と可罰的違法性とをどのように関係付けるのかという視点から問題の解決がなされなければならない。第3の課題としては、可罰的違法性と正当化事由ならびに超法規的違法性阻却事由との関係を明らかにしなければならない。ここでは、規範論ならびに法の存在論的構造にリンクした解決が必要である。本稿では、以上のような可罰的違法性の理論的枠組みの問題に焦点を絞って論じることにしたい。

(1) Hans-Ludwig Günther, Strafrechtswidrigkeit und Strafunrechtsausschluß, 1983. ギュンター教授は、1981年5月にトリーア大学法学部より教授資格を取得しているが、本書はその際の教授資格論文として提出されたものである。
(2) 1988年7月にチュービンゲン大学において「Die Japanisierung des westlichen Rechts」というテーマでシンポジウムが行われたが、その時のギュンター教授の報告のテーマは、「当罰的不法の理論──西側刑法の日本化の例か──」(Die Lehre vom strafwürdigen Unrecht als Beispiel einer Japanisierung des westlichen Strafrechts ?) であった。ここでは、わが国の可罰的違法性の理論との比較検討がなされている。なお、本稿の訳出紹介としては、浅田和茂・犯罪と刑罰6号151頁がある。
(3) たとえば、この点を論じたものとしては、京藤哲久「法秩序の統一性と違法判断の相対性」平野古稀(上)187頁、松宮孝明「法秩序の統一性と違法阻却」立命館法学238号1297頁（松宮・刑事立法論123頁所収）、林幹人「可罰的違法性と法秩序の統一性」曹時46巻8号1頁（林・基礎理論37頁所収）、前田雅英「法秩序の統一性と違法の相対性」研修559号15頁、曽根威彦「違法の統一性と相対性」香川古稀112頁（曽根・刑事違法論73頁所収）、町野朔「可罰的違法性の理論」法教207号4頁などが挙げられる。

（4）　宮本・大綱106頁。
（5）　佐伯・違法性の理論1頁、369頁、415頁。
（6）　藤木・理論1頁、藤木・可罰的違法性9頁。
（7）　木村亀二「可罰的違法性論の学説史的意義」法セミ143号42頁、同「わが刑法における可罰的違法性論」法セミ144号53頁、145号70頁、146号31頁、同「違法性の統一性の理論」法セミ156号48頁。
　　これに対する反論としては、佐伯千仭「可罰的違法性の理論の擁護」法セミ169号56頁、170号79頁、171号97頁がある。
（8）　前田・研究。とくに同書431頁以下。
（9）　前田・刑法の基礎151頁。
（10）　最大判昭和41・10・26刑集20巻8号901頁（全逓東京中郵事件）、最大判昭和44・4・2刑集23巻5号305頁（東教組事件）など。
（11）　最判昭和48・4・25刑集27巻4号547頁（全農林警職法事件）、最判昭和52・5・4刑集31巻3号182頁（全逓名古屋中郵事件）など。
（12）　板倉宏「当罰性（実質的可罰性）と要罰性」平野古稀(上)110頁。

2　法の存在論的構造と違法論

（1）　違法とは「法」に違うことであり、法的に許容されないことを意味する。したがって、法の存在構造をどのように把握しているかにより、違法論の展開も異なったものとなる。従来、違法論が規範論と密接な関係を持ってきたのは、議論の出発点としては正しい。問題は、法がどのようなものとして認識され、規範違反によってもたらされる事態の把握がどのように違法論に反映されているかという点にある。さらに、刑法解釈学においては、超法規的違法性阻却事由が認められているが、この場合の違法性阻却の基礎になっている超法規的な「法」の実体が如何なるものなのかも検討しておく必要がある。ここでは、場合によっては、法実証主義か自然法論かという法哲学的論争にまで遡る必要も出てくるのである。

（2）　違法性の概念には、形式的違法性と実質的違法性とがある。形式的違法性は、単に一定の行為を禁止・命令した法規に違反することを意味する。これに対して、実質的違法性（materielle Rechtswidrigkeit）の概念は多義であるが、たとえば共同生活を規律する法秩序の目的に反して法益を侵害も

しくは危殆化したか否か（リスト）[13]、あるいは前法的な社会規範である文化規範（Kulturnorm）に違反したかどうか（エム・エー・マイヤーなど）[14]、といった実質的な反価値判断を違法判断の中に取り込もうとする際に用いられる概念である。ここでは、単に刑罰法規に違反したかどうかではなく、実質的に法（規範）に違反し、そこに法益侵害性が認められるかどうかという判断を介在させることにより、法適用上の具体的妥当性を担保しようとする狙いがあるのである。

　違法判断は形式的違法性の判断で足り、違法性阻却事由についても刑罰法規上に明記されたもの以外は認められないとするのであれば、違法論の構築はある意味では明解である。しかし、このような考え方は、固い法実証主義あるいは法律万能主義を前提にしない限り採りえない。法は、実定化されると固定化される。社会状況の変化にともない、固定化された法規には欠缺が生じる。法解釈は、法規の意味内容を明らかにする実践的な作業であり、目的論的解釈によって実定法規の固定性を補い、それに生命を与えるものでなくてはならない。もっとも、刑法の場合には、他の法領域とは異なり、罪刑法定主義との関係において法解釈にも一定の限界があり、解釈による新たな法の創造は許されない。この点、実質的違法性の判断は、犯罪構成要件に該当した行為を対象にするものであり、新たに処罰対象を創設するものではない。また、法解釈の調整原理として超法規的違法性阻却事由を作用させることは、現実の法を目的論的に把握するものとして許容されよう。

　（3）　そこで、実質的違法性の概念ならびに超法規的違法性阻却事由の存在を肯定すべきものとすると、次に理論の前提である刑法規範の内容が問題となる。まず第1に、実質的違法性の判断をする際、違背の対象たる「法」として、行為者に一定の行為を禁止・命令している行為規範を考慮すべきだとする立場がある。ここでの行為規範が刑罰法規とは別の前法律的な社会倫理規範であるとすると、規範違反説に依拠しながら実質的違法性の概念を説明することが可能となる。この場合、可罰的違法性との関係では、さらに2つの考え方に分かれる。一つは、違法の実体をなす規範違反性はどの法領域

においても同一であると解する厳格な違法一元論を展開することにより、可罰的違法性の概念を否定するという見解である（A-1説）。ドイツの通説ならびに木村亀二説がこの範疇に属すると言えよう。他は、やわらかな違法一元論を採り、逆に可罰的違法性の概念を肯定する見解である（A-2説）。可罰的違法性の概念を肯定するわが国の通説は、基本的にはこの見解の範疇に属すると考えられるが、なお規範違反性と法益侵害性との関連性については見解の一致を見ていない。

これに対して、第2に、実質的違法性の判断に際し、違背の対象たる「法」は、あくまでも裁判規範としての刑罰法規であり、個々の刑罰法規において問題とされている法益侵害性が決定要因であると解することもできる。この立場では、各法領域によって違法が異なるとする違法多元論を前提とし、違法性の相対性を全面的に是認することになる。したがって、可罰的違法性の問題は、実質的違法性の判断の中に吸収されてしまうことになるのである（B説）。しかしながら、この立場にあっては、超法規的違法性阻却事由の法的論拠を十分に説明しうるのか問題である。裁判規範を構成しているのは実定法秩序であり、そこから実定化されていない超法規的違法性阻却事由を直接導き出すのは困難である。また、違法性の相対性を肯定するのであれば、そもそも違法を統一的に把握すること自体が無意味であり、実質的違法性を全体的な法秩序の観点から判断することも意味をなさないことになろう。

（4）　刑法規範は、裁判規範と行為規範の複合体である。刑罰法規は、一次的には裁判官を名宛人とした裁判規範であり、一定の行為を犯罪として処罰することを明記することにより、当該行為が法的には反価値であることを示す評価規範として機能している。これに対して、行為者を名宛人として一定の行為を禁止・命令する行為規範は、刑罰法規上に直接明記されてあるわけではない。そのため、行為規範の拠り所を刑罰法規以外のもの、つまり文化規範や社会倫理規範に求める試みもなされたのである。しかしながら、社会倫理規範違反のすべてが犯罪として処罰されるわけではない。処罰の対象となるのは、社会侵害性のある当罰的な行為に限られている。さらに、罪刑

法定主義との関係上、いかに社会倫理的に責められる反社会的行為であっても、処罰規定がない以上、犯罪とはなしえないのである。

　それゆえ、刑法においては、裁判規範の裏付けのない行為規範は意味を持たないのである。行為規範は、裁判規範の裏面にあって、刑罰法規の文言を手がかりとしてその内容が推認されるものと解さなければならない。裁判規範の裏付けのなされた行為規範は、単なる社会倫理規範ではなく、他律性のある「法」規範としての性格を取得し、全体的な法秩序の中に組み込まれることになるのである。ここで言う全体的な法秩序というのは、単なる実定法規の総体ではなく、法の理念によって制御された法規範の総体として把握すべきである。したがって、違法一元論を出発点にして実質的違法性を考えるのは正当である。しかしながら、刑法の複合的規範性を是認する立場にあっては、科される刑罰の程度によって違法性の質・程度に強弱があることもまた否定しえないことであり、やわらかな違法一元論に依拠すべきものと考える（A-2説）。全体としての法秩序の統一性を認めることと、行為規範を裁判規範によって裏付ける際に、法領域によって違法の発現形態が異なると解することとは矛盾するものではない。

　（5）　以上のような考え方は、形式的な実定法秩序だけを基礎に違法論を構築しようとする法実証主義とは法の構造を異にしている。そうだからと言って、実定法秩序を超える自然法の存在を認める自然法論を基礎にして違法論を構築しようとしているわけでもない。第二次世界大戦後、ドイツでは極端な法実証主義を廃すべく、自然法の再生が主張されたこともあったが[15]、その思潮は一時的なものであった。法治国家にあっては、実定法を超える法を正面から是認することは、法制度の根幹を揺るがすことになるのである。しかし、制定された法律だけが「法」であるとすると、法の存在が固定化され、処罰を限定する方向であっても、社会の変動に対応する合目的な法解釈を行うことにブレーキがかかるのである。「法の目的・理念」に照らした解釈、あるいは「全体的な法秩序」の観点からの判断というような考え方を取り入れて具体的妥当性のある解決を図ろうとするのであれば、法を固定化

した静的なものとして捉えるのではなく、変動性のある動的なものとして捉えなければならない。現実の法は、実定法性と自然法性（実定性と正当性）の緊張関係の中にあるのであり[16]、全体的な法秩序自体も動的な存在として把握すべきである。このような法の存在論的構造を前提にした場合、法解釈の役割は、実定化されたことで固定化した法を、動的な存在である現実の法に近づけることにある。したがって、法規の意味・内容を明らかにする法解釈の実践的作業の局面においては、法の理念を指導原理として、法秩序の統一性を図ることが要請されるのである。実質的違法性を判断する段階においては、実定性と正当性との調和を図る法解釈の調整原理が働き、法秩序の統一性が図られる局面なのである。もっとも、ここでの法秩序の統一性は、法の存在論的構造上の問題であり、たとえば「民法などの他の法領域においては違法であるけれども、刑法上は可罰的違法性を欠き違法ではない」という結論まで否定するものではない。可罰的違法性を欠くとしても、一般的違法性自体は残ることから民法上はなお違法だと言えるのである。このようなやわらかな違法一元論は、法の存在論的構造からしても是認しうるのである。

(13) Franz von Liszt, Lehrbuch des deutschen Strafrechts, 21./22.Aufl., 1919, S.132f. なお、実質的違法性の概念は、リストに始まると言われている。Vgl., Roxin, Strafrecht AT., Bd.1, 1992, S.372.
(14) M. E. Mayer, Der Allgemeine Teil des deutschen Strafrechts, 2.Aufl., 1923, S.173ff.
(15) ラートブルフの「法律を超える法」（das übergesetzliche Recht）の主張は、自然法再生の契機となったと言えよう。Vgl., Gustav Radbruch, Gesetzliches Unrecht und übergesetzliches Recht, 1946, in : Rechtsphilosophie, 6.Aufl., 1953, S.347. ; derselbe, Vorschule der Rechtsphilosophie, 3.Aufl., 1965, S.113ff.
なお、峯村光郎「自然法再生の現代的意義」同『法の実定性と正当性』（増補版、昭和44年）177頁以下参照。
(16) Arthur Kaufmann, Die ontologische Struktur des Rechts, in : Herausgeben von Arthur Kaufmann, Die Ontolgische Begründung des Rechts, Wege der Forschung, Bd. XXII, 1965, S.479. アルトゥール・カウフマン／宮澤浩一＝原秀男訳「法の存在論的構造」同『現代法哲学の諸問題』（昭和43年）298頁、峯村・前掲書116頁。

3　可罰的違法性の犯罪論体系上の位置付け

（1）　可罰的違法性は、刑罰を科すに価する一定の違法性の質および量が認められるか否かを問題にする概念である。したがって、この概念は、当罰的不法の概念と共通する側面を有しているが、当罰的不法の概念の場合には、犯罪論体系の枠組みの中だけでなく、構成要件の発生に際しても機能する幅の広い概念である。わが国における可罰的違法性の理論は、公訴権濫用論との関係において論じられることはあるが、専ら犯罪論体系の枠組みの中で議論されている。その代表的な見解としては、すでに指摘したように、可罰的違法性を構成要件該当性の段階で考慮する藤木説と、構成要件該当性の段階と違法性の段階の双方で考慮する佐伯説とがある。ここでの対立は、構成要件と違法性との関係の把握の仕方の相違によるだけでなく、違法論において行為反価値性と結果反価値性のいずれに重点を置くのかという点での考え方の違いに基づいている。

（2）　可罰的違法性が問題となる事案としては、被害法益が軽微な場合（第Ⅰ類型）と利益衝突が問題になる場合（第Ⅱ類型）とがある。第Ⅰ類型の講壇事例としては、「他人の垣根に咲いているバラの花を一輪盗んだ」というような設例が挙げられるが、判例の事案としては、大審院判例の一厘事件[17]や最高裁判例の煙草買置事件[18]などを挙げることができる。

この第Ⅰ類型の処理の仕方については、構成要件該当性の段階で処理する見解（A）と違法性の段階で処理する見解（B）とに分かれている。見解Aにあっても、その理由付けは同一ではない。バラの花を一輪盗んだという講壇事例で説明すると、①法益侵害性が軽微であり、窃盗罪の構成要件が予想する可罰的な程度の違法性が欠けるとして構成要件該当性阻却を認める立場[19]と、②バラの花一輪は窃盗罪でいう「財物」に当たらないとして、構成要件の文言の解釈により構成要件該当性自体を否定する立場[20]とがある。前者は、構成要件が可罰的違法の類型であるとの認識を前提にするものであり、後者は、構成要件の実質的解釈・縮小解釈による処理を前提にするものである。

これに対して、見解Bでは、構成要件を違法類型であるとしながら、可罰的違法性の判断には具体的判断を伴うことから、違法性の段階で判断すべきものとする[21]。ここでの対立の基底には、犯罪論体系の組立て方の相違がある。すなわち、構成要件を違法性の認識根拠と解するのか、それとも違法性の存在根拠と解するのかによって、可罰的違法性の処理の仕方も異なってくるのである。さらに、構成要件の保障機能との関係において、構成要件該当性の判断にどの程度まで価値判断の介在を許すのかも問題である。

第Ⅱ類型の処理の仕方についても、構成要件該当性の段階で処理する見解（ａ）と違法性の段階で処理する見解（ｂ）とに分かれる。前者の見解ａとしては藤木説がある。藤木説では、被害惹起行為の「社会的相当性からの逸脱の軽微性」という観点から問題の解決を図ろうとすることから[22]、行為反価値論の考え方に基礎を置くとの指摘もなされる。この見解の前提には、社会的相当性の理論と可罰的違法性の理論とはその基礎を同じくするとの認識がある。後者の見解ｂとしては佐伯説があるが、この説では違法性の実体を法益侵害およびその危殆化に求めることから[23]、利益衝突の場合には、違法判断の原理である利益衡量によって判断されることになろう。ここでは、結果反価値論の考え方が展開されることになる。

以上のような処理の仕方を全体的に見ると、解決の組合せとしては、Ａ－ａ、Ａ－ｂ、Ｂ－ａ、Ｂ－ｂの４通りが考えられるが、Ｂ－ａは理論的に困難である。私見では、Ｂ－ｂの違法性の段階で一元的に解決する方法を採るべきだと考える。その論拠は、次のようである。

（３）まず第１に、犯罪論体系については、エム・エー・マイヤーの構成要件理論を出発点とし、構成要件は違法類型にとどまらず責任類型でもあるという修正を加えた上で、三段階的犯罪論体系を採るべきものと考える。構成要件は、違法性の存在根拠ではなく、認識根拠にとどまる。構成要件該当性が認められる場合には、違法性推定機能が働くことから形式的違法性の存在は容易に認められる。しかし、ここでの違法性の推定は、事実上のものであり、違法性の段階で実質的違法性の判断を行った上ではじめて刑法上の違

法性が確定されるのである。構成要件該当性判断と違法性の判断との違いは、前者が類型的、抽象的、客観的判断であるのに対して、後者が個別的、具体的、客観的判断である点にある。構成要件該当性の判断に規範的・価値的判断が介在する場合もあるが、そこでの価値判断はあくまでも類型的・抽象的な判断にとどまる。

　このような犯罪論体系を前提にした場合、可罰的違法性の処理は、違法性の段階において行うのが適切である。被害の軽微性が問題になる第Ⅰ類型の場合においても、個別具体的な状況を勘案する必要がある。バラの花を一輪盗んだというような場合であっても、「他人の財物」を盗んだことには変わりがない。財物の概念の解釈においても、財産的価値が高いか低いかは財物概念に直接影響を与えるものではないし、客観的な交換価値が低くとも主観的価値が付与されていれば保護されるべき財物である。したがって、この場合、窃盗罪の構成要件該当性は否定しえない。被害者側から見れば、バラの花を無断で持っていくことは不法な侵害行為であり、それに対しては正当防衛も認められてしかるべきである。問題は、バラの花の客観的価値が極めて低く被害が軽微であるという具体的な事情を犯罪論体系上のどの段階で考慮するのが適切なのかということである。被害が軽微かどうかの判断には、具体的事情を勘案することが必要である以上、第Ⅰ類型も違法性の段階において処理するのが適切であると考える。第Ⅱ類型の利益衝突の場合については、保全法益と侵害法益との比較衡量や、具体的な行為状況などを考慮しなければならない。これらの判断は、まさに実質的違法性の判断である。したがって、犯罪論体系上の処理としては、第Ⅰ類型であれ第Ⅱ類型であれ、可罰的違法性の問題は、すべて違法性の段階において処理するのが適切である。

　違法性の段階において可罰的違法性が欠ける場合には、犯罪不成立となるが、そのことが当該行為の一般的違法性まで消し去るわけではない。可罰的違法性の理論は、いわば「灰色の領域」を認める理論である。可罰的違法性を欠き刑法上違法ではないとされた行為に対しては、なお一般的違法性が残っていることから、被害者は正当防衛をもって対抗することが可能なのであ

る。

　第2に、結果反価値と行為反価値との関係については、跛行的結果反価値論の立場から、次のような解決を図ることができよう。すなわち、違法判断の手順としては、まず結果反価値が違法判断の枠組みを設定するが、違法判断はそれに尽きるわけではなく、その枠組みの中でさらに行為反価値の判断が違法を減少させる方向で機能するものと考える[24]。このような違法論からすると、可罰的違法性の処理は、次のようになる。まず、第Ⅰ類型の場合については、被害法益の軽微性が結果反価値を減少させる方向に作用し、可罰的違法性を欠くに至らしめると解する。ここでは、法益侵害性の認められないところに違法はないということになるのである。次に、第Ⅱ類型の場合については、法益侵害も軽微ではないことから結果反価値は認められるが、全体的な法秩序の観点から見ると法規範からの逸脱が軽微であり、そのことが行為反価値を減少させ、最終的に可罰的違法性を欠くに至らしめるものと解する。

　以上のような理由から、可罰的違法性の判断は、犯罪論体系上、違法性の段階において行うべきものと考える。この場合、第Ⅰ類型と第Ⅱ類型とでは結果反価値性と行為反価値性との作用が異なるが、跛行的結果反価値論の立場では、なお通常の違法判断の枠組みの中での処理だと言えよう。

(17)　大判明治43・10・11刑録16輯20頁。
(18)　最判昭和32・3・28刑集3巻3号1275頁。
(19)　藤木・理論21頁。なお、佐伯説にあっても、犯罪類型を可罰的違法類型として捉えていることから、同様の結論を引き出すことは可能である。宮本英脩博士は、「生墻の花一輪摘むが如きことは、他人の所有権に対する侵害であつて一般規範上違法であつても、刑法上窃盗罪を構成しない。」(宮本・大綱126頁)とされているが、この叙述からは、構成要件該当性阻却なのか違法性阻却なのかは判然としない。
(20)　前田・研究444頁、648頁。なお、立場は異なるが、曽根・総論104頁も、構成要件不該当の場合に当たるとしている。
(21)　藤木・可罰的違法性96頁。
(22)　藤木・理論28頁。

(23) 佐伯・違法性の理論13頁、14頁。
(24) 日髙義博「主観的違法要素と違法論」福田・大塚古稀(下)296頁。

4　超法規的違法性阻却事由としての可罰的違法性

（1）可罰的違法性が違法性の段階での判断であるとすると、他の違法性阻却事由との関係を明らかにしておく必要がある。可罰的違法性の違法性阻却事由としての位置付けに関しては、可罰的違法性は、超法規的違法性阻却事由の一つとして把握すべきものと解する[25]。可罰的違法性が欠ける場合について、違法性阻却を認める直接の規定はないが、全体的な法秩序の観点から刑事的違法性が阻却されるのである。これは、実質的違法性の判断の一局面である。可罰的違法性は、刑罰を科すに価するだけの違法性の質および量があるか否かを問題にするものであり、その可罰的違法性が欠けたからといって、一般規範違反としての一般的違法性まで消失するというものではない。この点が法規上の一般的正当化事由とは異なるところである。

（2）ギュンターは、当罰的不法の理論を主張するに際して、刑法には2つの異なった正当化事由が認められるとの指摘をしている[26]。一つは、一般的正当化事由（allgemeine Rechtsfertigungsgründe：これは、見方を変えれば不真正な刑事不法阻却事由だとしている）であり、個々の法領域のみならず全法秩序において行為を許容する。この場合には、被害者側には受忍義務さえ認めることになる。この一般的正当化事由の範疇に属するものとしては、正当防衛とか違法性阻却事由としての緊急避難などがあるとする。これに対して、もう一つのものは、刑事不法阻却事由（Strafunrechtsausschließungsgründe：これが刑法上の真正な刑事不法阻却事由に当たるとしている）であり、刑罰の予定された個々の禁止・命令を停止し、単に高度な刑法上の否認を放棄するにすぎないものである。この場合には、単に刑法上の違法性だけが阻却され、一般的違法性はなお残ることになる。この範疇に属するのが、当罰的不法が欠ける場合であるというのである。

可罰的違法性を超法規的違法性阻却事由として捉える前述の考え方も、一

般的正当化事由の場合と可罰的違法性阻却事由の場合とでは、一般的違法性との関係においてその取扱いを異にしている。したがって、基本的には、ギュンターの当罰的不法の考え方とその構想を同じくするものである。ここで問題になるのは、一般的違法性（allgemeine Rechtswidrigkeit）の概念である。この概念は、法理論・法哲学上の違法性の概念であり[27]、ある法領域で行為が法的に否認されていることが全体的な法秩序の中でも貫徹される場合を言うものである。ここでの適法か不法かの限界線は、すべての法領域に張りめぐらされているのである。刑事不法阻却事由つまり超法規的な可罰的違法性阻却事由は、単に刑法上の違法性を阻却するだけであって、構成要件に該当した当該行為が他の法領域において適法と位置付けられるのか、それとも違法として位置付けられるのかを先行決定するわけではない。つまり、刑事不法阻却事由は、構成要件に該当した当該行為の一般的違法性にまで変動を及ぼすものではなく、全体的な法秩序の中にあって突出した刑事上の高度の違法性を取り除くだけなのである。

(25) 可罰的違法性を超法規的違法性阻却事由として捉えるものとしては、大塚・総論354、356頁、川端・総論294頁など。なお、大谷・総論258頁は、可罰的違法性は常に実質的違法性の判断基準としてのみ機能するとしているが、刑法35条の正当行為には一般的正当行為も含まれると解されているので、可罰的違法性の問題はその中で処理されるものと思われる。
(26) Hans-Ludwig Günther, Strafrechtswidrigkeit und Strafunrechtsausschluß, 1983, S.257ff. ギュンター＝日髙義博・山中敬一監訳『トピックドイツ刑法』（平成7年）25頁以下（「刑法における正当化事由の分類」〈訳：葛原力三〉）、ギュンター＝葛原力三訳「刑法における正当化事由の分類」ノモス（関西大学法学研究所）4号195頁以下。
(27) Günther, a.a.O., S.100.

5　結　語

本稿では、法の存在論的構造を前提として法秩序の統一性を肯定し、やわらかな違法一元論の立場から可罰的違法性の概念を肯定した。可罰的違法性

の犯罪論体系上の位置付けについては、違法性の段階において判断すべきものとし、可罰的違法性を超法規的違法性阻却事由として捉えた。したがって、可罰的違法性の判断も実質的違法性の判断の一局面であり、そこでは実定性と正当性との調和を図る法解釈の調整原理が働く。ただ可罰的違法性が欠けることで刑法上の違法性が阻却される場合は、一般的な正当化事由の場合とは異なり、一般的違法性まで阻却の効果を及ぼすものではない。構成要件に該当した行為の一般的違法性をどのように取り扱うかは、全体的な法秩序の問題なのである。可罰的違法性阻却事由は、全体的な法秩序の中にあって突出した高度の刑事不法性のみを取り除くにすぎない。かかる意味においては、各実定法の間に違法の相対性が認められる。しかし、法の存在論的構造を前提にする場合には、法は実定性と正当性の緊張関係の中にあって動的な存在であり、法の理念を指導原理として法秩序の統一性が図られていると言える。したがって、現実の法を引き出す法解釈にあっても、法の理念を指導原理として法秩序の統一性を図っていかなければならない。実質的違法性の判断においては、実定性と正当性との調和を図るという法解釈の調整原理が働く局面であり、可罰的違法性の判断もまたその調整原理に規制されていると言えよう。

第2章　可罰的違法性に関する2判例

1　ピッケッティングに際しての他の組合員に対する逮捕行為と可罰的違法性

最(三小)判昭和50・11・25刑集29巻10号928頁
昭和48年(あ)第1231号、逮捕被告事件

          1　事実の概要
          2　判決要旨
          3　評　釈

1　事実の概要

　本件は、いわゆる光文社争議事件での長期間にわたる労働争議の渦中で起きたものである。最高裁判決においては、事件の背景および事実が次の4点に要約されている。
　(1)　図書、雑誌、週刊誌の出版を業とする株式会社光文社には、かねてから同社従業員をもって組織する光文社労働組合（組合員約150名、以下「光労組」と略称）および光文社記者労働組合（組合員37、38名、以下「記者労組」と略称）の両組合が結成されていた。昭和45年2月ごろ上記各組合と光文社との間に労働争議が発生した。上記各組合は、同年4月17日から無期限ストライキに突入し、一方、光文社は、同年6月3日ロックアウトを通告した。このように紛争を重ねるうち、6月27日、光労組の方針に批判的な一部組合員は、全光文社労働組合（以下「第二組合」と略称）を結成し即日光文社と団体交渉の結果、就労につき合意に達して業務を再開した。第二組合の組合員数は、7月初めごろまでに122名に達し、光労組のそれは37

名に激減した。被告人は、光文社の記者であって記者労組に属していた。

(2) 同年6月29日、光労組、記者労組および主として学生アルバイトから成る光文社の臨時従業員約25名（のちに光文社臨時労働組合を結成し、これを「臨労組」と略称し、上記3組合を「第一組合」と総称する）は、就労宣言を発してストライキを解除した。他方、光文社は、同年8月10日、ロックアウトを解き、第一組合員に出社を命ずるに至った。第一組合は、組合の切りくずしをねらう光文社側の不当労働行為であると反発し、同組合員中3名を除く全員が指名ストにより就労を拒否して光文社に対抗した。さらに、そのころから第一組合を支援する他社の労組員が結成した光支社闘争支援共闘労働者会議（以下「光共闘」と略称）の応援をうけて、各週3、4回、光文社社屋前路上において第二組合員に対するピケッティングを開始した。これを実力で排除しようとする警備員との間に多くの負傷者が出るに及び、第一組合員も警備員を旗竿で突いたり投石するなどして、しばしば警察官の規制をうけ逮捕される等の事態を招き、労使間の紛争が深刻化した。

(3) この事態のもとで、第一組合員は、光文社社屋前でピケッティングや集会、デモ行進などをつづける一方、出勤途上の第二組合員を付近のバス停留所などで待ちうけて説得するピケッティング活動を行っていた。しかし、上記のピケッティングを避けて午前9時30分の就業開始より相当早い時刻に出勤する者もあることから、昭和46年2月3日の第一組合と前記光共闘との会議においては、翌4日午前6時30分ごろ合計十数名の第一組合員および光共闘に属する労組員が光文社前に集合して第二組合員の出勤に備える旨の方針を決定した。かくして被告人は、同日早朝所定の時刻ごろ、十数名の労組員らと共に光支社正面玄関付近路上に集合し、同社前を南北に通じる音羽通りを南北両方向から出勤してくる第二組合員に対しピケッティングを実施するため、その場で二手に分かれ、被告人および光共闘に属する労組員5名は、音羽通り南方から出勤してくる第二組合員の説得にあたることとした。当時、光文社警備員5名も乗用車で出勤し光文社内に入ったが、被告人らはそのままその場で待機するうち、同日午前7時40分ごろ同社総務部副

部長で第二組合に所属するS（当時50年）が音羽通りを南方から徒歩で出勤してくるのを認めた。

(4) ここにおいて被告人は、Sに対し、同人が第二組合に加入した理由を問いただし、また会社が警備員として暴力団員を雇っていること、および第一組合に解雇者が出ていることに関して話し合い、Sから意見を徴するとともに、これに反対の意思を表明することを求めてSを説得しようと考えた。しかし、前記警備員による妨害を免れるため、ほか5名の労働組合員と共謀の上、Sをその場から他所に連行しようと企てた。歩道上を歩いてきたSに近寄り、いきなりSを取り囲み、うち2名において両側からそれぞれSの腕をつかまえ、被告人において「実力ピケだぞ、あんたは会社に入れないんだ。どうしてこんなに早く来るのだ。」と申し向けた。Sが「入れないんだったら帰ればいいでしょう。」といって引き返そうとするや、前記の2名においてそれぞれSの脇下に手をさし入れてSを抱え上げながら前方に引っ張り、ほか1名においてSを後方から押し、Sが両腕を前方につき出し、腰を低く落して連行されまいと抵抗するのも構わず、同所から文京区音羽2丁目2番先金輪マンション工事現場付近歩道上まで約30メートルをひきずったあと、さらにSの両脇下に手をさし入れたまま引っ張り、後方から押すなどして同所から小路に入り、お茶の水女子大学裏門前を経て200メートル余の距離にある山品建設株式会社前歩道上まで強いて連行し、もってその間Sの身体の自由を拘束し不法に逮捕した。

第1審（東京地裁）は、違法性を阻却する事由が存するか否かを法秩序全体の見地から実質的、具体的に判断しなければならないとし、人の身体および行動の自由が最大限に尊守されるべき法益であることを説いた。そうして、「被告人の判示所為は、労働組合法第一条二項本文、刑法第三五条またはその他の事由により正当な行為としてその違法性が阻却されるものではないというべきであり、またその違法性の程度において可罰性のないほど軽微な行為と解することはできない。」と判示して、公訴事実の一部について逮捕罪の成立を認め、被告人を懲役3月、1年の執行猶予に処した。これに対して

原審（東京高裁）は、「本件が午前七時四〇分ころの公道上のきわめて短時間の、しかも緊迫した特殊な事態のもとでの偶発的な出来事と思われること、被告人らには、右のような暴行脅迫を加える意思も、そのような行動に出た形跡もなかったとみとめられること等の状況に徴すれば、本件は――なお外形的には、逮捕罪にあたるようにみえるが――、被告人らの守ろうとした利益とその侵害した法益との権衡、労働組合法、刑法を含む法全体の精神からみて、果して危険な反社会的行為、特に刑法上の犯罪としなければならないほど常軌を逸したものといえるかどうか頗る疑わしく、……結局本件は、同法二二〇条一項の『不法に人を逮捕』したという犯罪として処罰するに足りる実質的違法性をいまだ備えていないと解するのが相当である。」と判示し、1審判決を破棄して被告人を無罪にした。これに対して検察官は、上告し、判例違反、憲法28条違反を主張する他、さらに法令違反として、「被告人の本件所為は法益侵害の程度も軽微とはいえず、またその動機、目的の正当性も認められず、手段・態様の相当性、緊急性を欠き、被告人らの守ろうとした利益とその侵害した利益を比較しても権衡を失し、とうてい社会通念上許容できないものであって諸般の事情を考慮しても実質的違法性を阻却するものではない。」と主張した。

2　判決要旨

最高裁第三小法廷は、上告趣意がすべて刑訴法405条の上告理由に当たらないとしたが、職権調査のうえ原判決を破棄し、控訴を棄却して、第1審判決を維持した。その要旨は、次のとおりである。

「本件逮捕行為は、法秩序全体の見地（昭和四三年（あ）第八三七号同四八年四月二五日大法廷判決・刑集二七巻三号四一八頁）からこれを見るとき、原判決の判示する動機目的、所為の具体的態様、周囲の客観的状況、その他諸般の事情に照しても、容認されるべきピケッティングの合理的限界を超えた攻撃的、威圧的行動として評価するほかなく、刑法上の違法性に欠けるところはない。したがって、原判決の判断には法令の違反があり、それが判決

に影響を及ぼし、原判決を破棄しなければ著しく正義に反するものであることが明らかである。」

なお、「実質的違法性をいまだ備えていないとして無罪を言い渡した原判決が誤りであるとは認められない」とする2裁判官の反対意見がある。

3 評釈

（1） 最高裁は、「犯罪として処罰するに足りる実質的違法性をいまだ備えていない」として無罪を言い渡した原審判決を破棄したのであるが、これは、いわゆる可罰的違法性論そのものを否定したわけではない。判旨からもうかがわれるように、逮捕行為の違法性を判断する上での「本件における被害法益の評価及び行為の緊急性その他相当性の有無等に対する認識の相違」に基づくものなのである。問題は、ピケッティングの合理的限界をどのような範囲に画するかにある。本件の場合、ピケッティングに際して、他組合員を警備員の妨害行為の及ばない場所に連行して説得しようと企て逮捕したのである。この逮捕行為は、身体を直接に拘束し自由を奪っているので、もはや平和的説得にとどまるものではない。しかし、諸般の事情を考慮に入れてなお正当な争議行為と言えるかが検討されなければならない。平和的説得にとどまらず威力行使が外形的にはなされているので、まさにピケッティングの正当な範囲を画する上での限界事例と言える。ここにおいては、争議行為の特殊性および行為当時の事情等を考慮に入れて、当該行為が刑法上処罰するに足りる程度の実質的違法性つまり可罰的違法性を有しているかを判断しなければならない。その場合、その判断基準をいかなるものに求め、事案における被害法益、目的・手段の相当性をいかに評価するかによって結論が異なってくる。原審と本判決との結論上の相違は、この点についての評価の違いによって生じているのである。

可罰的違法性が存しないことを理由に無罪を言渡した原審判決を破棄した最高裁判決例は、すでに日本鉄工所事件[1]、東京都公安条例事件[2]、大阪市公安条例事件[3]において見出される。本判決後は、東北大事件[4]、毎日放送

事件[5]において同様な判決が出されている。これら一連の判決によって、最高裁は、可罰的違法性論の適用を広く認める傾向にあった下級審判例に歯止めをかけたと言える。本判決もそのような思潮のもとでなされたものと言えよう。

（2）ピケッティングの合理的限界について、形式的な平和的説得論に依拠する限り、本件の逮捕行為は、違法性をおびることになる。あくまでも条理を尽くして説得する限度にとどまるべきであり、いかなる実力行使も許されないのである[6]。しかしながら、説得に軽微な威力行使を伴ったとしても、被害法益の軽微性、目的・手段の相当性等の「諸般の事情」を考慮して、刑法上処罰するに足りる実質的違法性を欠く場合が存するのである。「諸般の事情」を考慮して、行為の実質的違法性を判断するとの見解は、三友炭鉱事件についての最高裁判決[7]以来認められるところである。このような場合は、市民刑法規範と労働法規範とが交錯する場合であり、その調和点が見出されねばならない[8]。

原審が「犯罪として処罰するに足りる実質的違法性」（可罰的違法性）を欠くと判断した根底には、次のような事情の評価が存した。すなわち、①この機を逃すとＳを説得する機会が当分失われることを危惧し、警備員の妨害の及ばない場所で説得しようと考えて行動に出ていること、②被告人らの有形力の行使はきわめて短期間であること、しかも、③その有形力の行使は殴打、足蹴りなどの暴行ではなく、着衣その他のものにもなんら損傷を与えていない程度のものであり、社会的常軌を逸した暴行・脅迫ではないこと、④緊迫した特殊な事態のもとでの偶発的な出来事であること等である。このような諸事情の評価に対して、最高裁は、「労働争議に際して、不法にも実力をもって人の身体の自由を奪い、正当な就労の権利を侵害したものであることの実質を洞察しないで、外形的な手順の現象観察にとらわれたことを示すものであって、本件所為に対する可罰性の有無を決するに足る契機とすることはできない。」と反論している。ここでは、身体の自由および就労の権利を侵害しているとして、その点を重視していることは明らかであるが、前述

の諸事情をどのように評価するかは判然としない。ただ、「第一審判決は判断と結論においてわれわれの見解と一致しこれを維持するのが相当である」と判旨に記されていることから、第1審の諸事情についての評価と同じと解される。第1審は、①Sに対する第一組合の統制権は及ばないので弁明を強制する根拠はないこと、②Sの身体行動の自由は、現実に奪われ、同人がこれによって受けた恐怖は多大であったこと、③身体および行動の自由は、人間の基本的な自由であって最大限に尊重されるべき法益であること、④Sに対するピケッティングに際して、このような時機をのがせば説得する機会が失われるというほど緊急な事情はなかったこと等を、本件逮捕行為の違法性を判断する基礎にしている。

このように、「諸般の事情」の捉え方が異なるわけであるが、これは、被害法益の評価および手段の相当性、行為の緊急性の評価が単なる事実の認定によるものではなく、そこに何らかの価値判断が介在しているためと言えよう。ここでの価値判断は、市民刑法規範と労働法規範との調和の観点からなされねばならない。本件の場合、被告人らの逮捕行為は、警備員の妨害の及ばない場所でSと話し合い説得しようとするためであった。説得の内容は、Sが第二組合に加入した理由を問いただし、会社が警備員として暴力団員を雇っていることおよび第一組合員に解雇者がでていることに対して反対の意思を表明させるというものであった。ピケッティングに際して通常行われるような就労を断念させるための説得を直接目ざしたものではなかった。しかし、そのような説得行為もピケッティングの一環としてなされる以上、行為の目的は正当と言える。問題は、手段の正当性についてである。Sに対する第一組合の統制権が及ばないことを考慮すると、被告人らの説得のための強引な連行行為は正当とは言えない。Sには、被告人らの逮捕行為を受忍して説得に応ずべき法的義務はないのである。被告人らの逮捕行為は、市民刑法的観点からは一応違法なものと言える。そこで争議行為に際して行われたことを考慮し、この逮捕行為の違法性が刑法上処罰するだけの実質を有しているかを被害法益の軽微性、手段の社会的相当性等に照らして決定しなければ

ならない。

　本件の逮捕行為は、確かに230メートル余の距離にわたる比較的短時間のものではある。また、逮捕の手段としての暴行も両脇から2人で抱え上げ前方に引っぱり、もう一人が後方から押すというものである。この点を外形的に捉えれば、被害法益は軽微とも言えそうである。しかし、Sは、ピケットを実力で突破しようとしたものではなく、むしろ就労を断念し引き返そうとしたものであり、被告人らに対して暴力的な反撃行為に出ているわけではないという事情を考慮すると、被告人らの強引な逮捕行為は相当とは言えない。しかも、逮捕の手段としての暴行は、殴打、足蹴り等のものではなく軽微なものであったとしても、逮捕されたために侵害を受けた身体の自由は軽微とは言えない。被告人らの守ろうとした利益とSが侵害を被った法益とは、比較衡量するには対等な立場にない。被告人らの守ろうとした利益と比較衡量の対象となる侵害法益は、雇傭者の有する利益および組合統制権の及ぶ者の有する利益であるはずである。それゆえ、被告人らの逮捕行為は、刑法220条で処罰しうる実質的違法性を有すると言える。したがって、逮捕罪の成立を認めた結論は正当である。

　なお判旨では、身体の自由の他に就労の権利も被害法益として考慮されているが、被告人が「実力ピケだぞ、あんたは会社に入れないんだ。」と申し向けた段階で、すでにSは就労を断念しているのである。被告人らの積極的行動の後、就労を断念したのではない。それゆえ、就労の権利を被害法益として比較衡量の対象に持ち出すのは疑問である。そのほか、警備員の妨害が危倶され、かつ、この機を逸しては説得できないという緊急状況にあったかが、違法性を判断する上で問題とはなる。しかし、本件の場合、判旨によれば、未だ警備員が出てきて排除にあたる状況にはなく、被告人らの危倶感が存するにすぎず、また説得の内容が就労に関するものではないだけにその説得が緊急を要するとは言えない。この点からの違法性判断は問題とすべきではなかろう。

　（3）労働争議に関して、行為態様および被害の程度が本件と類似してい

る事件で、無罪を言渡した判例として(A)長崎相互銀行事件[9]、(B)札幌市電事件[10]等が存するが、これらの事例は、本件とはその事情を異にする。(A)の事件は、争議行為の最中に分派活動を行おうとした組合員に対する説得のための逮捕行為に関するものである。この場合は、組合の統制権行使と認められるものであり、しかも、自由拘束の数分後には、結局平穏に話し合う合意に到達したものである。(B)の事例は、ストライキ中の労組員である被告人らが電車の運行を阻止し、脱落して就労している組合員に対し翻意を促したのに対し、当局側の者が腕力で排除しようとした際に生じたものである。最高裁も直接暴力に訴えることはなかったとしている。

（4）　いわゆる可罰的違法性論については、それを構成要件該当性の段階で考慮する見解[11]と構成要件該当性と違法性との双方の段階で考慮する見解[12]とが存する。本判決は、違法性判断の基準として「法秩序全体の見地」を挙げ、国鉄久留米駅事件についての大法廷判決[13]を引用していることを考えると、違法性の段階で可罰的違法性論を考慮していると言える。すなわち、国鉄久留米駅事件の判決は、「勤労者の組織的集団行為としての争議行為に際して行なわれた犯罪構成要件該当行為について刑法上の違法性阻却事由の有無を判断するにあたっては、……当該行為の具体的状況その他諸般の事情を考慮に入れ、それが法秩序全体の見地から許容されるべきものであるか否かを判断しなければならない」（圏丸筆者）と判示しているのである。

労働争議に関する事案においては、違法性の段階で可罰的違法性の存否を判断するのが正当と考える。争議行為の正当性を判断するには、個別具体的に「諸般の事情」を考慮して当該行為の違法性を実質的に把握しなければならない。ここでの諸般の事情の評価には、前述したように具体的な価値判断が介在する。それゆえ、構成要件該当性の段階での類型的・抽象的な判断にはなじみにくい。それは、違法性の段階で市民刑法規範と労働法規範との調和を目ざして個別・具体的に判断されねばならないのである。この意味において、本判決が国鉄久留米駅事件判決を引用したのは妥当と言えよう。

（5）　結論としては、本件逮捕行為についてその違法性を是認した本判決

は正当と考える。

（1） 最判昭和50・8・27刑集29巻7号442頁。
（2） 最判昭和50・10・24刑集29巻9号777頁。
（3） 最判昭和50・10・24刑集29巻9号860頁。
（4） 最判昭和50・12・25刑集29巻11号1007頁。
（5） 最判昭和51・5・6刑集30巻4号519頁。
（6） 神山欣治『労働刑法提要』（昭和29年）149頁。
（7） 最判昭和31・12・11刑集10巻12号1605頁。
（8） 荘子邦雄『労働刑法（総論）』（新版、昭和50年）29、64頁以下参照。
（9） 最判昭和39・3・10別冊労働法律旬報525号26頁。
（10） 最判昭和45・6・23刑集24巻6号311頁。
（11） 藤木・理論3〜50頁、藤木・可罰的違法性75、89頁。
（12） 佐伯・違法性の理論369頁以下、424頁。
（13） 最大判昭和48・4・25刑集27巻3号418頁。

2 公職選挙法166条にいう「選挙運動のためにする演説」の意義および同条違反行為・法定外文書頒布行為の可罰的違法性

最(一小)判昭和52・2・24刑集31巻1号1頁
昭和49年(あ)第1709号、公職選挙法違反被告事件

          1 事実の概要
          2 判決要旨
          3 評　釈

1　事実の概要

　本件は、3つの事実からなる。第1審の認定するところによると、本件犯行に至る経過および事実は、次のごとくである。

　仙台市役所労働組合連合会（以下「市労連」と略称）は、仙台市職員労働組合（以下「市職労」と略称）、仙台交通労働組合（以下「仙交労」と略称）、仙台市水道労働組合（以下「仙水労」と略称）等6単位組合の連合体であり、仙台市に勤務する職員のうち大多数の者が各単位組合を通してこれに加入していた。昭和42年1月上旬ころ、同月29日施行の衆議院議員選挙における宮城県第1区の候補者日本社会党委員長Sを市労連の推薦候補者として決定し、その旨を機関紙「市労連」等により、傘下の組合員およびその家族に周知させるとともに、同候補者の当選を図るための運動を組合員およびその家族等に対して行っていた。

　(1)〔第1事実〕被告人A（宮城県議会議員、日本社会党仙台総支部書記長）、被告人B（市職労中央執行委員長、市労連副執行委員長）、被告人C（仙交労執行委員長、市労連副執行委員長）は、共謀のうえ、昭和42年1月29日施行の衆議院議員総選挙に際し、宮城県第1区から立候補したSに当選を得しめる目的をもって、同月23日午前9時ころ、仙台市役所庁舎内民生局市民課において、前記選挙区の多数の選挙人を含むTほか40数名の市民課職員に対し、被告人Aにおいて、「今回の選挙は黒い霧による解散選挙である。

S委員長は現在全国遊説のため来仙できないでいるが、S委員長をよろしくお願いする」旨演説し、もって、地方公共団体である仙台市の所有する建物内において、同候補者の選挙運動のためにする演説を行った。

(2) 〔第2事実〕 被告人D（仙交労副委員長、市労連書記長）は、前記第1記載の目的をもって、同月27日午前11時50分ころ、宮城県の所有する仙台市川内地内宮城県スポーツセンター建物内において、かねてからの企画にもとづき、たまたま当日開催された仙台市職員家族慰安会午前の部の席上で、前記選挙区の多数の選挙人を含む、同職員およびその家族を主とするMほか約6,000名の入場者に対し、市労連委員長代理として挨拶した際、「市労連では、今度の選挙に社会党のS委員長を推薦しているので、皆さんS委員長をよろしくお願いする」旨の演説をした。さらに、被告人Cは、上記同様の目的をもって、同日午後3時ころ、同所における上記家族慰安会午後の部の席上で、前記選挙区の多数の選挙人を含む同職員およびその家族を主とするKほか約5,000名の入場者に対し、市労連委員長代理として挨拶した際、上記と同趣旨の演説をした。D・C両名は、いずれも地方公共団体である宮城県の所有する建物内において、同候補者の選挙運動のためにする演説を行ったのである。

(3) 〔第3事実〕 被告人E（市職労中央執行委員）、被告人F（仙交労書記長）、被告人G（仙交労中央執行委員）、被告人H（市職労組合員）、被告人I（市職労中央執行委員）、被告人J（市職労中央執行委員）は、いずれも共謀のうえ、前記第1記載の目的をもって、同日午後2時ころから同3時ころまでの間、上記スポーツセンター建物付近において、慰安会午後の部に入場しようとしていたところの、前記選挙区の多数の選挙人を含む仙台市職員およびその家族を主とするK外約5,000名に対し、「一月二九日は衆議院議員の投票日です。忘れずに投票しましょう。」「私たちの一票で腐敗と汚職の黒い霧を追払おう‼」との見出しを付したうえ、本文中前段において、今回の総選挙が腐敗と汚職にまみれた黒い霧を一掃するためのものである旨印刷記載し、後段において棄権防止を呼びかけるとともに、「力強い清新な政

治を築き、国民の手にとり戻すため、市労連の推薦する候補者に家族揃って投票しましょう。」と前記総選挙における市労連推薦候補者Sに投票を求める趣旨の文章を含めて印刷記載した、同候補者の選挙運動のために使用する法定外文書を、各1枚ずつ計約5,000枚を頒布した。

　第1審（仙台地裁）は、第1および第2の事実について、それぞれ公職選挙法166条1号違反を認め、同法243条10号により、被告人Aを罰金3万円、被告人Bを罰金3万5,000円、被告人Cを罰金4万円[1]、被告人Dを罰金3万円に処した。さらに公職選挙法252条4項により、前記各被告人に対して、同条1項所定の選挙権および被選挙権を有しない期間（5年）をいずれも1年に短縮するとした。第3の事実に対しては、公職選挙法142条1項違反を認め、同法243条3号により、被告人E・F・G・H・I・Jに対して、それぞれ罰金3,000円に処した。しかし、公職選挙法252条1項の規定は適用しないものとした。

　第2審（仙台高裁）は、被告人全員に無罪を言い渡した。本件公訴は公訴権濫用によるものではなく、適法なものであり、また公職選挙法166条1号・142条は憲法21条・28条等に違反するものではないと判示し、次のような点に無罪の根拠を見出している。まず第1事実については、「当時仙台市役所においては、就業時間内の職場オルグが慣行化し、市当局もこれを黙認しており、本件市民課における演説も、市労連の職場オルグ活動の一環として行なわれたものであることも認められるが、右被告人らの演説に、推せん候補決定の伝達があつても、候補者に当選を得させる目的をもつてする投票を得るための直接または間接の勧誘、誘導の内容を兼有するものでない限り、公職選挙法一六六条一号に違反するものではない。」との前提に立ち、「原判示のような被告人Aの選挙演説につき疑いを存しつつも、これを確認する確たる証拠を欠くものといわざるを得ず、また被告人B、同Cの選挙演説ならびに被告人ら三名の間における事前あるいは現場の共謀を認めるには、これまた証拠不十分で、勤務時間内に、しかも、一般市民の出入りもある市民課において、選挙演説と疑われるような行為をした被告人らに対し、

批判の余地は大いにあるものの、公職選挙法一六六条一号違反の犯罪事実を認めるのは結局困難というべく、本件公訴事実は証明不十分として無罪の言渡をすべきである。」とした。次に第2事実については、原判示事実を是認したが、「本件建物の性格、慰安会の性質、被告人らが挨拶するに至った経過、挨拶の内容、その相手方等一切の事情を、前記控訴趣意第四点において説示の公職選挙法一六六条一号の法意に照らし考察するならば、被告人らに対する勇み足の謗りは免れ得ないものの、原判示第二の各所為の同条号法益侵害の程度は軽微というべく、これに対し刑罰を科さなければならない程の違法性があるとは認め難い。」として可罰的違法性は認められないとした。第3事実についても同様に、「本件文書の性質、文書作成の経過およびその費用、被告人らの役割、頒布の相手方等一切の事情を、選挙の適正公平の確保を目的とする公職選挙法一四二条の法意に照らし考察するならば、被告人らの軽率を否定できないものの、原判示第三の所為の同条法益侵害の程度も軽微というべく、これに対して刑罰を科さなければならない程の違法性があるとは認め難い。」として、可罰的違法性は認められないとした。

　検察官の上告趣意は、判例違反と法令違反とを主張する。第1事実については、「S候補所属政党の地方における要職にある被告人Aが推せん母体たる市労連の要職にある被告人B、同Cとともに市庁舎に至り重ねて推せん決定の伝達をするということは、特別の事情が存在しない以上、その時期・手段・態様からみて、それだけで暗に推せん候補者への投票を求める選挙運動のためにする演説をしたものと考えるべきで」あると主張する。第2および第3事実については、「その法益侵害の程度は重大であって、それが軽微であることを理由に可罰性を否定しうるが如き行為ではない。」とし、さらに、「選挙運動の平等と公正を保護するために定められた選挙運動の制限にあっては、公平・平等に取締を遂行する必要があり、個々の違反行為のみを見て可罰的違法性の有無を論ずることは事案の性質上適当でない」と主張した。

2 判決要旨

 最高裁第一小法廷は、裁判官全員一致のもとに原判決を破棄自判した。被告人らの行為に対してそれぞれ第1審と同様の罪責を認め、同様な罰金刑に処した。しかし、公職選挙法252条1項の規定は、被告人全員に適用しないものとした。その判旨は、次のとおりである。

 (1) 「特定の公職の選挙の施行が予定され、特定の人がその選挙に立候補をし、又は立候補が予測されているとき、その者を他の個人又は団体等が当該選挙において支持すべき候補者として推薦することを決めたことについて、かかる推薦候補者決定の事実を団体の構成員に伝達するための演説は、それが内部行為に止まるなど特別の事情のない限り、当該候補者を当選させるための投票獲得の目的をもってする、必要かつ有利な行為として同法一六六条にいう選挙運動のためにする演説に該当すると認めるのが相当である。……市労連が、すでに右演説が行われる以前に、機関紙等を通じて傘下の組合員及びその家族にS候補が市労連推薦候補者であることを伝達して周知させていたのに、選挙運動期間中、同市庁舎に赴き、一般市民も集散する市民課において演説を行い、同候補が推薦候補者と決定したことを重ねて伝達して周知徹底をはかった同被告人らの行為は、単なる市労連の組織体内の純然たる内部行為に止まるものではなく、同推薦候補者を当選させるための投票獲得の意図のもとに行われた選挙運動のためにする演説と認めるのが相当である。」（第1事実に対して）

 (2) 「同被告人らの各所為は同法一六六条、二四三条一〇号の罪の違法性に欠けるところはなく、原判決の判示する本件建物の性格、慰安会の性質、被告人らが挨拶するに至った経緯、挨拶の内容、その相手等は、右違法性を失わせる事情となるものということはできない。」（第2事実に対して）

 (3) 「同被告人らの各所為は、同法一四二条一項、二四三条三号の罪の違法性に欠けるところはなく、原判決が判示する本件文書の性質、文書作成の経過及びその費用、被告人らの役割、頒布の相手方等の諸事情は、たとえ原判決の判示するとおりだとしても、右の違法性を失わせる事情となるものと

いうことはできない。」(第3事実に対して)

3 評 釈

（1） 結論として、本判決は正当と考える。本事案は、公職選挙法166条、142条の意義を考える上で重要なだけでなく、同条違反たる形式犯の可罰的違法性が被害の軽微性の観点から論議されている点で注目に価する。

本事案における問題点は、次の3つである。第1は、推薦候補者決定の事実を団体の構成員に伝達する演説が公職選挙法166条にいう選挙運動演説と言えるかである。第2は、宮城県スポーツセンター建物内で行った選挙運動演説が可罰的違法性を有するか否かである。第3は、法定外文書頒布行為が可罰的違法性を有するか否かである。

（2） 公職選挙法は、選挙運動の制限については規定しているが（13章129条以下）、選挙運動それ自体の定義については何ら明文を設けていない。選挙運動の定義は、解釈に委ねられている。これについて、昭和38年の最高裁決定は、「特定の選挙の施行が予測せられ或は確定的となつた場合、特定の人がその選挙に立候補することが確定して居るときは固より、その立候補が予測せられるときにおいても、その選挙につきその人に当選を得しめるため投票を得若くは得しめる目的を以つて、直接または間接に必要かつ有利な周旋、勧誘若くは誘導その他諸般の行為をなすことをいう」[2]としている。この見解は、すでに大審院判例においても見出され[3]、今日まで判例上一貫して維持されている。本判決も選挙運動の定義については、これまでの判例を踏襲している。この見解に対しては、「特定の議員選挙に付き特定人の当選を有利ならしめることを直接の目的として多数選挙人に交渉することに関して連続して為す行為を謂う」[4]との異論もある。通説は、判例の見解とほぼ同様な立場に依拠している[5]。本判決の意義は、前述の判例上の選挙運動の定義が公職選挙法166条についても当てはまるものとし、推薦候補者決定の事実を団体の構成員に伝達するための演説も内部行為にとどまるなどの特別の事情のない限り選挙運動演説に当たるとした点にある。

本件第1事実での被告人Aらの演説は、市労連の職場オルグ活動の一環として行われたものと認められる。そこでの選挙運動演説は、憲法28条の労働基本権の範囲内に属する正当な行為ではないかが問題である。推薦候補者決定の事実を労働組合員に伝達するための演説は、労働組合の教宣活動の一部をなすものである。それが内部的なものである以上、労働基本権の正当な行使と言えよう。しかしながら、本件の場合、演説の場所が市役所内の市民課である。市民課には、一般市民も集散するのである。そこでの演説は、組合の内部的な教宣活動にとどまるものとは言えない。この場合、公職選挙法166条により制約を受ける。

公職選挙法166条は、特定の建物・施設において選挙運動のためにする演説・連呼行為を禁止し、その第1号に国、地方公共団体等の所有しまたは管理する建物を挙げている。市役所庁舎は、これに該当する。これらの建物内での選挙運動演説が禁止されるのは、公務の執行に支障をきたすおそれがあるためであるが[6]、それに尽きるものではない。さらに、職務の公共性・中立性に対する国民の信頼性が害されるためである。単に労働組合の教宣活動であるという理由で、166条の適用を除外することはできない。同条には「いかなる名義をもってするを問わず」と規定されており、例外は認めない趣旨である。法律上認められた立会演説会（152条、160条の2）、個人演説会（161条）以外は許されない。選挙は、国民各人の参政権の行使であり、国民の意思を国政に反映させる重要なものである。この選挙の厳正中立および公正を確保するために公職選挙法13章の規定が設けられたのである。これによって労働組合の教宣活動が制約されるとしても、それは公共の福祉による制約と考えなければならない。憲法の保障する労働基本権は、労働組合の教宣活動に対して政治上の特権を付与するものではない。判旨が、市民課において推薦候補者決定の事実を重ねて伝達して周知の徹底を図ったことを、単なる市労連の組織体内の純然たる内部行為にとどまるものではないとして、166条にいう選挙運動のためにする演説に当たるとしたのは、正当と言えよう。

（3）　第2事実については、可罰的違法性の存否が問題となった。原審と最高裁とでは、その結論を異にしている。宮城県スポーツセンターは、公職選挙法166条1号に規定する地方公共団体の所有・管理する建物に該当する。その建物内で選挙運動演説を行うことは禁止され、違反行為は243条10号によって処罰の対象となる。第1審は、本件が構成要件に該当する典型的な場合であって、その保護法益に照らしても特に軽微な場合ではなく、労働組合の教宣活動としてなされたからといって、その故をもって行為の相当性が生ずるものではないとした。これに対して、原審は、次の5つの事情を考慮し、法益侵害の程度が軽微であるとの理由から可罰的違法性を欠くとした。まず第1は、本件建物の性格である。宮城県スポーツセンターは、市役所などの公務が執行される建物に比べて公共的性格が薄い建物であるとする。第2は、慰安会の性質である。慰安会の開催日は、選挙と関係なく興業側の都合で以前に定められたものであることを考慮している。第3は、被告人D・Cが挨拶するに至った経過である。慰安会開催に当たっては、市長と市労連委員長が挨拶することが慣例となっていた。ところが当日、委員長不在のため急遽被告人D・Cが代理として挨拶するに至ったものであるとして、被告人らの挨拶が当初から予定されていたのではないことを考慮している。第4は、挨拶の内容である。約5分間の挨拶の最後においてなした短い投票依頼の発言にすぎず、聴衆の中にはその内容について記憶のない者もいるというのである。第5は、演説の相手方の事情である。相手方の大多数が市職員およびその家族であることを考慮する。これに対して、最高裁は、これら5つの事情は演説行為の違法性を失わせるものではないとしたのである。

　可罰的違法性の存否を判断する場合、行為反価値および結果反価値の基礎となっている諸事情を考慮しなければならない。そこには、具体的な価値判断が介在する。原審と最高裁が同様の事情を検討しながら結論を異にしたのは、諸事情の評価の相違によるものである。第1の事情を考慮すべきか否か、特にスポーツセンターと市役所とでは区別して考えるべきか否かは、公職選挙法166条1号の趣旨から決定しなければならない。第2・3の事情は、犯

行の計画性に関するものである。第4・5の事情は、法益侵害の程度の評価に関するものである。

公職選挙法166条1号の趣旨について、本判決は、「国又は地方公共団体等の所有し又は管理する建物等は、公の目的に利用されるべきものであって、かかる性質の建物等において選挙運動のためにする演説及び連呼行為を無制限に許すことは、その建物における公務又はその建物等を利用する一般市民の利用に支障を与えるなど、これらの建物等の本来の設置目的を阻害するおそれがあるばかりでなく、これらの建物等を所有し又は管理する国又は地方公共団体等の職務の公共性・中立性に対する国民の信頼を損なうおそれがあるからである。」と説示している。166条1号の趣旨に言及した最高裁判例としても本判決は意義のあるものだが、第2事実との関係で特に問題とすべきは後段の部分である。スポーツセンターは、市役所等のような公務が執行される場所ではない。しかし、県が所有・管理している以上、公共の用に供されるものであり、職務の政治的中立性が維持されなければならない。この観点からは、市役所とスポーツセンターとを区別すべきではない。さらに、本件スポーツセンターは、選挙演説には最適の場所であることも失念すべきではない。いずれにおいても、選挙運動のためにする演説は禁止される。したがって、第1の事情は、問題とすべきではない。

第2・3の事情は、被告人らの犯行の計画性を否定する材料とはなっても、選挙運動の犯意を否定するものではない。このことは、被告人らの犯行の行為反価値性に影響しない。第4・5の事情は、被害の軽微性の問題である。短時間の投票依頼であることは事実であるが、そのことは投票獲得の効果が少ないということではない。本件の場合、すでに推薦候補者の伝達がなされている状況にあり、その投票依頼の効果は決して少なくない。法益侵害の程度は、軽微ではない。第5の事情は、逆に組合員でない家族や一般市民も居合わせていたことを問題にすべきであり、労働組合の内部的な教宣活動にとどまるものとは言えない。

したがって、第3事実に関する被告人D・Cの行為は、可罰的違法性を欠

くとは言えない。判旨は、正当と言えよう。

　（4）　第3事実についても可罰的違法性の存否が問題となった。法定外文書の頒布行為について、原審は、法益侵害の程度が軽微であることを理由に可罰的違法性を欠くとした。その判断に際して考慮された事情は、次の4つである。まず第1は、本件文書の性質である。ここでは、(イ)文書の外形内容自体からは主として棄権防止を目的とする趣旨の文書であること、(ロ)投票依頼の文言には候補者の氏名等の記載がなく、文言自体からはこれを知ることができないこと、(ハ)頒布を受けた者が特定の組織に所属するなどの事情が加わってその候補者が誰であるかを推知しうることなどが考慮されている。第3は、文書作成の経過・費用である。本件文書は、宮城県労働組合評議会の指示を受けて違法でないとの判断の下に作成され、1枚1円の代金で13,000枚印刷されたものであるというのである。第3は、被告人らの役割である。ここでは、(イ)被告人らが頒布当日になって手渡されて始めて本件文書の内容を知ったこと、(ロ)本件文書の内容決定に参加したわけではないことを考慮している。第4は、頒布の相手方である。頒布を受けた者の大多数は、仙台市職員およびその家族という限定された範囲であると言うのである。このような観点から法益侵害の程度が軽微であると判断している。

　これに対して最高裁は、これら4つの事情は、法定外文書の頒布行為の違法性を失わせるものではないとした。それについての理由は、明確に述べられていない。ここでは、法益侵害の程度は軽微ではないとした第一審判決が参考になる。第1審は、その判断に際して、①公職選挙法142条が「金のかからない選挙」を実現することによって選挙の適正・公平を図ることを目的として第三者の文書頒布を禁ずるものであり、第三者が頒布したことによって法益侵害の程度が減少するわけではないこと、②頒布枚数が多数であること、③頒布の相手方を考慮すれば頒布による選挙運動の目的達成の程度は決して小さいとは言えないこと等を考慮したのである。

　被告人らの法定外文書頒布行為が可罰的違法性を有するか否かは、前述のような行為の際の諸事情およびその効果をどう評価するかにかかっている。

その際、公職選挙法142条の趣旨に立脚して検討しなければならない。142条の趣旨については、すでに最高裁判決が出されている[7]。本判決もそれに従って、「一四二条の趣旨は、公職の選挙につき文書図画の無制限な頒布を許すときは、選挙運動につき不当の競争を招き、これがため選挙の自由公正を害し、その適正公平を保障しがたいことになるので、かような弊害を防止することにある」と説示している。法定外文書の頒布を禁止するのは、選挙の自由公正を害することを防止するためである。そうすると142条違反の罪は、選挙の公正が害される危険が潜在すると考えられる行為を処罰の対象とする形式犯である。選挙運動の制限に関する犯罪の多くは、形式犯なのである[8]。

　形式犯は、いわゆる抽象的危険犯よりも法益侵害の危険性がより一層潜在的である。形式犯は、画一的・形式的に取締を遂行しなければ、法の執行上不正義を生ずる。ここでは、可罰的違法性の理論が制約される[9]。さらに、被害の軽微性を問題にする場合、形式犯においてはそもそも法益侵害の危険性が潜在的であるので、実質犯と同様に考えることはできない。もちろん、法益侵害に対する潜在的危険性を基準にして、当該犯罪における被害の軽微性を相対的に判断することはできる。その場合、可罰的違法性が欠けるものは非常に限定されることになろう。ここでの可罰的違法性の理論の適用は、潜在的危険性すら現実には考えられない場合に制限されるべきである。

　本件文書の場合、候補者の氏名、経歴、政見等を印刷した典型的な法定外文書に比べれば、文書それ自体の違法性は軽い。しかしながら、頒布を受けた組合員およびその家族は、候補者が誰であるか推知しうる状況にある。しかも、棄権防止を目的とする趣旨の文書であれ、投票依頼の文言がある以上、選挙運動に使用する文書と言える。選挙運動のために使用されることが必ずしも文書の本来ないし主たる目的であることを要しないのである[10]。文書作成の費用は、印刷費13,000円というものであるが、金額の高低は問題ではない。選挙運動の効果の観点からは、頒布枚数の大小およびその相手のほうが問題である。頒布枚数は、約5,000枚という多数であり、その相手も組合員

に限られていたわけではない。このように考えると、本件文書の頒布行為は、選挙の適正・公平を侵害するに足りる危険性を有している。形式犯としての法益侵害に対する潜在的危険性を具備している以上、当該犯罪での法益侵害の程度が軽微であるとは言えない。したがって、可罰的違法性を欠くわけではない。最高裁の判断を正当とすべきである。

（1）　第1事実の罪と第2事実の罪とは併合罪となることから、各罪所定の罰金額を合算したもの。
（2）　最決昭和38・10・22刑集17巻9号1755頁。
（3）　大判昭和3・1・24刑集7巻6頁、大判昭和4・9・20刑集8巻450頁等。
（4）　美濃部達吉『選挙法詳説』（昭和23年）194頁。
（5）　浦辺衛・林修『選挙犯罪』〔総合判例研究叢書 刑法(23)〕（昭和39年）115頁、林田和博『選挙法』（昭和33年）167頁等。
（6）　土屋佳照・柳沢長治『公職選挙法逐条解説』（昭和40年）782頁。
（7）　最判昭和30・4・6刑集9巻4号819頁、最判昭和39・11・18刑集18巻9号561頁。
（8）　植松・総論129頁。
（9）　藤木・理論39頁。なお、藤木・可罰的違法性105頁、106頁では、形式犯においても被害軽微という観念を入れる余地があり、実質的違法性が認められない場合は、可罰的違法性を欠くとする。
（10）　最判昭和44・3・18刑集23巻3号179頁。

第3章　主観的違法要素と違法論

  1　はじめに
  2　主観的違法要素の理論の発展過程
  3　行為反価値・結果反価値との関係
  4　跛行的結果反価値論からの試論

1　はじめに

　(1)　主観的違法要素を認めうるのか、あるいは認めるとしてもいかなる範囲において肯定しうるのかという問題は、従来から、違法論のありかたを考える上での一つの試金石となってきた。主観的違法要素は、行為者の内心の状態、傾向などの主観的要素であって違法性の存否・強弱に影響を及ぼすものであるが（特殊的主観的違法要素）、最近では、さらに故意も一般的主観的違法要素としてそれに加えるべきであるとの主張が有力である。この問題は、まず客観的違法性論の採っていた「客観的なものは違法に、主観的なものは責任に」というテーゼとの関係において議論になり、最近では、違法判断の基準として用いられる行為反価値（Handlungsunwert）・結果反価値（Erfolgsunwert）との関係が新たに議論されている。ここでは、違法性の本質論からの考察が重要なことはもちろんとして、さらに構成要件と違法性・有責性との関係、違法と責任との区別といった犯罪論体系の構築に係わる問題が潜んでおり、刑法理論の全体的な整合性を考慮に入れた一貫した理論構成が要求される。この点について、福田教授、大塚教授は、理論的な出発点をやや異にしながらも、共にヴェルツェルの主張にかかる人的不法論（personale Unrechtslehre）を基礎にして問題の解決を図られている。

　(2)　福田平教授は、周知のようにヴェルツェルの目的的行為論を採っ

て、それをわが国の刑法学に導入された。主観的違法要素については、特殊的主観的違法要素のほか、さらに故意・過失も一般的主観的違法要素であるとされている。その論拠として、「違法性においては、法益侵害＝結果の無価値（Erfolgsunwert）とともに、行為の無価値（Handlungsunwert）が問題とされなければならないとする違法観（いわゆる人的不法論）を基礎としているが、こうした違法観からは、結果的側面だけでなく、行為の種類、方法、主観的要素も違法判断において考慮されなければならないから、故意犯における故意、過失犯における過失（客観的注意違反）が違法性に影響を与えるものとして、主観的違法要素であるという結論が導き出されるのである。」[1]との指摘をされている。違法性において、法益侵害という結果の反価値だけでなく、行為の反価値が問題とされなければならないという見地は、基本的にはヴェルツェルの人的不法論と一致するものであるとし、人的不法論は、「違法判断の客観性を維持しつつ、違法判断の対象が、単に客観的（外部的）要素、しかも結果惹起につきるものではなく、主観＝客観の全体構造をもった行為が違法判断の対象となるものである」[2]ことを主張するものとされている。

　一方、大塚仁教授も、特殊的主観的違法要素とともに故意・過失も主観的違法要素に属することを認められているが[3]、その論拠を同様に人的不法論に求められる。しかし、大塚教授の場合には、人格的刑法学の構想の下に人的不法論が採用されている点が特徴的である[4]。つまり、刑法学の対象としての人間を主体性を持った人格的存在として捉えることから出発して、行為論においては人格的行為論を、違法論をおいては人的違法観を、責任論においては人格責任論を、それぞれ展開するという構想の下にあるのである。人的違法観が生み出された背景には、第1に主観的違法要素の理論があり、第2に行為者の違法性を示唆した見解が認められ、人格的刑法学の重要な支柱として採用すべきであるとされている。ただ、ヴェルツェルが、結果反価値は刑法上、行為反価値の内部でのみ意味を持つとした点[5]は賛成できないとして、「結果無価値を無視して刑法における違法性を論ずることは不可能で

あり、行為無価値は、結果無価値を前提としつつ、結果無価値として示される事態について刑法的意味を明らかにするために併せて考えるべきもの」[6]であるとされている。

（3）このような福田・大塚両教授のいわゆる違法二元論の構想は、今日有力なものとなっているが、主観的違法要素を広く肯定することになることから、反論もなされている。特に、わが国では、結果反価値性を重視する立場からは、人的不法論とは逆に、主観的違法要素を全面的に否定すべきであるとの主張（いわゆる物的不法論）もなされている[7]。またドイツにおいては、少数説ではあるが、人的不法論をさらに主観化した一元的・主観的不法論の主張もなされている[8]。本稿では、福田教授と大塚教授のいわば理論的接点となっている人的不法論に焦点をあてながら、違法論を構築する上で主観的違法要素をいかに取り扱うべきかを検討してみたい。

（1）福田・総論86頁。なお、最近の論文としては、福田平「故意の体系的地位について」東海法学9号139頁以下参照。
（2）福田・総論145頁〔脚注3〕。
（3）大塚・総論345頁以下、大コンメ刑法(2)175頁以下。
（4）大塚仁「人格的刑法学の構想」法教113号6頁以下、特に19頁以下。
（5）Hans Welzel, Das Deutsche Strafrecht, 11.Aufl., 1969, S.62.
（6）大塚・前掲注(4)23頁。
（7）中山研一『刑法総論の基本問題』（昭和49年）65頁以下、中山・論争問題1頁以下、24頁以下、内藤・総論(上)216頁以下、神山敏雄「主観的違法要素」ロースクール23号23頁以下、曽根威彦「行為反価値性と結果反価値性」現代刑法論争I 113頁以下、曽根・総論94頁以下など。
（8）たとえば、Zielinski, Handlungs- und Erfolgsunrecht im Unrechtsbegriff, 1973, S.135 ff.; Horn, Konkrete Gefärdungsdelikte, 1973, S.78ff. など。

2　主観的違法要素の理論の発展過程

1　概　要

（1）違法性の本質について、従来、主観的違法性論と客観的違法性論

との対立があったものの、主観的違法性論の主張（Merkelなど）は影をひそめ、客観的違法性論が支配的な地位を占めて久しい。法規範が人の意思に向けられた禁止・命令であるとする命令説（Imperativentheorie）を前提にしている主観的違法性論の立場からすれば、主観的違法要素を認めることに何ら理論的な障害はない。しかし、評価規範を基準にして違法性を客観的に判断しようとした客観的違法性論の立場においては、主観的違法要素を認めることは、「客観的なものは違法に、主観的なものは責任に」というテーゼに反しはしないかという問題に直面するのである。客観的違法性論の陣営から、行為の不法（Unrecht）が客観的要素だけでなく主観的要素によっても影響されるという主観的違法要素の発見がなされたことは、当初からその理論構成に工夫を必要としたのである。

（2）　主観的違法要素の理論は、大まかに見るならば、次の二つの発展段階を経てきている。まず、第一段階では、主観的違法要素が発見されてから、それを客観的違法性論の枠組みの中で、どのように分類しかつ位置づけるのかという点に理論的な苦心がなされた。ここでは、主観的違法要素は、目的犯、傾向犯、表現犯などにおいて問題にされ、いわゆる特殊的主観的違法要素を限定的に認める方向が示された。そうして、これらの主観的要素を違法判断の対象にしたとしても、違法判断自体は客観的になされうるので、客観的違法性論の考え方に矛盾するものではない、との理解が示されたのである。

第二段階の発展は、目的的行為論の立場から、故意・過失を一般的主観的違法要素として認め、主観的違法要素を広く認める方向が示されたことに始まる。ここでは、理論的な基礎として人的不法論が大きな役割を果たしている。故意は、責任要素から主観的違法要素として違法性の段階に引き上げられ、さらに構成要件的故意として構成要件該当性の段階でも機能するものと考えられている。過失についても、不法過失、構成要件的過失という概念が主張されるのである。このような考え方は、従来の故意・過失の犯罪論体系上の地位を大きく塗り替えるものであり、錯誤論にも大きな変動を与えるも

のとなった。
　(3)　ドイツでは、人的不法論は、すでに通説的地位を占めるに至っており、故意を主観的違法要素とすることについてあまり異論を見ない[9]。主観的違法要素の問題は、今日では、その存在如何にあるのではなくして、むしろ主観的違法要素と特別な主観的責任要素とをどのように区別するかという点にあるとの指摘[10]さえなされている。これに対して、わが国では、人的不法論は有力ではあるものの、ドイツのように浸透しているわけではなく、主観的違法要素の存否自体にも議論があり、また主観的違法要素を認める場合には、どの程度まで肯定しうるのかという理論の射程範囲にも言及しなければならない状況にある。主観的違法要素の理論の発展過程を辿るには、各学説を詳細に分析する必要があるが、この点については、すでに多くのすぐれた論稿があり[11]、ここでは、むしろ、理論的な流れを要約しておくことにする。

2　客観的違法性論からのアプローチ

　(1)　主観的違法要素の発見は、1911年のフィシャー（H.A.Fischer）の論文に遡ることができるとされている。フィシャーは、客観的違法性論を出発点として命令説を批判し、不法と責任との区別を認めたが、特に私法の領域を考察の対象として、客観的事態それ自体が禁止されているのではなく、むしろ行為者が行為を遂行する際にいだいている心情によって禁止されたり許容されたりする場合のあることを指摘[12]したのである。刑法の領域においては、ヘーグラー（August Hegler）が1915年の論文において、同様に客観的違法性論から出発し、実質的違法性の内容をなしている社会侵害性がしばしば行為者の主観的要素に依存していることがあることを認め、そのような主観的違法要素の一つとして目的犯における超過的内心傾向（überschießende Innentendenz）を指摘[13]した。また、マイヤー（M.E.Mayer）も時期を同じくして、ドイツ民法226条のシカーネン禁止条項、教師の懲戒行為、医師の治療行為などの事案をもとに、主観的違法要素の存在を肯定した[14]。しかし、

マイヤーは、構成要件を違法性の認識根拠として捉えるものの、なおそれを客観的なものとして把握した関係上、主観的違法要素を構成要件該当性の段階にまで引き上げ、それを主観的構成要件要素とするには至らなかった。

（２）　主観的違法要素の理論のさらなる発展は、メッガー（Edmund Mezger）によってもたらされた。メッガーは、まず1924年の論文において、利益侵害説を基礎にしながら、繊細で複雑な人間の利益活動は、その適法と不法を区別する際に精神的要素を全く抜きにして判断できるほど、粗雑で外面的に営まれるわけではないという観点から、利益侵害が侵害者の意思方向に影響されることを認めた[15]。主観的不法要素（subjektive Unrechtselemente）は、不法を基礎付ける要素として作用することもあれば、主観的不法阻却事由として作用することもあるとしたのである。また、主観的不法要素は、構成要件を違法性の存在根拠と解するメッガーの新構成要件論によると、主観的構成要件要素（subjektive Tatbestandselemante）としても位置付けられることになる。

主観的構成要件要素（主観的不法要素）の種類については、その後の1926年の論文によると、次のような分類がなされている[16]。まず、外的行為の単純な意欲（einfaches Wollen）は、行為の利益（法益）侵害的性格に何ら新しいものを付け加えるものではないから、行為の特殊な不法に影響を及ぼす主観的構成要件要素ではないとする。つまり、故意は、主観的違法要素でも主観的構成要件要素でもないということになろう。これに対して、外的行為の意味ある意欲（sinnerfülltes Wollen）の場合には、主観的構成要件要素を認めうるとし、その類型を表現犯、傾向犯、目的犯の3つに分類している。

第1の表現犯（Ausdrucksdelikte）は、行為が行為者における精神的事象の表現として現れるものである。そのドイツ刑法典上の例としては、偽証罪（153、154条）、犯罪不告知罪（138条）などが挙げられている。第2の傾向犯（Tendenzdelikte）は、外的行為の意味ある意欲が主観的傾向の現れである場合をいう。その重要な例として、猥褻罪（174、175、176条など）が

挙げられている。さらにその他に、利己的・利得的行為が問題となる場合（259条の贓物罪など）、営業的・常習的犯罪の場合（180条a第1項、181条a第2項、260条など）、悪意的な行為が問題となる場合なども傾向犯に属するものとされている。したがって、ここでの傾向犯の概念は、きわめて広いものとなっている。第3の目的犯（Absichtsdelikte）は、外的行為が他の目的の手段として意欲されている場合である。ここでは、次の2つに細分類がなされている。一つは、外的行為が他の結果のための客観的原因として意欲される場合であり、その例として外国通謀罪（旧87条）、毒物投与罪（229条）、詐欺罪（263条）などが挙げられている。この類型は、いわゆる「切りとられた結果犯」（kupierte Erfolgsdelikte）と呼ばれているものと符合している。メツガーは、その後、この類型については考えを変え、目的犯ではなくして、傾向犯に属するものとしている[17]。もう一つは、外的行為が他の主観的手段として意欲されている場合であり、その例として、通貨偽造罪（146条）などが挙げられる。この類型は、いわゆる「縮められた第二段階の犯罪」（verkümmerte zweiaktige Delikte）と呼ばれるものと符合する。

（3）このようなメツガーの見解は、その後の主観的違法要素の理論の中核に据えられることになるが、傾向犯や目的犯の概念的な枠組みについては問題を残すものであった。その後、ツィンマール（Leopold Zimmerl）が、メツガーと同様に行為の利益（法益）侵害性に新しいものを付け加えるかどうかという観点から主観的違法要素を検討し、ヘーグラーやメツガーの挙げた主観的要素の中には客観化できるものがあることを指摘し、目的犯を主観的違法要素の範疇から排除し、表現犯と傾向犯の一部についてだけ主観的違法要素の存在を肯定するという限定説を主張したのも[18]、メツガーの理論の広がりにブレーキをかけようとするものであった。またヘーグラーは、このツィンマールの批判に答えて、1930年の論文[19]では、主観的要素の客観化（objektivieren）という観点から主観的違法要素の再検討を行っている。

ヘーグラーによれば、まず第1に、前提とされた心理的状況もしくは心理的作用が問題となる事案（メツガーの表現犯に当たる）においては、その主

観的要素はほとんど客観化することはできないとしている。なお、行為者が自己の性的欲情の刺激もしくは満足のために行う猥褻行為もここでの「心理的作用」の問題であり、その行為は「超過的意図」（überschießende Absicht）と特別に結び付いているとしている。第2に、一定の目的犯（意味を付与する目的が問題となる場合。メッガーの傾向犯に相当する）も客観化されないとする。第3に、超過的内心傾向の事案については、結果を目的とする犯罪（Erfolgsabsichtsdelikte）と後の行為を目的とする犯罪（Nachaktsabsichtsdelikte）とに区別し、前者については余すところなく客観化しうるが、後者の場合には余すことなく客観化しえないとしている。なお、客観化しうるとする前者の事例としては、他人の性的欲情を刺激もしくは興奮するために行われる猥褻行為の場合や、終了未遂の場合などがあるとする。これら客観化の動きは、主観的違法要素の限定を考える上で、今日なお参考にすべきものがあると言えよう。

（4）このように主観的違法要素の理論は、理論の射程範囲の問題を残しながらも、客観的違法性論の立場においても例外的に肯定され、通説的地位を占めるのである。ロクシンによれば[20]、主観的違法要素の理論は、ドイツではすでに1930年には浸透し、1934年のジーバーツ（Sieverts）の論文[21]は、主観的違法要素の発見の一つの締め括りを意味するものであったとしている。

3 人的不法論の展開

（1）特殊的主観的違法要素だけでなく故意・過失も主観的違法要素だとする理論の第二段階への進展は、人的不法論によってもたらされた。目的的行為論を出発点として、ヴェルツェルは、「不法は、行為者関係的な『人的』行為不法（täterbezogenes, "personales" Handlungsunrecht）である。」[22]とする人的不法論を主張した。つまり、行為者がいかなる目標設定をその客観的な行動に目的的に付与したのか、行為者がどのような表象をもって行為を遂行したのか、その際、行為者にどのような義務が課されていたのか、と

いったすべてのことが、起こりうる法益侵害とともに行為の不法を決定するとし、行為は一定の行為者の仕業としてのみ違法であるとするのである。この見解の下では、行為者がどのような内心状態で行為に出たのかが不法評価の上でも重要となり、特殊的主観的違法要素はもちろんのこと、故意・過失も主観的違法要素として把握されることになる。故意を主観的違法要素とすることについては、当初、未遂犯の場合を中心に議論されたが、人的不法論に依拠する限り、「未遂の故意のみが主観的違法要素であり、既遂の故意はなお責任要素である」との限定を付さなければならない理由はない。故意・過失を一般的主観的違法要素として把握することは、むしろ理論的には到達すべき結論であった。

さらに、ヴェルツェルは、このような故意・過失を含めた主観的違法要素を行為反価値の問題として捉え、法益侵害を結果反価値として捉えることと対比させることにより、違法性の判断を明確ならしめようとした。不法は行為者人格から切り離された結果惹起（法益侵害）に尽きるものではなく、行為の不法も同時に考慮しなければならないとする点からは、通説である違法二元論に立っていると解されるが、「法益侵害（結果反価値）は、刑法上、人的・違法な行為（行為反価値）の中でのみ意味を持つ。」[23]とした箇所は、一元的・主観的不法論への橋渡しともなっている。さらにまた、ヴェルツェルは、故意・過失を有責性の段階から違法性の段階に移行させただけでなく、構成要件該当性の段階でも構成要件的故意・構成要件的過失として機能することを認めた。このようなヴェルツェルの構想は、賛同するにしろ反対するにせよ、発展過程の第二段階での議論の出発点になっており、違法論が多方向へ発展する契機となったのである。

（2）　人的不法論は、現在、ドイツでは通説[24]となっている。人的不法論は、当初、目的的行為論の立場から主張されたものではあるが、目的的行為概念を前提にしなければ採りえないというものではない。ロクシンによれば、人的不法論は行為論の理由付けとは異なった理由に依拠しており、目的的行為論それ自体とは独立したものであるため、広く浸透するに至った[25]として

いる。ロクシンは、行為論としては人格的行為概念を採っているが[26]、構成要件的行為が外的要素と内的要素との統一体であるとすることから人的不法論に好意的態度を示している[27]。また、イエシェックも人的不法論を採っているが、人的不法論は人間の行為を目的的な意思統一体として捉えるところに特徴があるとし、このことは社会的行為概念からも是認されうるものとしている[28]。

　もっとも、人的不法論は、その理論構成の細部まで意見の一致をみているわけではない。不法は、結果の惹起によって呼び起こされる結果反価値ないし事態反価値に尽きるものではなく、法的に否認された意思活動の中に存在する行為反価値が付加されなければならないとする点では共通項があるが、その行為反価値および結果反価値の具体的内容については、現在さまざまな主張がなされている。特に、行為反価値の内容を志向反価値だけに限定するか否かについては、見解が分かれており、さらに心情要素を主観的違法要素とするのか責任要素とするのかについても見解が対立している。

4　理論の方向性

　このように、発展過程の第二段階では、人的不法論を基礎にすることで、主観的違法要素を広く認める方向に理論的な転換がなされた。しかし、ここでは、行為反価値と結果反価値との関係が新たな問題になっている。主観的違法要素は行為反価値に関係すると考えられるが、それが結果反価値をも含めた全体的な違法判断において、どのような機能を持つものなのかは、必ずしも明らかではない。行為反価値を重視した違法論を構築しようとするのであれば、主観的違法要素を広く肯定することは問題ではなくなり、場合によっては、第二段階の違法論の発展方向をより主観化することも一つの選択肢となりうる。これに対して、結果反価値を重視した違法論を構築しようとすると、発展過程の第一段階に見られた主観的違法要素の限定志向が再浮上してくることになり、主観的要素を客観化しようとする考え方にも、現代的な意義が見出されることになろう。それゆえ、ここでは、違法判断において行

第3章 主観的違法要素と違法論 *51*

為反価値・結果反価値がどのような機能を持っているのかを見定めた上で、主観的違法要素の理論の採るべき方向を判断する必要がある。さらにまた、不法故意あるいは構成要件的故意というものを認めるべきだとすると、犯罪論体系の全体的な組立て方まで視野に入れた理論構成が必要となる。

(9) もっとも、Dietrich Oehler, Das obiektive Zweckmoment in der rechtswidrigen Handlung, 〔Berliner Juristische Abhandlungen Bd.1〕, 1959. は、主観的違法要素はなお責任要素の問題であるとして、主観的違法要素の理論に反対している。
(10) Claus Roxin, Strafrecht, Allgemeiner Teil, Bd.I, 3.Aufl., 1997, S.258（§10 Ⅵ), Rn.71. なお、Hans-Heinrich Jescheck, Lehrbuch des Strafrechts, Allgemeiner Teil, 4.Aufl., S.286. も、故意を不法構成要件に帰属させる場合には、主観的構成要件の分類の問題は重要ではなくなり、実際的な意味は、責任要素との区別にあるとしている。
(11) たとえば、わが国では、佐伯千仭「主観的違法要素」(佐伯・違法性の理論所収) 209頁以下、木村静子「主観的犯罪構成要件としての故意」法学論叢64巻2号1頁以下、高橋敏雄「客観的違法性と主観的違法性」(同『違法性論の諸問題』〈昭和58年〉所収) 63頁以下、中義勝「主観的違法要素について」関西大学法学論集37巻5・6号 (同『刑法上の諸問題』〈平成3年〉所収]) 165頁以下、神山敏雄「主観的違法要素」ロースクール23号23頁以下などがある。
(12) H. A. Fischer, Rechtswidrigkeit mit besonderer Berücksichtigung des Privatrechts, 1911, S.288 f.
(13) August Hegler, Die Merkmale des Verbrechens, ZStW 36 (1915), S.19 ff., insbesondere S.31-38.
(14) M.E.Mayer, Der Allgemeine Teil des deutschen Strafrechts, 1915, S.10 ff., 185ff.
(15) Edmund Mezger, Die subjektiven Unrechtselemente, GS 89 (1924), S.207 ff.
(16) Edmund Mezger, Vom Sinn der strafrechtlichen Tatbestände, in : Festschrif für Ludwig Traeger, 1926 (Neudruck 1979), S.187 ff., insbesondere S.197-209.
(17) Edmund Mezger, Strafrecht, 1. Aufl., 1931, (3.Aufl., 1949), S.172.
(18) Leopold Zimmerl, Zur Lehre vom Tatbestand, 1928, Strafrechtliche Abhandlungen Heft 236, S.29 ff.
(19) August Hegler, Subjektive Rechtswidrigkeitsmommente im Rahmen des allgemeinen Verbrechensbegriffs, in : Festgabe für Reinhard von Frank, Bd.1,

1930, (Neudruck 1969), S.251, insbesondere S.308 ff.
(20) Roxin, a.a.O., S.228 (§ 10 II), Rn.8.
(21) Sieverts, Beiträge zur Lehre von den subjektiven Unrechtselementen im Strafrecht, 1943.
(22) Hans Welzel, Das Deutsche Strafrecht, 11.Aufl., 1969, S.62. ハンス・ヴェルツェル（福田平＝大塚仁訳）『目的的行為論序説』（再版、昭和40年）43頁。
(23) H. Welzel, a.a.O., S.62.
(24) Schönke/Schröder/Lenckner, StGB, 26.Aufl., 2001, Vorbem §§ 13ff., Rn.52 ; Jescheck, a.a.O., S.216 ; Maurach/ Zipf, Strafrecht, Allgemeiner Teil, Teilbd.1, 7.Aufl., 1987, S.208 ff.など。
(25) Roxin, a.a.O., S.266 (§ 10 VII), Rn.89.
(26) Roxin, a.a.O., S.202 ff.
(27) Roxin, a.a.O., S.265 ff.
(28) Jescheck, a.a.O., S.217.

3 行為反価値・結果反価値との関係

1 違法二元論における基本形

（１） ヴェルツェルの主張した人的不法論は、不法が結果反価値ないしは事態反価値に尽きるわけではなく、行為反価値をも考慮しなければならないとする点（違法二元論）において、ドイツでは通説的地位を占めるに至っている。ここでは、行為反価値・結果反価値の具体的内容をどのように規定し、両者の関係をどのように把握するのかが重要な課題となる。主観的違法要素との関係では、特に行為反価値の内容及びその機能が明らかになっていなければならない。この点について、イエシェックは、人的不法論の考え方を採った上で、次のような内容規定を行っている[29]。

まず、保護された客体の侵害もしくは危殆化のなかに結果反価値があり、その行為遂行の種類および態様の中に行為反価値があるとし、その行為反価値は、行為者の行態の外的な態様からも、また行為者の人格の中に (in der Person des Täters) 横たわっている事情からも構成されるとしている。したがって、行為関係的行為反価値 (tatbezogener Handlungsunwert) と行

為者関係的（人的）行為反価値（täterbezogener〈personaler〉Handlungsunwert）とは、区別して考えるべきであるとする。行為遂行の態様が行為関係的行為反価値の内容をなすことは問題がないとしても、行為者関係的行為反価値、つまり行為反価値の人的な構成部分をどのように規定するのかは、問題である。この点について、イエシェックは、行為者の義務性を規定する客観的・正犯的メルクマールおよび主観的違法要素がその人的構成部分をなしているとしている。行為反価値の人的構成部分としての主観的違法要素の役割は、行為者の法益侵害をめざした行為意思を特徴付け、それによって犯罪構成要件の中に規定されている外的な不法記述に内心的反価値のアクセントを与えることにあるとしている。主観的違法要素としては、特殊的主観的違法要素のほか故意も含むものとされているが、故意の場合は、不法構成要件だけでなく責任の構成部分でもあり、二重に機能するものと解されている。

（2）このように結果反価値・行為反価値の内容規定は、いわば違法二元論の基本形になっている。ここでは、行為反価値の内容として、客観的・正犯的メルクマールや外的行為態様などの客観的要素のほか、故意その他の主観的要素もともに取り込まれており[30]、概念的な膨らみを見せている。違法判断においては、結果反価値と行為反価値の双方が肯定されなければ違法ではないというのであれば、行為反価値の内容に膨らみがあっても、それは不法の範囲を限定する機能を持つことになるが、通説の具体的事案での結論は必ずしもそうではない。たとえば、ドイツでは不能未遂（untauglicher Versuch）の可罰性が肯定されているが、この場合、結果反価値の内容を法益侵害およびその危殆化に限定するのであれば、結果反価値性は肯定しえず、ただ行為者の志向反価値だけが問題となる。ここでは、行為の不法を決定する上で、行為反価値の判断が積極的に機能していると言わざるをえない。また、わが国の通説は、正当防衛の意思を必要と解することから、偶然防衛の可罰性を肯定するが、この場合にも行為反価値の判断が積極的に機能していると言えよう。もっとも、違法二元論にあっても、結果反価値の判断と行為

反価値の判断との相互関連については、現在の検討課題になっており即断はできないが[31]、理論的には、行為反価値の判断を積極的に機能させる場合には、行為反価値の内容に膨らみがあるだけに、不法の範囲を拡大する可能性を内包している。

（3）　なお、この立場では主観的要素を広く行為反価値の内容に取り込むことになるため、ドイツ刑法上の「残忍な、陰険な」（grausam, heimtückisch：221条）、「悪意の」（böswillg：130条3号、223条bなど）、「無謀に」（rücksichtslos：315条c1項2号）といった、条文上の多くの心情要素をどのように取り扱うかが問題となる。責任要素に帰属するものを真正心情要素、不法要素に帰属するものを不真正心情要素として区別する見解が支配的であるが[32]、不真正心情要素については、一部は責任に帰属し一部は不法に帰属するとする見解[33]も主張されている。ここでは、心情要素が行為の態様に影響するものなのか、それとも単に行為者の内心の状態を示すものかを吟味する必要があろう。ともあれ、行為反価値の内容の膨らみが問われることになる。

2　一元的・主観的不法論での取扱い

（1）　一元的・主観的不法論（monistisch-subjektive Unrechtslehre）は、規範論の観点から人的不法論をより一層主観化したものである[34]。つまり、不法は行為反価値に尽き、結果反価値は処罰条件にすぎないとするのである。しかも、行為反価値論の内容は、ツィーリンスキー（Zielinski）によれば、志向反価値（Intentionsunwert）に絞られている[35]。この見解の論拠としては、まず行為のみが禁止の対象であり、結果はその対象ではありえないことが挙げられる。一定の結果を防止するために規範が要求しているのは、規範の名宛人である行為者に一定の行為を禁止・命令することであって、結果を直接に禁止の対象にしているわけではないというのである。次に、結果が発生するかしないかは偶然にかかるものであって、それは不法にとっては重要でないとする。志向反価値によってのみ不法が決定されるのであれば、どの

ような心情で行為に及んでいるのかが重要となり、行為後の偶然にかかる結果の発生は、重要な意味を持たないことになる。

（2）　この立場では、志向反価値の中に故意・過失を含めた主観的違法要素が取り込まれ、さらに心情要素も広く吸収されることになる。行為反価値の内容は、もっぱら主観的なファクターによって構成され、客観的なファクターは排除される。その意味では、概念的に明快である。しかしながら、主観的に一元化された行為反価値が違法判断において積極的に機能する場合には、客観的違法性論の当初の出発点とは逆方向のものとなり、心情刑法に陥ることになろう。

3　違法二元論からの行為反価値の限定

（1）　違法二元論に依拠しながら、行為反価値の内容を志向反価値に限定した理論構成を試みる見解も、ルドルフィー（Rudolphi）やレンクナー（Lenckner）などによって主張されている[36]。この見解は、人的不法論を出発点にしながら、行為反価値も結果反価値もともに不法の要素であることを維持するが、行為反価値・結果反価値の内容が人的不法論の基本形とは異なっている。つまり、一定の事態を獲得しようと努力した志向の反価値（Intentionsunwert＝法益侵害の実現をめざした意思の現れ）のみが行為反価値の内容をなしているのであり、外的な行為態様や正犯的メルクマールなどの客観的な構成部分は行為反価値に帰属させられるべきではなく、むしろ結果反価値に帰属させられるべきであるとする。したがって、結果反価値の内容は、法益侵害およびその危殆化に尽きるわけではなく、外的な行為態様（行為の危険もここに含ませることが可能であろう）や正犯的メルクマールなども算入されることになる。人的不法論の基本形においては行為反価値の内容に膨らみが見られたのに対し、ここでは逆に、結果反価値の内容に膨らみが見られる。さらに、行為反価値は、めざされた事態価値が現実のものとなっているか否かに依存せず、一方、結果反価値は、行為反価値によってすでに基礎づけられた違法性を何ら変更するものではなく、すでに付与された

不法の高さを付加的に規定するものであるとされている。しかし、行為反価値は事態反価値なくしては所与のものとはなりえないという意味では、両者には内的な従属関係があるとする(37)。

（2）このような構想は、不能未遂や誤想防衛・偶然防衛などにおいて有用な結論を引き出すことになるが、主観的違法要素の関係においては、志向反価値の範疇の中で広く肯定されることになろう。

4 物的不法論での取扱い

（1）物的不法論という名称(38)は、人的不法論に対比する意味において用いられ、行為者の主観に係わりを持たずに違法判断を行おうとする考えである。客観的違法性論の当初の考え方を徹底させ、違法判断の形式だけでなく、違法判断の対象も客観的なものに限定して考えようとするものであり、わが国においては、この見解(39)も有力である。この見解にあっては、結果反価値（法益侵害およびその危殆化）が重視され、行為反価値は違法判断においてその地位を喪失するのである(40)。故意・過失はもちろんのこと、特殊的主観的違法要素も違法要素から排除され、主観的違法要素が全面的に否定されている。

（2）この見解は、一元的・主観的不法論とは対極にあり、いわば一元的・客観的不法論と呼ぶこともできよう。故意は、法益侵害性に何ら新しいものを付け加えるものではないので、違法要素ではないとする。特殊的主観的違法要素については、たとえば、①目的犯である通貨偽造罪の場合、行使の目的を客観化するとともに、目的を危険の故意として責任要素に帰属せしめ、②傾向犯の猥褻罪にあっては、性的自由の侵害という客観的観点から犯罪の成否を判断し、③表現犯である偽証罪においては、陳述の虚偽性を客観説に依拠して解決する、というように主観的要素を客観化する試みがなされている。

5 小　括

　客観的違法性論の古典的な体系にあっては、結果の反価値や行態の反価値といった客観的なものが不法の内容をなしていたが、主観的違法要素の発見により、主観的なファクターが不法に介在することを例外的にしろ是認せざるをえなかった。これに対して、人的不法論は、主観的違法要素を広く認めるという理論的な転換を図り、その基本形においては、行為者関係的（人的）行為反価値の中で主観的違法要素を捉えるという処理がなされた。この基本形においては、行為反価値の中に客観的ファクターも主観的ファクターも取り込まれていたが、次に行為反価値の内容を主観的な志向反価値に限定し、それだけによって不法を構築する見解が出された。しかし、この見解は不法をきわめて主観化することになり、心情刑法に陥る危険性をひめている。行為反価値の内容を志向反価値に限定しながら、一方、結果反価値の内容を膨らませてそれに一定の機能を与えようとする見解は、不法の主観化傾向に歯止めをかけようとするものとも言える。さらにまた、主観的ファクターをすべて排除し、客観的な結果反価値によって不法を構築しようとする見解は、客観的違法性論の出発点へ回帰しようとする動きでもある。したがって、主観的違法要素の問題は、違法性の本質論から出発して、違法判断における行為反価値・結果反価値の内容と機能を明確にした上でなければ、適切な処理をなしえないものである。次節では、この点の試論を提示して、主観的違法要素を一部肯定する見解に至る道筋を明らかにしたい。

(29)　Hans-Heinrich Jescheck, Lehrbuch des Strafrechts, 4.Auf., 1988, S.216-18.
(30)　Claus Roxin, Strafrecht, Allgemeiner Teil, Bd.1, 3.Aufl., 1997, S.272（§ 10 Ⅶ), Rn.101 も同様である。
(31)　違法二元論の立場からこの問題について論じた最近の論稿としては、井田良「違法性における結果無価値と行為無価値——いわゆる偶然防衛をめぐって㈠、㈡」法学研究（慶應義塾大学）63巻10号1頁以下、11号53頁以下がある。なお、本論文の批評については、日髙義博「現代刑事法学の視点」法時63巻11号90頁以下参照。
(32)　Jescheck, a.a.O., S.425 ; Schönke/Schröder/Lenckner, StGB, 24. Aufl., 1991,

Vorbem §§13 ff., Rn.122 ; Johannes Wessels, Strafrecht, Allgemeiner Teil, 20.Aufl, S.118, Wessels/Baulke, Strafrecht, Allgemeiner Teil, 32.Aufl., 2002, S.132, Rn.422.など。
(33) Roxin, a.a.O., S, 262（§10Ⅵ）195, Rn.82 ; Eberhard Schmidhäuser, Strafrecht, Allgemeiner Teil, 2.Aufl., 1975, Rn.8/93, 10/124ff. ; Günter Stratenwerth, Strafrecht, Allgememer Teil, 4.Aufl., 2000, S.124, Rn.147 ff.など。
(34) Diethard Zielinski, Handlungs-und Erfolgsunwert im Unrechtsbegriff, 1973, S.135ff., 205ff. ; Eckhard Horn, Konkrete Gefährdungsdelikte, 1973, S.78ff. ; Armin Kaufmann, Zum Stand der Lehre vom personalen Unrecht, Welzel-FS, 1974, S.411 ; Dornseifer, Unrechtsqualifizierung durch den Erfolg, Armin Kaufmann-GS, S.433.など。
(35) Vgl., Zielinski, a.a.O., S.124.
(36) Hans-Joachim Rudolphi, Inhalt und Funktion des Handlungsunwertes im Rahmen der personalen Unrechtslehre, Maurach-FS, 1972, S.51 ff. ; Schönke/Schröder/Lenckner, a.a.O., vorbem §§13ff., Rn.56ff. なお、振津隆行「不法における結果無価値と行為無価値——違法とその阻却に関する一考察㈠、㈡」関西大学法学論集26巻1号154頁、2号81頁（振津・刑事不法論所収）は、最近の不法論を詳細に検討し、総合説の主張を導いているが、志向価値を重視した行為反価値を考える点ではルドルフィーの見解と軌を一にしているように思われる。
(37) Rudolphi, a.a.O., S.54ff. ; Schönke/Schröder/Lenckner, a.aO., Vorbem §§13 ff., Rn, 57, 60.
(38) 名称の由来については、川端博「故意の犯罪論体系上の地位」現代刑法論争Ⅰ55頁参照。
(39) 文献については、注(7)参照。
(40) もっとも、内藤謙「違法性における行為無価値と結果無価値」論争刑法42頁は、行為の態様についても「それがもつ法益侵害の一般的危険性」という観点から結果反価値の中で考慮しうるとしている。

4 跛行的結果反価値論からの試論

1 行為反価値・結果反価値の内容および機能

（1） 現在の違法論での大きな対立点は、違法論を構築する上で、①行為反価値を重視するのか、②あるいは結果反価値を重視するのか、それとも③両者を併存的に捉えるのか、ということにある。①の考え方の極致が一元的・主観的不法論となり、②の考え方の極致は一元的・客観的不法論（物的

不法論)となる。③の考え方は、通説である違法二元論の立場に至る。行為反価値を重視する考え方の背後には、違法性の実質についての規範違反説があり、逆に結果反価値を重視する考え方の背後には、法益侵害説がある。いわゆる行為反価値論と結果反価値論との対立は、規範違反説と法益侵害説の延長線上の論争であると言っても過言ではない。

　(2)　刑法の任務は、法益（Rechtsgut）を保護することにより人間の共同生活の諸条件を保持することにある。しかも、刑法による法益の保護は、いわゆる最後の手段（ultima ratio）として考えられねばならない。この限りにおいて、違法性の実質を法益侵害およびその危殆化に求める法益侵害説は正当である。もちろん、この立場では、法益の概念をどのように規定するかは問題である。この点、ヴェルツェルが示した定義[41]は、なお有用であった。つまり、規範それ自体は法益ではなく、規範の背後にあるところ、規範によって保護された客体が法益なのである。したがって、「結果」は、この法益の侵害ないし危殆化以外の何ものでもない。ところが、ヴェルツェルは、法益の保護が、法益侵害をめざした行為を禁止し処罰することによって達成される（事態・結果反価値は、行動の反価値を処罰化することによって防止される）とみることから、刑法の中心的課題は、法益を保護することにあるのではなくして、実定的な社会倫理的行動価値の効力を保全することにある[42]との考えを採ったのである。ここに、違法判断において行為反価値を重視する道が開かれたのである。しかしながら、刑法の中心的課題は、なお法益を保護することにあると考えるべきである。いかなる価値を保護の対象にするのかが条文上に規定されてはじめて、一般人を名宛人とした行為規範の内容が具体化するのである。刑法規範は、裁判規範と行為規範の複合体であり、裁判規範の上では、いかなる法益が保護の対象になっているのかが常に問題なのである。結果反価値を除外した違法論を採るべきではない。結果反価値は、違法判断の対象となるものの枠組みを設定する機能を持っている。結果反価値のないところに違法性を肯定することはできないのである。問題は、違法判断がこの結果反価値に尽きるのかという点にある。

(3) 法益侵害説を出発点にする場合には、行為反価値を違法判断から排除してしまうのも一つの考え方ではある。しかし、行為反価値的な要素の中には、法益侵害性に何らかの影響を持っているものがあるとするならば、それを違法判断から排除してしまうことは適切ではない。主観的違法要素の理論の第一段階の発展過程では、主観的ファクターであっても法益侵害性に影響を持っている場合には違法要素に取り込むことが承認されたが、その理論的方向性は正しいとしなければならない。問題は、どのようなファクターが法益侵害性に影響を持っているかである。行為反価値の内容として、①行為の態様、②正犯的メルクマール、③故意、④その他の主観的違法要素などが考えられているが、このうち法益侵害性との関係を有すると思われるものは、①および④のファクターである。②については、行為者の義務性の問題は責任要素として把握することができる。以下では、③および④の主観的要素を中心に検討するが、一応、行為反価値の内容としては、行為の態様および一定の主観的違法要素を挙げておくことにする。

(4) このように行為反価値の内容を規定した場合、それを違法判断の中でどのように機能させるべきであろうか。前述したように、まずは結果反価値が違法判断の枠組みを設定することからすれば、行為反価値の判断は、結果反価値によって設定された不法の枠組みの中でそれを減少させる方向に機能するものと考える。つまり、行為反価値があることで違法判断の枠組みが設定されるのではなく、行為反価値が認められないことによって違法性の減少・阻却の効果を認めるのである。このような考え方は、違法二元論の範疇になお属するであろうが、違法を基礎付ける上では結果反価値の判断に比重がある（あるいは傾いている）ことから、跛行的結果反価値論と呼んでいる[43]。この立場にあっては、主観的違法要素は、行為反価値の範疇にあってその消極的機能の一端を担うことになる。

2 主観的違法要素の種類

(1) 以上のような見解からすると、主観的要素であっても法益侵害性

に影響を持つものについては、行為反価値の内容をなすものとして違法要素に帰属せしめることになる。個々の主観的要素が違法要素に属するか否かは、個別的な検討を要する。結論としては、主観的違法要素を限定的に認めることになろう。主観的違法要素をどの程度認めうるかについては、最近の論争[44]にも言及する必要があるが、ここでは、前述した構想の下にあってはどのような線引きをすることになるのかを明らかにしておきたい。

（2）まず、故意・過失が主観的違法要素となりうるかについては、発展過程の第一段階において議論されたように、それは行為の法益侵害性に何ら新しいものを付け加えるものではないので、主観的違法要素ではないと言わなければならない。故意は、客観的構成要件の映像にすぎず、いわゆる超過的な内心要素ではない。これに対して、少なくとも未遂犯の故意の場合には、構成要件が充足されていないことから、超過的内心要素とみるべきだとの批判もなされうる。しかしながら、未遂犯の故意も、基本的構成要件の客観的要件を反映しているのであり、超過的な内心要素ではなく、法益侵害性に影響を及ぼすものではないと考える。

（3）次に、特殊的主観的違法要素の場合には、その主観的要素が法益侵害性に影響を持つか否かという観点から個別的に判断する必要があるが、さらにヘーグラーがすでに検討しているように主観的要素の客観化という観点からも検討が加えられなければならない。特殊的主観的違法要素の分類については、わが国では、目的犯、傾向犯、表現犯に分類するのが通常である。もっとも、目的犯と傾向犯との区別については、その概念を設定したメツガー自身も一部見解を変えているように、概念に幅がある。細分類のありかたを検討することも一つの課題ではあるが、ここでは、わが国での一般的な細分類に依拠して結論を引き出しておくことにする。

(ア) 目的犯については、ヘーグラーが分類したように「結果を目的とする犯罪」と「後の行為を目的とする犯罪」とでは、区別をして考えるべきである。結果を目的とする犯罪としては、わが国の場合、内乱罪や虚偽告訴罪などが挙げられるが、この場合には、行為自体に目的の内容を実現する可能性

が客観的に備わっているか否かという観点から、目的を客観化することができる。一方、後の行為を目的とする犯罪としては、わが国では通貨偽造罪が例に挙げられて議論されることが多い。この場合の目的（行使の目的）は、客観的構成要件の認識を越える超過的内心要素であり、客観化することは不可能である。行使の目的があってはじめて、偽造行為は違法なものとなるのである。ここでの主観的要素は、法益侵害性に影響を持っていると見なければならない。したがって、目的犯の一部には、なお主観的違法要素を認めうると言えよう。

　(ｲ)　傾向犯に何を含ませるかは問題のあるところであるが、わが国では公然わいせつ罪・強制わいせつ罪、侮辱罪などがこの範疇に属するものと解されている。猥褻罪については、その保護法益が個人の性的自由にあると解するのであれば、性的意図は不要となり、主観的要素をすべて客観化することも可能である。しかしながら、猥褻罪の保護法益が、性的自由という個人的法益だけでなく、性風俗環境の適正な維持という社会的法益をも併せ持っていることを前提にする場合には[45]、ここでの行為者の性的意図は、法益侵害性に影響する超過的な内心要素であり、それを客観化することはできない。立法論的には、今後、個人的法益への還元化の方向に進むものと思われるが、現行法の解釈としては、猥褻罪にはなお主観的違法要素を認めうる。侮辱罪については、侮辱も客観的名誉の侵害であり、ただ事実の摘示がない点で名誉毀損罪と異なるにすぎない。したがって、侮辱の意思は、故意の中に吸収され、主観的違法要素ではないと言えよう。

　(ｳ)　表現犯については、偽証罪や犯罪不告知罪（爆発物取締罰則8条）などが挙げられる。偽証罪については、陳述の虚偽性を客観説に依拠して解決する限り[46]、行為者の内心の状態は問題にならない。陳述が客観的真実に反していることが問題なのであり、証人の記憶内容が法益侵害性に影響するわけではない。また、犯罪不告知罪についても、行為者の認知は、不作為犯の客観的構成要件要素である作為義務（告知義務）の前提条件として把握することができ、行為者が一定の犯罪事実を認知していることを主観的違法要素

としなければならない理由はない。

　（4）　以上のように、これまで通説が特殊的主観的違法要素としてきたものの中には、客観化できるものも含まれている。ここで検討したものは典型事案にすぎないが、目的犯の通貨偽造罪と傾向犯の猥褻罪については、主観的違法要素の存在を肯定した。つまり、跛行的結果反価値論の立場からは、主観的違法要素を一部肯定することになるのである。ここで検討した特殊的主観的違法要素のほかに、防衛の意思や不法領得の意思なども主観的違法要素に算入しうるかが問題となるが、主観的違法要素を限定して考える跛行的結果反価値論の立場からは否定されよう。その論証は、ここでは残された課題としたい。また、本稿では、違法論の理論的な構築の面に焦点を当てたため、判例の分析や具体的事案での検証を欠いているが、この点も他日を期したい。

3　主観的要素の犯罪論体系上の位置付け

　（1）　故意・過失については、主観的違法要素であることを否定したが、構成要件的故意・構成要件的過失の概念については、構成要件が違法類型にとどまらず責任類型でもあることから肯定されうる。つまり、故意・過失は、構成要件該当性の段階と有責性の段階とで二重に機能するが、違法性の段階では機能しないのである。構成要件的故意は、責任要素としての故意から直接類型化されたものであり、その内容は、構成要件該当事情の認識・認容である。構成要件的過失も、責任要素としての過失から類型化されたものであるので、その内容としては、構成要件該当事情の不認識・不認容に尽きる。客観的注意義務違反は、構成要件的過失の内容をなすものではなく、客観的構成要件要素の一つとして位置付けられるべきである。構成要件的故意・構成要件的過失の機能は、構成要件の犯罪個別化機能を促進する点にある。

　（2）　主観的要素の客観化になじまない特殊的主観的違法要素については、違法性の段階で機能するが、構成要件が違法類型でもあることから、構成要件該当性の段階でも機能すると考えられる。主観的違法要素は類型化さ

れると、構成要件該当性の段階では、構成要件的故意とともに主観的構成要件要素として把握されることになろう。

(41) Hans Welzel, Studien zum System des Strafrechts, ZStW, Bd. 58 (1939), S. 509 ff., insbesondere S. 511, Anm. 30 ; Vgl. dazu Knut Amelung, Rechtsgüterschutz und Schutz der Gesellschaft, 1972, S. 167f., ders., Rechtsgutverletzung und Sozialschädlichkeit, in : Jung usw. (Hrsg.), Recht und Moral, 1991, S. 274 ff. クヌト・アメルンク（日髙義博訳）「法益侵害と社会侵害性」専修法学論集57号239頁以下（本書第3部226頁以下）参照。
(42) Welzel, Das Deutsche Strafrecht, 11. Aufl., 1969, S. 2.
(43) 日髙・総論講義ノート95頁。
(44) 特に、中山研一教授と中義勝教授との間でなされた論争は、物的不法論と人的不法論との対立点を鮮明にしており、注目される（中山研一「主観的違法要素の再検討㊀-㊂」法教99号52頁、100号130頁、101号64頁、中義勝「主観的不法要素の全面的否認説について㊀、㊁」法教106号80頁、107号96頁）。
(45) 日髙義博「強制猥褻罪における主観的要件」現代刑法論争Ⅱ69頁以下。なお、日髙義博「猥褻裁判と刑法の脱倫理化」専修大学今村法律研究室報17号44頁以下（本書第7章142頁以下）参照。
(46) 日髙義博「偽証罪における『虚偽の陳述』」現代刑法論争Ⅱ357頁。

第4章　偶然防衛と違法モデル

　　　1　はじめに
　　　2　偶然防衛論の現状
　　　3　違法二元論における違法モデル
　　　4　結果反価値と行為反価値との関係
　　　5　誤想防衛との関係

1　はじめに

（1）　違法性の実質に論及する際、最近では、結果反（無）価値ならびに行為反（無）価値がキーワードとして用いられるようになってきている。しかし、結果反価値・行為反価値の概念は、いわば開かれた概念であり、その内容としていかなるものを組み込むかは、論者によって異なっている。行為反価値を志向反価値（Intentionsunwert）に限定する考えもあれば、一方、結果反価値の中に行為態様や正犯的メルクマールなども取り込む考えもあるのである[1]。さらに、結果反価値論とか行為反価値論とか言う場合には、その内容はきわめて多義的である。ここに、最近の違法論が錯綜したものとなっている原因の一端がある。したがって、議論の前提として、結果反価値・行為反価値の概念規定をしておく必要がある。

　わが国では、結果反価値の内容として法益侵害またはその危険を考え、行為反価値の内容としては、行為の態様や行為者の内心などを考える立場が支配的だと言えよう。もっとも、行為反価値の中に主観的ファクターをどの程度組み込むことができるのか、行為の危険をどこに位置付けるのか、といったような点については、なお議論のあるところである。具体的な内容については、違法判断が問題となる事案を総合的に検討した上で確定する必要があ

る。ここでは、ひとまず、結果反価値の内容としては、法益の侵害またはその危険を考え、行為反価値の内容としては、行為態様ならびに一定の主観的要素を考えることを理論的出発点として、違法判断において結果反価値と行為反価値とがどのような関連性を有するのかという視点から考察することにしたい。

（2）　わが国の通説は、いわゆる違法二元論に依拠している。つまり、違法判断をするに際しては、結果反価値だけでなく行為反価値も考慮すべきものとしている(2)。しかしながら、結果反価値と行為反価値とが違法判断において相互にどのように関連するものなのかは明白ではない。とりわけ、結果反価値と行為反価値の両方を具備しないと違法とは言えないとするのか、逆に両方が欠如する場合でない限り違法阻却を認めないとするのか、さらにはまた、両者を並列的に判断するのではなくして、一次的判断と二次的判断とに分けて機能させるべきなのか、といったような点が必ずしも明らかではない。したがって、違法二元論にも様々な違法モデルがありうることになる。特に、偶然防衛の処理に際しては、結果反価値と行為反価値との関連が問題となることから、いかなる違法モデルを構築しようとしているのかが浮き彫りになる(3)。本稿では、偶然防衛の処理のしかたに焦点を絞って、違法二元論の違法モデルを検討してみることにしたい。

(1)　たとえば、行為反価値の内容を志向反価値に絞って一元的・主観的不法論を展開するものとして、ツィーリンスキーの見解が挙げられる。一方、行為反価値の内容を志向反価値に限定しながら、行為態様や正犯的メルクマールを結果反価値の内容に取り込んで、違法二元論を展開するものとしては、ルドルフィーやレンクナーなどの見解が挙げられる。この点については、日髙義博「主観的違法要素と違法論」福田＝大塚古稀(下)290頁以下参照。
(2)　藤木・総論78頁、大塚・総論350頁、同「人格的刑法学の構想」法教113号（平成2年）23頁、福田・総論143頁、大谷・総論255頁、川端・総論278頁、野村・総論151頁など。もっとも、違法二元論という呼称は、違法判断において、結果反価値と行為反価値の双方を考慮するという点を共通項とした分類によるものであり、ここに挙げた文献が同一の違法モデルを示しているわけではない。
(3)　偶然防衛の処理を題材にして、結果反価値と行為反価値の内容・機能を明ら

かにしようとした論稿としては、井田良「違法性における結果無価値と行為無価値──いわゆる偶然防衛をめぐって㈠、㈡・完」法学研究63巻10号1頁以下、11号58頁以下（井田・目的的行為論115頁以下所収）がある。本論文の批評としては、日髙義博「現代刑事法学の視点」法時63巻11号125頁以下参照。なお、偶然防衛の処理について論及したものとしては、野村・未遂犯の研究148頁以下、佐久間・事実の錯誤382頁以下などがある。

2 偶然防衛論の現状

1 考察の視点

偶然防衛とは、AがBの法益を侵害したところ、偶然にも自己の法益を防衛する結果になった場合（自己の利益のための偶然防衛）をいう。その他、刑法36条が他人のための正当防衛を認めていることから、同様にAがBの法益を侵害したところ、偶然にもBによって法益侵害の危険にさらされていたCの法益を防衛する結果になった場合（第三者の利益のための偶然防衛）も、偶然防衛の例として挙げることができる。偶然防衛の典型例は、前者の場合であるが、偶然防衛論を展開する場合には、後者の場合も理論の射程範囲の中に入れておかなければならない。

偶然防衛については、従来、防衛意思の要否という観点からその処理が議論されてきた。通説・判例は、正当防衛の主観的要件として防衛の意思が必要であるとし、偶然防衛の場合には防衛意思が欠けていることから、正当防衛の成立を否定してきた。この立場では、防衛意思は、主観的違法要素の一つに数えられることになるが、果たして客観的違法性論の立場からこのような主観的ファクターを違法判断に取り込むことができるのかが問題にされた。通説は、違法判断の対象が主観的なものであっても違法判断の基準が客観的であるならば、客観的違法性論に抵触するものではないとして主観的違法要素を是認し、防衛意思必要説を採ってきたのである。しかし、客観的違法性論の立場にあっても、主観的ファクターのうち客観化（Objektivierung）しうるものは客観化することにより、違法判断における主観的ファクターを限定していくべきだとする立場、あるいは違法判断の対象そのものも客観的

なものに限るべきだとする立場からは、防衛意思不要説が主張された。そうして、偶然防衛の処理については、防衛意思必要説では行為者が企図した犯罪の既遂を認め、防衛意思不要説では無罪になるという、相対立する図式を示してきたのである。

これに対して、最近では、未遂犯の成立を肯定する見解が、防衛意思必要説の立場だけでなく防衛意思不要説の立場からも主張され、従来の図式では説明しにくくなってきている。これは、偶然防衛の処理に際して、いわゆる結果反価値論と行為反価値論との対立が投影されていることによるものである。そこで、偶然防衛の法的効果に着目して、既遂説、無罪説、未遂説、二分説という形に分類し、各説ではそれぞれ結果反価値と行為反価値がどのように考慮されることになるのかを検討する必要がある。

2 既遂説の論拠

既遂説は、偶然防衛の場合には防衛の意思が欠如していることを理由に正当防衛の成立を否定する。ここでは、行為は主観と客観との統合体であり、防衛意思に基づくものでない限り「防衛行為」がなされたとは言えないという考えが働いている[4]。さらに、防衛の正当化の根拠を法確証の法理に求める場合には、行為者に防衛意思がない場合まで正当防衛の成立を認めることは、「不正な者を保護することになって、法の確証によって社会秩序を図るという正当防衛の趣旨に反することになるであろう」[5]との指摘もなされるのである。既遂説の立場では、防衛意思は、いわゆる主観的正当化要素として機能していると言えよう。すなわち、防衛意思が存在してはじめて攻撃行為が正当化され、逆に防衛意思がない場合には、攻撃行為は正当化されることなく違法という判断が下されるのである。したがって、偶然防衛の場合、防衛意思が存在しないことから行為者の攻撃行為は正当化されることはなく、通常の侵害行為と同様に違法なものであり、行為者の意図した犯罪の既遂が成立するということになるのである。

防衛意思は、行為者の内心的要素であり、その欠如が行為反価値を基礎付

けることになろうが、偶然防衛の場合、防衛意思を欠くことで違法だとすると、既遂説の立場は、結局は行為反価値だけで違法性を決定することになってしまうのではないか、との疑念が生じる。正当防衛が成立する通常の場合であれば、侵害行為者の法益は防衛に必要な限度において法的保護の範囲外に置かれるので、反撃行為によってそれを侵害したとしてもそこに結果反価値性は認められない。さらに、反撃行為者に防衛の意思が認められることから、行為反価値性も認められない。それゆえ、正当防衛の場合には、結果反価値も行為反価値も共に存在せず、違法性が阻却されるとの説明をなしうる。この考え方を、偶然防衛の場合に当てはめるならば、客観的には正当防衛をなしうる状況下にあったのであるから、結果反価値性は認められないが、防衛の意思が欠如していることから、行為反価値性は認められるということになろう。したがって、偶然防衛を違法として処罰することは、行為反価値の存在だけで違法を肯定する結果になる。しかし、この理論構成は、一元的人的不法論に接近することになり、違法二元論の立場には馴染まないと言えよう。

　違法二元論の立場からは、たとえば、井田良教授が指摘するように、次のような理論構成も思考モデルとしては可能である[6]。すなわち、「行為が構成要件に該当し結果無価値と行為無価値とがともに肯定されることによって違法性が基礎付けられるのであり、こうしてひとたび基礎付けられた違法性が阻却されるためには、結果無価値と行為無価値とがともに否定されなければならない」との前提を出発点にする場合には、客観的な防衛結果（結果価値）が発生しただけでは十分ではなく、防衛意思に基づく正当価値の追求行為（行為価値）がともに存在しなければ、違法阻却の効果は認められないとの説明もなしうる。しかしながら、この思考モデルにおいては、「違法性の段階においては、結果反価値と行為反価値とが一体不可分的に推定されており、それを阻却するためには、結果価値と行為価値の双方がともに否定される場合でなければならない」という点を是認することが前提となる。この前提の是非は、構成要件と違法性との関係をどう捉えるかということにも関連

する問題ではあるが、結果反価値か行為反価値かという判断基準は、実質的違法性を具体的に判断するものであり、両者の判断はそれぞれ独立した機能を有していると言わなければならない。違法性の段階ではすでに結果反価値・行為反価値が基礎付けられており、結果価値・行為価値の双方が改めて肯定されない限り違法阻却に結び付かないということになると、実質的違法性の判断の果たすべき役割は、きわめて希薄なものになってしまい、逆に構成要件該当性の判断の中に実質的違法性の判断を取り込む結果にもなってしまうのである。違法二元論に依拠して既遂説を採るのであれば、なお別異の理論構成が必要であろう。

3　無罪説の論拠

　無罪説は、従来、防衛意思を不要とする立場から主張されてきたものである[7]。偶然防衛の場合、客観的には正当防衛をなしうる状況にあることから、正当防衛の成立を肯定し、攻撃行為について犯罪の成立を否定するのである。この見解は、客観的違法性論を出発点にして、違法判断をなるべく客観的に行おうとしたものであった。しかし、最近では、違法判断の対象を客観的なものに限定し、主観的な違法要素をすべて排除しようとするいわゆる物的不法論の立場から強く主張されるようになってきている[8]ほか、違法二元論の立場においても支持されるようになってきており[9]、様々な違法モデルが展開されている。

　物的不法論では、すべての主観的違法要素を排斥して違法判断を客観的に行うことから、客観的に正当防衛状況が存在すれば、防衛意思が欠如していても正当防衛の成立を肯定することになる。ここでは、結果反価値が決定的な意味をもち、行為反価値によって違法が基礎付けられることはないことになる。偶然防衛の場合には、客観的には正当防衛をなしうる状況にあったことから結果反価値性がなく、したがって攻撃行為は違法ではないとの説明がなされる。ここでの違法モデルは、一元的な結果反価値論であり、理論的な明快さを持っている。偶然防衛の場合の結論は良いとしても、違法判断のあ

らゆる場面において主観的ファクターを全面的に排除することは、なお問題とされるべきであろう。

違法二元論の立場では、従来、既遂説が採られてきたが、無罪説を採ることも理論的に可能である。私見の跛行的結果反価値論の立場では、結果反価値の認められないところに違法はないと考えるので、無罪説を採ることになるが[10]、その理論構成については後述することにし、まず井田教授の見解を挙げると、次のようである[11]。行為無価値・結果無価値の概念は、構成要件該当性の段階と違法性の段階では違った意味を持ち、両者の相互関連性にも相違があるとの認識を前提として、偶然防衛の場合には、結果不法だけでなく行為不法も否定されて、不可罰になるとする。構成要件に該当する行為を行ったとき行為無価値が肯定されるが、正当化事由がないことを前提として、規範は命令に転化して具体的な法義務となり、具体的な法義務に違反したことの評価が第２の意味の行為無価値、つまり行為不法であるとし、一方、結果無価値は、構成要件の段階においては、結果発生に対する事後的な無価値判断であり、正当化事由の判断を経て結果不法の評価に転化するものであるとする。したがって、正当化事由のレベルでは結果不法のみが欠落する事態は考えにくく、行為無価値・結果無価値を一体として阻却するか、しないかであるとする。このような違法モデルを前提として、偶然防衛の場合には、結果不法が否定されるだけでなく、規範の命令によってそれ自体正当な利益が直接失われる場合まで、行為規範の保護という名目で違法評価を下すことは妥当ではないことから、行為不法も共に否定されるとするのである。

しかしながら、人的不法論を基礎とした違法二元論に依拠する限り、行為者に犯罪を実現する意思があり、かつ防衛の意思が欠如している以上、行為反価値性を否定することは困難ではなかろうか。その行為反価値性を法義務違反という観点から再吟味して行為不法を決定するという井田説の試みには注目すべきものがあるが、むしろ正当な利益の保護という問題を規範論で解決するよりも、侵害者の利益が法的保護の対象外に置かれる状況下にあったとして、結果反価値の領域で問題の解決を図るべきではなかろうか。

4 未遂説の論拠

　未遂説は、防衛意思必要説の立場からも、また逆に防衛意思不要説の立場からも主張され、ここでは様々な違法モデルが見受けられる。まず第1に、防衛意思必要説に依拠して未遂説を採る見解[12]の理論構成は、次のようなものである。偶然防衛の場合においては、客観的には正当防衛をなしうる状況下にあることから結果反価値を欠き既遂として処罰することはできないが、防衛意思が欠如していることから行為の正当化が認められず行為反価値が残り、未遂として処罰しうるとの説明がなされる。ここでは、違法二元論に依拠しながら、結果反価値の判断は事後判断により、行為反価値の判断は事前判断により、それぞれ独立して吟味する方法が採られている。しかし、残存した行為反価値に注目して処罰することは、未遂犯処罰にとどまるとしても、行為反価値論を志向したものとなろう。この点、振津隆行教授は、結果反価値と行為反価値との併存をもって既遂・未遂の可罰的不法を基礎付ける立場（総合説）に依拠して、偶然防衛には、行為時における事前的一般的判断において一般に具体的危険を感知しうる状態にあることから、法益の具体的危険という意味における結果反価値が存在するとし、その結果反価値と行為反価値が併存することから未遂を認めうるとの理論構成を提示している[13]。しかしながら、反撃行為によって法益が侵害されたことについて結果反価値性を欠くとする点を理論的に承認するのであれば、当該法益の危殆化もまた結果反価値を基礎付けるものではないと考えるべきではなかろうか。

　第2に、防衛意思不要説に依拠して未遂説を採る見解[14]は、次のような理論構成を採っている。違法判断においては、まず結果反価値性を重視することから防衛意思を不要と解する。したがって、偶然防衛の場合においても正当防衛の成立を肯定することになるが、ただその場合、結果を発生せしめた点は事後判断によって結果反価値を欠くことになるとしても、客体の不能の場合と同様に、未遂犯としての法益侵害の危険は残っていると解するのである。偶然防衛の場合、結果を発生せしめた点については結果反価値性が認められないことから、実行の着手時期に遡って法益侵害の危険が認められる点

を捉えて、未遂としての結果反価値性を肯定するという方法は、不能犯論において事前判断を許容する具体的危険説に依拠する限り、一つの解決策であるようにも思える。しかしながら、偶然防衛の場合、客観的には正当防衛をなしうる状況下にあったことから、侵害者の法益は防衛に必要な限度において法的保護の対象外に置かれると考えて結果反価値性を否定するのであるから、当該法益の侵害だけでなく、その危殆化についても結果反価値性を否定するのが理論的な筋道である。さらにまた、不能犯論の場合には、構成要件該当性の段階における実行行為性からして問題であり、すでに構成要件該当の結果が発生している偶然防衛の場合とは、理論的な出発点が異なると言えよう。

5 二分説の論拠

二分説は、自己の利益のための偶然防衛の場合には未遂の処罰を認め、第三者の利益のための偶然防衛の場合には正当防衛の成立を認めて無罪とする見解[15]である。この立場は、いわゆる結果反価値論に依拠するものではあるが、正当防衛が正当な利益を擁護するものであることから、正当な利益であるかどうかの判断に防衛意思（防衛の認識の意味）が関係する場合があることを認めるものである。すなわち、自己の利益のための偶然防衛の場合、防衛意思の認められない者の法益は不正の法益と評価され、「不正」対「不正」の関係になって正当防衛を認める前提を欠くことになるが、相手方の利益も現実には法の保護の外にあることから、違法の程度としては未遂の限度にとどまると解するのである。この場合、本来の未遂と区別するために、未遂規定の適用ではなく、その準用を認めるものとしている。これに対して、第三者の利益のための偶然防衛の場合には、結果的にせよ第三者の正当な利益が擁護されたのであるから、「不正」対「正」の関係がなお維持されており、行為者に防衛意思がなくとも正当防衛が成立すると考えるのである。

ここで問題とされている防衛意思は、行為者の法益が正当な利益であるか否かを判断する要因として機能しており、行為の違法性を基礎付け要因とし

て機能しているわけではない。その限りでは、防衛意図を問題にしたとしても、必ずしも結果反価値論の立場に矛盾するものではない。しかしながら、自己の利益のための正当防衛の場合に、防衛意思があることではじめて正当な利益を擁護することになると考えることは、行為者の意思によって正当な利益か不正な利益かが決定されることになり、行為者の内心とは関係なく正・不正を客観的に決定しようとする方法論の観点からは、理論的整合性に欠けるように思われる。さらに、行為者が正当防衛状況を認識していてはじめて、擁護されるべき利益の正当性が肯定されると考えることは、法確証の利益を直接問題にすることになり、ひいては規範論に接近することを許容しなければならなくなるであろう。

(4)　木村・総論261頁、福田・総論158頁、大塚仁「正当防衛と防衛意思」刑法論集(1)166頁、大塚・総論373頁、川端博「偶然防衛」現代刑法論争Ⅰ131頁、同『正当化事情の錯誤』(昭和63年) 226頁、川端・総論346頁、佐久間・事実の錯誤416頁など。

(5)　大谷・総論303頁。

(6)　井田・前掲注(3)「違法性における結果無価値と行為無価値(一)」14頁(井田・目的的行為論318頁)。もっとも、井田教授がこの見解を採っているわけではない。なお、佐久間・総論161頁は、このような考え方を総合判断説として位置づけている。

(7)　小野・総論123頁、植松・総論167頁、香川・総論177頁、同「防衛意思は必要か」団藤古稀(1)270頁など。

(8)　中山研一『刑法総論の基本問題』(昭和49年) 73頁、中山・総論281頁、内藤・総論(中)34頁、前田・総論243頁など。

(9)　もっとも、この立場での違法モデルは、画一的ではない。日髙義博「偶然防衛」現代刑法論争Ⅰ130頁、井田・前掲注(3)「違法性における結果無価値と行為無価値(二・完)」77頁(井田・目的的行為論160頁)など参照。

(10)　日髙・前掲注(9)131頁。

(11)　井田・前掲注(3)「違法性における結果無価値と行為無価値(二・完)」77、78頁(井田・目的的行為論160頁以下)。

(12)　中・総論135頁、野村・未遂犯の研究162頁、野村・総論226頁など。なお、野村説では、未遂の規定が「準用」されるものとしている。

(13)　振津・刑事不法論43、52頁。

(14)　平野・総論Ⅱ242頁以下、同「結果無価値と行為無価値」『刑法の機能的考

察』（昭和59年）40頁以下、内田・総論195頁など。もっとも、平野・総論Ⅱでは、「『違法な結果』は発生していないのであるから、行為者が違法な結果を発生させようと思ったとしても、せいぜい（状況によって）未遂の成立を認めうるだけだと思われる」(243頁)との指摘をするにとどまっている。
(15) 曽根威彦「偶然防衛」現代刑法論争Ⅰ134頁以下、曽根・重要問題（総論）92頁以下。

3 違法二元論における違法モデル

1 違法モデルの多様性

　一元的行為反価値論（一元的人的不法論）あるいは一元的な結果反価値論（一元的物的不法論）に依拠する場合には、偶然防衛の処理は、結論の当否は別として、理論的には筋道の通ったものとなる。前者の立場では、防衛意思の欠如を理由に行為反価値を認めて違法ということになり、後者の立場では、逆に、正当防衛状況にあることから結果反価値が欠落して違法ではないという結論に至るのである。しかしながら、違法二元論に依拠する場合には、前節で考察したように、結果反価値・行為反価値の判断の仕方によって多様な違法モデルが考えられるのである。実務において偶然防衛の処理が問題となる事案は極めて少ないにも拘らず、偶然防衛が議論の的になるのは、ここでは違法論の基本的な考え方の違いが顕著に現れるからである。偶然防衛の処理において現れた違法モデルは、いわば現在の違法論を濃縮した形になっていると言っても過言ではないのである。

2 違法モデルとしての跛行的結果反価値論

　現在の違法論の大きな対立は、行為反価値を重視して違法論を構築すべきなのか、それとも結果反価値を重視して違法論を構築すべきなのか、という点にある。前者の違法論を行為反価値論、後者の違法論を結果反価値論として分類することは可能であるが、それは必ずしも一元的違法論に結び付いているわけではない。いずれの立場にあっても、何らかの形で結果反価値・行為反価値を違法判断の中に組み込んだ二元的違法論を展開することは可能で

あり、多様な違法モデルを提示しうるのである。ここでまず考えておくべきことは、違法の本質をどう捉えるのかという点である。行為反価値論と結果反価値論との対立は、規範違反説と法益侵害説との延長線上の論争であることを失念すべきではない。違法二元論を採るとしても、議論の組立て方としては、法益侵害説を出発点にするのか、それとも規範違反説を出発点にするのかを、まず決断しておかなければならないのである。ここでは、刑法の中心的課題を何に求めるのかが問題となる。私見では、法益を保護することに刑法の中心的課題があると考えるので、法益侵害説を理論の出発点に据えることになる。そうすると、結果反価値を重視した違法論を構築すべきだということになるが、問題は、違法判断が結果反価値の判断に尽きるのかという点である。法益侵害説を出発点にする以上、結果反価値のないところに違法はないと言えるが、逆に、結果反価値が認められる場合にはすべて違法だということにはならない。行為反価値的な要素の中には、法益侵害性に何らかの影響を持っているものがあり、それは違法判断の中に取り込むべきである。その際の違法モデルとしては、まず結果反価値が違法判断の枠組みを設定し、次に行為反価値の判断へと進むが、その際、行為反価値は、結果反価値によって設定された不法の枠組みの中でそれを減少させる方向で機能するものと考える。このような違法二元論の構想を跛行的結果反価値論と呼んでいるが[16]、これは違法を基礎付ける上では結果反価値の方に比重があることを言い表そうとしたものである。

3 偶然防衛における処理

この跛行的結果反価値論の立場からは、偶然防衛の処理は、次のようになる。まず第1に、結果反価値性が検討され、それが肯定された後、次に行為反価値性の存否が検討されるが、偶然防衛の場合には、第一次的な結果反価値の検討の段階において、結果反価値が肯定されないことから、違法とは言えないのである。偶然防衛の場合、客観的には正当防衛をなしうる状況にあったことから、侵害者の法益は防衛に必要な限度において法的保護の外に置

かれ、それを侵害したとしてもそこに結果反価値性を認めることができないのである。この場合には、行為反価値性を検討するまでもなく、違法ではなくなるのである。もっとも、跛行的結果反価値論では、主観的違法要素は超過的内心要素に限って認めるべきだと考えるので[17]、客観的要素を超過する要素でもない防衛の意思は主観的違法要素でもなく、行為反価値を基礎付ける要素でもない。したがって、偶然防衛の法的効果としては、正当防衛の成立を肯定して無罪とすることになる。前章で述べた分類では、防衛意思不要説に依拠した無罪説に属することになるが、違法モデルは、一元的な物的不法論ではなく、違法二元論を基礎にしている。

(16) 日髙・総論講義ノート95頁、同「主観的違法要素と違法論」福田＝大塚古稀(下)298頁（本書第3章58頁）。
(17) 日髙・前掲注(16)「主観的違法要素と違法論」298頁以下（本書第3章60頁以下）。

4　結果反価値と行為反価値との関係

1　両ファクターの関係

　違法二元論に依拠した場合、結果反価値と行為反価値との関係をどう捉えるかによって、前述したように、さまざまな違法モデルが考えられる。私見として提示した違法モデルは、まず第1に、結果反価値を検討して違法判断の枠組みを設定し、次に行為反価値を検討するが、それは結果反価値によって設定された不法の枠組みの中でそれを減少・阻却させる方向において機能させるというものであった。これは、法益侵害説を出発点としながら、法益侵害性の認められる場合であっても、法規範に対する行為者の態度からみて行為が正当化される場合のあることを認め、それを違法判断の中に組み込む必要があったからである。この違法モデルは、結果反価値・行為反価値というファクターを用いて実質的違法性の判断過程を具体化したものにほかならない。したがって、結果反価値の判断と行為反価値の判断とは、それぞれ独

立した内容と機能を有している。違法判断の形式に着目して、結果反価値は事後判断により、行為反価値は事前判断によるとの指摘もなされるが、この判断形式の違いは、違法モデルを考える場合の決定的な要因とはなっていない。むしろ、第一次的な違法判断の枠組みを結果反価値によって設定するのか、それとも行為反価値によって設定するのかということの方が決定的な要因なのである。

2 犯罪体系上の位置付け

　以上のような理論構成は、通説の違法二元論の場合よりも、結果反価値・行為反価値の判断に実質的な意味を持たしめることになる。違法二元論に依拠して既遂説を採る場合には、構成要件該当性の段階で結果反価値・行為反価値を検討し、それらが肯定されると違法性の段階では、その存在が一体的に推定され、結果価値と行為価値との両方が肯定されない限り、違法阻却の効果を認めないという理論構成を採る必要があるが、この理論構成のもとでは、結果反価値・行為反価値を実質的違法性の判断ファクターとして機能させる余地はないのである。結果反価値・行為反価値の実質的判断を犯罪論体系の中に取り込むとしたら、構成要件該当性の判断を実質化するしかないが、そうすると構成要件該当性の判断と違法性の判断が密着することになり、構成要件の保障的機能が阻害される結果になってしまう。偶然防衛の場合、行為者には構成要件的故意があり、一定の結果が発生しているのであるから、構成要件該当性を確定するのに困難な面はない。構成要件該当の行為がなされ、所定の構成要件的結果が発生していることから、行為反価値・結果反価値を認めるとしても、それはあくまでも抽象的な判断にとどまり、行為の実質的違法性を推定するものではない。偶然防衛行為が違法か否かは、違法性の段階において、具体的な実質的判断を経ることにより初めて明らかにされうるものである。

5 誤想防衛との関係

　偶然防衛は、誤想防衛とは「逆の錯誤」であるとか、誤想防衛が正当化事情の積極的錯誤であるのに対して、偶然防衛は、「正当化事由の消極的錯誤」であると言われる[18]。偶然防衛の場合には、客観的には正当防衛状況があるのに行為者がその状況を認識していないのに対して、誤想防衛の場合には、客観的には正当防衛状況がないのに行為者はその状況があるものと誤認しており、客観的状況と行為者の認識とが両者では逆転しているのである。そこで、偶然防衛の場合に防衛意思が欠けることで違法とするのであれば、誤想防衛の場合には防衛意思があることで適法となり、逆に偶然防衛の場合を適法とするのであれば誤想防衛の場合には違法になるというように、違法と適法とがそれぞれ逆になって現れなければ、違法判断に統一性がないことになる。通説の結論は、偶然防衛の場合を違法としながら、誤想防衛の場合には違法ではあるが錯誤の問題を責任論で処理するというものであり、違法判断に統一性がないということになろう。この点、二元的人的不法論の立場から、偶然防衛の場合には防衛意思が欠けることから違法であるとし、一方、誤想防衛については二元的厳格責任説に依拠して違法阻却の余地を認める川端博教授の見解[19]には、違法判断に統一性が見られる。

　私見では、偶然防衛の場合には結果反価値性を欠き違法ではないとしたが、このことが誤想防衛の処理と理論的整合性を持っているか否かについて、最後に言及しておきたい。誤想防衛については、法益侵害性が認められるが、責任の問題として独自の錯誤説に依拠して処理すべきものと解している[20]。誤想防衛の場合には、相手方の法益は法的に保護されるべきものであり、その侵害には結果反価値性が認められる。したがって、偶然防衛が適法であるのに対して、誤想防衛は逆に違法と評価でき、違法判断の統一性は認められるのである。跛行的結果反価値論の場合には、行為反価値性が違法性を減少・阻却させる方向で機能することを認めるので、誤想防衛の場合には、行為反価値が欠落し違法性が阻却されるのではないかとの疑問があろう。しか

しながら、跛行的結果反価値論では主観的違法要素は一部肯定するものの、内心的超過要素とは言えない防衛意思の場合には主観的違法要素とは認められず、防衛意思が行為反価値を基礎付けることはないのである。したがって、誤想防衛の場合には違法だという結論に変わりはない。

(18) 佐久間・事実の錯誤382頁。
(19) 川端博「誤想防衛」現代刑法論争Ⅱ236頁、同『正当化事情の錯誤』（昭和63年）24頁以下、川端・総論377頁。
(20) 日髙・錯誤論の新展開233頁以下。

第 5 章　正当防衛に関する 2 判例

1　正当防衛における防衛手段としての相当性の範囲

最（二小）判平成元・11・13刑集43巻10号823頁、判時1330号147頁
昭和61年（あ）第782号、暴力行為等処罰に関する法律違反、銃砲刀剣類所持等取締法違反被告事件

　　　　　　　　　　　　　　　　　　　1　事実の概要
　　　　　　　　　　　　　　　　　　　2　判決要旨
　　　　　　　　　　　　　　　　　　　3　評　釈

1　事実の概要

　原審（大阪高裁）の認定した事実は、次のようなものである。被告人は、昭和59年7月26日午後4時35分ころ、運転してきた軽貨物自動車を尼崎市浜2丁目5番地3号先空地前の道路に駐車して商談のために近くの薬局に赴いたが、まもなく貨物自動車（ダンプカー）を運転して同所に来たK（当時39歳）が、車を空地に入れようとして被告人車が邪魔になり、数回警笛を吹鳴したので、商談を中断し、薬局を出て被告人車を数メートル前方に移動させたうえ、再び薬局に戻った。ところが、それでも思うよう自車を空地に入れることができなかったKが、車内から薬局内の被告人に対し「邪魔になるから、どかんか。」などと怒号したので、再び薬局を出て被告人車を空地内に移動させた。しかし、被告人は、Kの粗暴な言動に腹を据えかねたため、同人対し「言葉遣いに気をつけろ。」と言ったところ、Kは、空地内に自車を駐車して被告人と相前後して降車して来たのち、空地前の道路上において、薬局に向かおうとしていた被告人に対し、「お前、殴られたいのか。」

と言って手拳を前に突き出し、足を蹴り上げる動作をしながら近づいて来た。そのため、被告人は、年齢も若く体格にも優れたKから本当に殴られるかもしれないと思って恐くなり、空地に停めていた被告人車の方へ後ずさりしたところ、Kがさらに目前まで追ってくるので、後に向きを変えて被告人車の傍らを走って逃げようとした。その際、被告人は、被告人車運転席前のコンソールボックス上に平素果物の皮むきなどに用いている菜切包丁を置いていることを思い出し、とっさに、これでKを脅してその接近を防ぎ、同人からの危害を免れようと考え、被告人車のまわりをほぼ1周して運転席付近に至るや、開いていたドアの窓から手を入れて刃体の長さ約17.7センチメートルの本件菜切包丁を取り出し、右手で腰のあたりに構えたうえ、約3メートル離れて対峙しているKに対し「殴るのなら殴ってみい。」と言い、これに動じないで「刺すんやったら刺してみい。」と言いながら2、3歩近づいてきた同人に対し、さらに「切られたいんか。」と申し向けて脅迫した。なお、これに対して、Kは、近くにあった建材用のコンクリート・ブロックを拾って身構え、さらにこれを長さ約1メートルの角材に持ちかえるなどして被告人と相対峙している最中、通報によって駆けつけてきた警察官に制止されて角材を捨て、次いで被告人も右包丁を自車内に戻したという事実が認められる。

　第1審（尼崎簡裁）は、被告人が包丁を取り出すまではKは素手であり、被告人が緊迫した危険を感じるような状態に陥っていたとは到底考えらないとして、正当防衛の成立を否定した。すなわち、正当防衛の成立要件である侵害の急迫性が認められないというのである。凶器を示して脅迫した行為は、暴力行為等処罰に関する法律1条、銃砲刀剣類所持等取締法32条3号・22条に当たるとして、被告人を罰金3万円に処した。

　これに対して第2審は、前記の事実を認定したうえ、原判決を破棄し、被告人を罰金15,000円に処した。まず、正当防衛の要件である侵害の急迫性については、「Kは今にも暴行に及ぼうとする言動をもって被告人の目前に迫ってきたのであるから、被告人の身体に対する侵害が間近に押し迫った状況

にあったもの」と言うべきであるとして、その要件を満たしていることを認めた。しかし、防衛の程度については、「素手で殴打或は足蹴の動作を示していたにすぎないKに対して、殺傷能力のある刃体の長さ約一七・七センチメートルの菜切包丁を構えて立ち向かい、原判示のとおり脅迫したことは、防衛の手段としての相当性の範囲を逸脱したものというべきである。」として、過剰防衛行為にあたるとの判断を示した。

さらに、被告人から上告がなされた。上告趣意では、本件行為は、防衛の手段としての相当性の範囲を逸脱したものではない旨の主張がなされた。

2　判決要旨

最高裁は、原判決および第1審判決を破棄し、被告人に無罪を言い渡した。被告人の上告趣意は上告理由に当たらないとしながら、職権調査の上、次のような判断を示した。

「原判決が、素手で殴打しあるいは足蹴りの動作を示していたにすぎないKに対し、被告人が殺傷能力のある菜切包丁を構えて脅迫したのは、防衛手段としての相当性の範囲を逸脱したものであると判断したのは、刑法三六条一項の『已ムコトヲ得サルニ出テタル行為』の解釈適用を誤ったものといわざるを得ない。すなわち、右の認定事実によれば、被告人は、年齢も若く体力にも優れたKから、『お前、殴られたいのか。』と言って手拳を前に突き出し、足を蹴り上げる動作を示されながら近づかれ、さらに後ずさりするのを追いかけられて目前に迫られたため、その接近を防ぎ、同人からの危害を免れるため、やむなく本件菜切包丁を手に取ったうえ腰のあたりに構え、『切られたいんか。』などと言ったというものであって、Kからの危害を避けるための防衛的な行動に終始していたものであるから、その行為をもって防衛手段としての相当性の範囲を超えたものということはできない。

そうすると、被告人の第一の所為は刑法三六条一項の正当防衛として違法性が阻却されるから、暴力行為等処罰に関する法律一条違反の罪の成立を認めた原判決には、法令の解釈適用を誤った違法があるといわざるを得ない。」

なお、脅迫する際に菜切包丁を携帯した事実については、「右行為は、Kの急迫不正の侵害に対する正当防衛行為の一部を構成し、併せてその違法性も阻却されるものと解するのが相当であるから、銃砲刀剣類所持等取締法二二条違反の罪は成立しない」としている。

3 評　釈

（1）　第1審と第2審とでは、正当防衛の要件である侵害の急迫性が認められるか否かで結論を異にしている。この点はついては、急迫性の要件は満たされているとする第2審判決の判断に異議はなかろう。そうすると、本件での争点は、菜切包丁を手に取って腰のあたりに構えて脅迫した行為が防衛手段として相当性の範囲内のものか否か、という問題に集約されることなる。この問題について、第2番判決は、相当性の範囲を逸脱したものと解したのに対して、本判決は逆に、相当性の範囲を超えるものではないとの判断を示した。私見としても、本判決の結論には賛成である。本判決が、素手で殴打あるいは足蹴りの動作を示して近づいてきた者に対して、危害をさけるための防衛行為として、菜切包丁を構えて脅迫することも相当性の範囲を超えるものではないとした点は、相当性の具体的判断を示した事例判決として重要な意義を有している。

（2）　正当防衛の成立要件の一つである刑法36条1項にいう「やむを得ずにした行為」の意義について、通説は、防衛行為の必要性と相当性を要求する文言であると解している。すなわち、防衛行為が当該法益を保全するために必要であり、しかも法益保全の手段として相当と認められなければならないとしている。正当防衛の場合は、緊急避難の場合とは異なり、補充の原則は必要ではない。防衛行為の必要性は、防衛手段としての不可欠性まで要求するものではない。しかしながら、法益を保全するためならばいかなる反撃も許されるというわけではなく、侵害行為に対する反撃行為として相当なものであることが要求され、その程度を超えたものは過剰防衛として処理されることになる。

このような理解は、判例も認めているところである。最高裁昭和44年12月4日判決では、「刑法三六条一項にいう『已ムコトヲ得サルニ出テタル行為』とは、急迫不正の侵害に対する反撃行為が、自己または他人の権利を防衛する手段として必要最小限度のものであること、すなわち反撃行為が急迫不正の侵害に対する防衛手段として相当性を有するものであることを意味する」[1]と判示し、侵害に対する防衛手段として相当性を有する以上、その反撃行為により生じた結果がたまたま侵害されようとした法益より大であっても、その反撃行為が正当防衛でなくなるわけではないとしている。この判決の事案は、被告人が、指をねじあげられた痛さのあまりにこれをふりほどこうとして相手の胸を1回強く突き飛ばしたところ、相手が仰向けに倒れて頭部を打ち、治療45日を要する頭部打撲傷を負わせてしまった、というものである。突き飛ばす行為が防衛手段として相当である限り、頭部傷害の結果が生じても過剰防衛とはならないというのである。どのようなものを基準に相当性の判断をするかについては、この昭和44年判決では明らかではないが、すでに昭和24年の最高裁判決において、「防衛行為が已むことを得ないとは、当該具体的事態の下において当時の社会通念が防衛行為として当然性、妥当性を認め得るものを言う」[2]との基準が示されており、この一般的基準に依拠して判断したものと考えられる。

　本判決も、このような判例の流れに従ったものであり、正当防衛の成立要件に新しいものを付与するものではない。しかし、相当性の具体的判断基準を明らかにするために判例の蓄積が必要となっているだけに、相当性を認めた一事例としてその判断基準を検討しておく必要がある。

　（3）　防衛手段の相当性を判断するには、防衛の程度・態様などを具体的状況に応じて個別的に吟味しなければならない。攻撃の程度・態様などによって、それに対する防衛の程度・態様も変化する。大阪高裁昭和42年3月30日判決が、「その標準は侵害者の攻撃の強度並びに執よう性と防衛者の行使する方法とによって決められるべきものであって、侵害と防衛との強度がその時の具体的状況に照らし均衡のとれたものでなければならない。」[3]と指

摘したのは、的を射たものである。

　正当防衛の場合には、侵害に対して退避すべき義務はないので、たとえ保全法益が侵害法益より小さい場合でも、正当防衛の認められる余地はある。しかし、法益の厳密な権衡は要求されないものの、保全法益と侵害法益との権衡が著しく欠ける場合には、相当性の観点から正当防衛の成立が否定されるべきである[4]。さらには、侵害の程度だけでなく、攻撃に対する反撃の態様も相当性判断の一つの材料として考えなければならない。従来、素手の攻撃に対して凶器を持って反撃する場合には、過剰防衛と認定されることが多いとの指摘がなされるが[5]、これは、侵害行為に対する反撃行為がその手段たる武器において対等か否かが相当性判断の一つの材料とされてきたことによるものである。

　本件において相当性を判断する際、まず第1に問題となるのは、攻撃されている法益が被告人の身体の安全（暴行・傷害の危険）であるのに対して、反撃の客体となっている法益はKの行動・意思決定の自由（脅迫）であり、性質の異なった法益の間において法益侵害の軽重を判断しうるのかという点である。第2に問題となるのは、侵害者が素手であったのに対して被告人が包丁を構えるという反撃行為に出ているので、いわゆる武器対等の原則を形式的には満たしていない点をどう考えるかである。

　（4）　第1の問題については、保全法益である身体の安全と侵害法益である行動・意思決定の自由とを単純に比較し、その侵害の大小を決定することは困難ではある。しかし、身体に対する直接的な侵害行為がなされようとしている際に、その危害を回避するため、脅迫を手段として相手方の行動・意思決定の自由を侵害することで攻撃の続行を断念させようとするような場合には、攻撃側の被害法益の方が相対的に低いものとみるべきであり[6]、保全法益を優先させたとしても法益の権衡を著しく欠いたことにはならないであろう。

　次に、第2の問題については、第2審判決では、「素手」で殴打あるいは足蹴りの動作を示していたにすぎない侵害者に対して、殺傷能力のある「菜

切包丁」を構えて立ち向かい脅迫したことに着目し、手段の相当性の範囲を逸脱したとの判断がなされている。そこでは、武器対等の原則が重要視されていると言える。これに対して、本判決では、攻撃側たるＫの方が年齢も若く体力にも優れていたことが判断材料の一つに組み入れられ、Ｋが手拳を前に突き出し足を蹴り上げる動作をしながら被告人の目前に迫ったことに対し、その接近を防ぎＫからの危害を避ける防衛手段として、菜切包丁を構えて脅迫したことが相当か否か、という判断の仕方がなされている。反撃の手段たる武器が対等か否かは、手段の相当性を判断する一つの目安ではあるが、相当であるための絶対的な条件ではない。侵害者の素手による攻撃力が強力で明らかに優位である場合には、素手による攻撃に対して、包丁を構えて脅迫することにより身体に対する直接的な攻撃をくいとめることも、防衛手段としては相当性を有すると言えよう。したがって、本件脅迫行為に防衛手段としての相当性を認めた本判決の結論は、正当なものと解される。

　（５）　なお、刃体の長さ17.7センチメートルの菜切包丁を防衛手段としての脅迫に携帯したことが、銃砲刀剣類所持等取締法22条違反の罪を構成するかについては、脅迫行為自体が正当防衛と認められる以上、脅迫の用に供された包丁の携帯もその違法性が阻却されると解すべきである。この点ついての本判決の結論に、異論はなかろう。

（１）　最判昭和44・12・4刑集23巻12号1573頁。
（２）　最判昭和24・8・18刑集3巻9号1465頁。
（３）　大阪高判昭和42・3・30下刑集9巻3号220頁。
（４）　植松・総論168頁、団藤・総論238頁、福田・総論155頁など。
（５）　堀籠幸男「正当防衛Ⅱ──防衛の正当性」別冊法教『刑法の基本判例』（昭和63年）30頁。
（６）　川端博「正当防衛における相当性の範囲」法セミ425号128頁。

2 「急迫不正の侵害」の継続と防衛行為の相当性

最（二小）判平成9・6・16刑集51巻5号435頁
平成9年（あ）152号、傷害被告事件

             1 事実の概要
             2 判決要旨
             3 評　釈

1　事実の概要

　被告人は、文化住宅甲荘2階の一室に居住していたが、2階の別室に居住するS（当時56歳）と日頃から折り合いが悪かった。平成8年5月30日午後2時13分ころ、被告人は、甲荘2階の北側奥にある共同便所で小用を足していた際、突然背後からSに長さ約81センチメートル、重さ約2キログラムの鉄パイプで頭部を1回殴打された。続けて鉄パイプを振りかぶったSに対し、被告人は、それを取り上げようとしてつかみ掛かり、同人ともみ合いになったまま、甲荘2階の通路に移動し、その間2回にわたり大声で助けを求めたが、だれも現れなかった。その直後に、被告人は、Sから鉄パイプを取り上げたが、同人が両手を前に出して向かってきたため、その頭部を鉄パイプで1回殴打した（第1暴行）。そして、再度もみ合いになって、Sが被告人から鉄パイプを取り戻し、それを振り上げて被告人を殴打しようとしたため、被告人は、同通路の南側にある1階に通じる階段の方へ向かって逃げ出した。被告人は、階段上の踊り場まで至った際、背後で風を切る気配がしたので振り返ったところ、Sは、通路南端に設置されていた転落防止用の手すりの外側に勢い余って上半身を前のめりに乗り出した姿勢になっていた。しかし、Sがなおも鉄パイプを手に握っているのを見て、被告人は、同人に近づいてその左足を持ち上げ、同人を手すりの外側に追い落し、その結果、同人は、1階のひさしに当たった後、手すり上端から約4メートル下のコンクリート道路上に転落した（第2暴行）。Sは、被告人の上記一連の暴

行により、入院加療約3か月を要する前頭、頭頂部打撲挫創、第2および第4腰椎圧迫骨折等の傷害を負った。

　この事実に対して、第1審（大阪地裁）は、被告人がSの片足を持ち上げて地上に転落させる行為に及ぶ時、Sの被告人に対する攻撃は止んだ状態にあって、被告人としては無難にその場を立ち去ることもできたものとも言えるのみならず、被告人の行為はSを専ら攻撃する意思に基づいていたものと言えるとして、「本件は、正当防衛ないし過剰防衛の成立要件である被害者の『急迫不正の侵害』や被告人の『防衛の意思』を欠くことが明らかである。」として過剰防衛行為にも当たらないとして、被告人を懲役1年2月に処するものとした。ついで第2審は、第1暴行については、素手で向かってきた者に対して鉄パイプで攻撃したのは防衛の程度を超えたものであり、過剰防衛としての性質を肯定できるが、第2暴行については、急迫不正の侵害は終了するとともに、被告人の防衛の意思も消失したものと解され、正当防衛もしくは過剰防衛を認めることはできないとし、上記各暴行は同一機会における一連のものであり、全体として1個の傷害罪が成立し、過剰防衛を認める余地はないとした。これに対して、弁護人側から上告がなされた。上告趣意では、Sのさらなる暴行から自己の身体の安全を守るためにSに加えた暴行は自救行為として違法性が阻却される旨の主張がなされた。

2　判決要旨

　最高裁は、職権調査により過剰防衛を認め、原判決および第1審判決を破棄して、被告人を懲役1年、執行猶予3年に処した。その理由として、次のような判断を示した。

　「Sは、被告人に対し執ような攻撃に及び、その挙げ句に勢い余って手すりの外側に上半身を乗り出してしまったものであり、しかも、その姿勢でなおも鉄パイプを握り続けていたことに照らすと、同人の被告人に対する加害の意欲は、おう盛かつ強固であり、被告人がその片足を持ち上げて同人を地上に転落させる行為に及んだ当時も存続していたと認めるのが相当である。

また、Ｓは、右の姿勢のため、直ちに手すりの内側に上半身を戻すことは困難であったものの、被告人の右行為がなければ、間もなく姿勢を立て直した上、被告人に追い付き、再度の攻撃に及ぶことが可能であったものと認められる。そうすると、Ｓの被告人に対する急迫不正の侵害は、被告人が右行為に及んだ当時もなお継続していたといわなければならない。さらに、それまでの一連の経緯に照らすと、被告人の右行為が防衛の意思をもってされたことも明らかというべきである。」

「Ｓの被告人に対する不正の侵害は、鉄パイプでその頭部を一回殴打した上、引き続きそれで殴り掛かろうとしたというものであり、同人が手すりに上半身を乗り出した時点では、その攻撃力はかなり減弱していたといわなければならず、他方、被告人の同人に対する暴行のうち、その片足を持ち上げて約四メートル下のコンクリート道路上に転落させた行為は、一歩間違えば同人の死亡の結果すら発生しかねない危険なものであったことに照らすと、鉄パイプで同人の頭部を一回殴打した行為を含む被告人の一連の暴行は、全体として防衛のためにやむを得ない程度を超えたものであったといわざるを得ない。」

3 評 釈

（１） 本判決は、正当防衛の成立要件の一つである「急迫不正の侵害」について、侵害の継続性を認めた事例判決として意義を有するものであり、さらに事案を過剰防衛として処理していることから、防衛行為の相当性の判断基準を検討する上でも重要である[1]。正当防衛が成立するためには、まずは急迫不正の侵害が認められる場合でなければならない。ここでの急迫性は、法益侵害の危険が切迫している場合だけでなく、現に侵害が行われている場合をも含むものと解されている。したがって、過去の侵害や将来の侵害に対しては正当防衛は認められないが、法益侵害の危険が切迫した段階から侵害が終了する時点までの間であれば、正当防衛をなしうる状況下にあると言えるのである。本件の場合、第１暴行が正当防衛状況下でなされたことについ

ては異論はないが、第2暴行がなされた時点では、すでに侵害が終了していたのか、それともなお侵害が継続していたのかが争点となった。もし侵害が終了していたのであれば、正当防衛ないし過剰防衛の成立を認める余地はなく、一方、侵害がなお継続していたのであれば、正当防衛ないし過剰防衛の成立が認められることになるのである。第1審判決および原判決は、急迫不正の侵害は終了していたものと解して正当防衛および過剰防衛の成立を否定し、これに対して本判決は、侵害が継続していたとの判断に立って過剰防衛の成立を肯定しているのである。急迫不正の侵害の継続と終了をどのように判断するのかが、まさに本件の中心論点である。防衛行為の相当性の問題は、正当防衛状況が認められた上での問題であり、侵害の継続性の問題が先決事項である。

　正当防衛状況は、過剰防衛の場合であっても存在しなければならない。急迫不正の侵害が終了した場合には、過剰防衛の成立する余地はない。しかし、最近では、急迫不正の侵害が消失した直後の追撃行為についても、「量的過剰」の一類型として捉え、過剰防衛の成立を肯定する見解[2]が有力である。この見解からすれば、本件の場合、侵害の継続性が認められるのであれば、反撃行為が途中から相当性を超えるかどうかという量的過剰の問題となろうが、侵害が終了したものと解される場合であっても、侵害が消失した直後の一連の行為が前述の量的過剰の一類型に当たるとして過剰防衛の成立を検討することも理論的に可能であろう。しかしながら、客観的に侵害が終了した時点においては、正当防衛状況はもはや消失したものと見るほかなく、そこに過剰防衛の成立を認めることは困難である。むしろ、この場合の量的過剰については過剰防衛として処理すべきではなく、誤想防衛ないし誤想過剰防衛の問題として処理すべきである。したがって、本件の場合には、侵害の継続性が認められない限り、正当防衛ないし過剰防衛としては処理しえないと言えよう。ここでは、侵害の継続性をどのように判断するかが、正当防衛および過剰防衛の成立範囲を左右するのである。

　（2）　第1審および第2審判決は、第2暴行に及んだ時点では急迫不正の

侵害は終了するとともに、被告人の防衛の意思も消失したものと解している。その論拠として、第1審判決は、第2暴行に及ぶ時点では「被害者の被告人に対する攻撃は止んだ状態にあって、被告人としては無難にその場を立ち去ることもでき……被告人の右行為は被害者を専ら攻撃する意思に基づいたもの」であったという点を指摘し、また第2審判決でも、「被害者が手すりの外側に上半身を乗り出した状態になり、容易に元に戻りにくい姿勢となっていたのであって、被告人は自由にその場から逃げ出すことのできる状況にあった」との指摘がなされている。これに対して、本判決は、Ｓの被告人に対する加害の意欲は旺盛かつ強固であり、「直ちに手すりの内側に上半身を戻すことは困難であったものの、被告人の右行為がなければ、間もなく姿勢を立て直した上、被告人に追い付き、再度の攻撃に及ぶことが可能であった」として、急迫不正の侵害の継続を認め、被告人にも防衛の意思があったとしたのである。ここでの結論の分岐点は、Ｓが手すりの外側に上半身を乗り出した状態になったことでＳの攻撃が止んだと見るかどうかにある。被告人がその場から逃げ出せる可能性があったかどうかという点は、攻撃を被った被告人側に退避義務があるわけではないことからして、急迫性の要件を吟味する上での直接のファクターとはならない。それは、被害者が再度の攻撃を受ける蓋然性が高いかどうかを判断する際の判断資料として捉えるべきであろう。

（3）　攻撃の相手から防衛者が凶器を奪い取った場合には、凶器の奪取により侵害が終了したと見てよい場合が多いであろう。しかし、具体的状況によっては、凶器が奪取されても侵害の継続性が認められる場合もある[3]。判例には、相手が生木を奪いとられてもなお素手で組みつこうとした場合[4]、相手の短刀をもぎとったが相手が短刀を奪い返そうとしてなお攻撃を加えた場合[5]などについて侵害の継続性を認めている。さらに、攻撃の相手から凶器を奪った直後にその凶器で相手を刺した場合についても、いまだ侵害が終了していないとして急迫性を認めた判例[6]などもある。本件の場合、被告人が攻撃してきたＳの手から鉄パイプを一度は奪い取り、立ち向かってくるＳ

を鉄パイプで殴打したが、再度もみあいになって鉄パイプを取り戻され、逃げ出したという段階までは、明らかに侵害が継続している。問題なのは、Sが手すりの外側に上半身を乗り出した状態になった時点で、Sの攻撃が一旦減弱したと見られることである。

　Sが直ちに手すりの内側に上半身を戻して態勢を立て直すことが困難であったことを考慮するならば、Sの攻撃力は一時減弱したと言える。しかし、そのことから直ちに急迫不正の侵害が終了したとは言えないであろう。本件の場合には、Sの加害意欲は旺盛かつ強固であり、姿勢を立て直して被告人に追いつき、手にしている鉄パイプで再度攻撃に及ぶ可能性は高かったと認められる。このような状況にあっては、攻撃力が一旦減弱したとしても、攻撃が続行される可能性が高いことから、急迫不正の侵害は未だ終了しておらず、なお侵害が継続していたと見るべきである。急迫不正の侵害が終了したのか、それとも継続しているのかは、客観的に判断されるべきであるが、その際、行為を個別的に捉えるのではなく、一連の行為の流れを勘案し、攻撃者側の攻撃意思の強固さや被害者が攻撃を引き続き被るに至る蓋然性の高さなどを判断のファクターに組み込む必要がある。侵害の継続を認めた本判決は、この点においては正当だと言えよう。

　なお、防衛の意思については、その内容を防衛状況の認識として捉える限り、本件の場合、第2暴行に及ぶ時点においても被告人に防衛の意思があったとすることには異論はなかろう。もっとも、防衛意思不要説に依拠する場合には、客観的な防衛状況の存在が認められる限り、反撃の際の被告人の意思内容は問題にはならない。

　(4)　侵害の継続性が認められるとすると、次に防衛行為の相当性が問題となる。特に、片足を持ち上げて道路上に転落させた行為（第2暴行）が防衛行為として相当性を有するか否かが問題である。防衛行為の相当性について、最高裁昭和44年判決[7]は、「急迫不正の侵害に対する反撃行為が、自己または他人の権利を防衛する手段として必要最小限度のものであること、すなわち反撃行為が侵害に対する防衛手段として相当性を有することを意味す

るものであ」るとし、侵害に対する防衛手段として相当性を有する以上、その反撃行為により生じた結果がたまたま侵害されようとした法益より大であっても、その反撃行為が正当防衛行為でなくなるわけではないと判示している。反撃行為によって生じた結果が重大であると往々にして過剰防衛として処理されがちであるが、侵害に対する防衛手段として相当性を有する場合には、正当防衛の成立を肯定すべきである。反撃によって生じた結果が比較衡量の上で大きな比重を占めることになれば、反撃を行う側は萎縮してしまい、「正は不正に譲歩する必要がない」とする法理念は実現されなくなってしまう。防衛行為の必要性と相当性は、反撃行為時の具体的状況を考慮に入れて判断されるべきである。

　本件の場合、Sは道路上に転落することにより入院加療約3か月を要する傷害を負っている。本判決は、被告人が第2暴行に及んだ時点ではSの攻撃力はかなり減弱していたこと、他方、道路上に転落させる行為は死亡の結果すら発生しかねない危険なものであったことなどを理由に、防衛行為の相当性を否定している。そうして、鉄パイプで殴打した第1暴行を含む被告人の一連の暴行は、防衛の程度を超えたものであるとして過剰防衛の成立を認めたのである[8]。しかしながら、Sの加害の意欲は旺盛かつ強固であることを考えるならば、ほどなく態勢を立て直して手にした鉄パイプでより激しく襲いかかってくる可能性は高く、それに対抗する手段として被告人には何があったであろうか。相手の体勢がいわゆる虚になっているところを反撃に転じることは、攻撃を正面から受け止めるよりは身の安全を確保でき、しかも反撃行為としては合理的である。ただ問題なのは、片足を持ち上げて道路上に転落させることには、相手の転落死をもたらす危険性があったという点である。本判決は、相手が死亡する危険があったことを重視するが、被告人側も再度鉄パイプによる攻撃を受けることになれば瀕死の重傷を負ったかもしれないのである。被告人がSの片足を持ち上げる行為に出たことは、攻撃意欲の旺盛かつ強固な相手の攻撃態勢を崩して自己の窮地を脱するためには相当な手段であったと見るべきである。したがって、被告人の第2暴行について

も防衛行為としての相当性が認められ、被告人の一連の行為はすべて正当防衛として評価すべきであり[9]、本判決の結論には異議がある。ともあれ、本判決は、急迫不正の侵害の継続性と防衛行為の相当性についての重要判例として位置づけられよう。

（1）　本判決の評釈としては、次のようなものが出されている。飯田喜信「時の判例」ジュリ1122号76頁、松宮孝明「『急迫不正の侵害』の終了時期と防衛行為の相当性」法教208号110頁、橋爪隆「攻撃が中断した場合の『急迫不正の侵害』の存否」判例セレクト'97（法教210号別冊付録）30頁、河村博「防衛意思を認めた一事例について」研修596号11頁、小田直樹「『急迫不正の侵害』の継続と防衛行為の相当性」平成9年度重判解150頁、佐久間修「正当防衛における侵害の『急迫』性と防衛行為の相当性」最新判例ハンドブック〈刑法〉（受験新報1998年12月号別冊付録）34頁、川端博「1　刑法36条1項にいう『急迫不正の侵害』が終了していないとされた事例、2　過剰防衛に当たるとされた事例」判評481号（判時1661号）48頁など。
（2）　大谷・総論309頁、前田・総論250頁、同「正当防衛の急迫性と過剰防衛」警論51巻12号190頁など。なお、判例としては、最判昭和34・2・5刑集13巻1号1頁参照。
（3）　この点についての判例の分析・検討については、大コンメ刑法(2)324頁以下〔堀籠幸男＝中山隆夫〕参照。
（4）　最判昭和26・3・9刑集5巻4号500頁。
（5）　広島高判昭和45・4・30判時624号91頁。
（6）　広島高判昭和31・6・18裁特3巻12号625頁、福岡高判昭和32・5・22裁特4巻11＝12号270頁、名古屋高判昭和46・12・8刑月3巻12号1593頁など。
（7）　最判昭和44・12・4刑集23巻12号1573頁。
（8）　過剰防衛を認める本判決の結論を支持する見解として、河村・前掲注(1)20頁、前田・前掲注(2)論文192頁などがある。なお、本判決が第1暴行をも含めて過剰防衛としたのは、一連の行為のなかで正当防衛行為後に過剰防衛が行われた場合には、全体を過剰防衛として評価するとした従来の判例（前掲注(2)最判昭和34・2・5等）の考え方に従ったものと解される。
（9）　過剰防衛を認めることを疑問とするものに、松宮・前掲注(1)111頁、橋爪・前掲注(1)30頁、川端・前掲注(1)52頁、小田・前掲注(1)152頁などがある。

第6章　被害者の承諾と違法論

1　安楽死ならびに尊厳死の許容性について
　　　——死に対する自己決定権と生命の保護——

　　　　　　　　　　　　　　1　はじめに
　　　　　　　　　　　　　　2　安楽死の許容性について
　　　　　　　　　　　　　　3　尊厳死の許容性について

1　はじめに

　（1）　生命の保護は、刑法にとって重要な課題である。個人的法益の場合には、その処分は、帰属主体である個人の自由に委ねられていることから（自律の原理）、被害者の承諾がある場合には、保護すべき法益が欠如し、侵害行為は違法ではなくなると考えられる。しかしながら、こと生命の保護に関しては、刑法典は、自律の原理に一定の限定を加えている。すなわち、嘱託殺人罪や自殺関与罪などの規定（202条）がその例であり、この場合には、被殺者の承諾があっても犯罪は成立し、自殺に関与する行為自体が処罰対象とされているのである。このことを形式的に捉えるならば、安楽死は、嘱託殺人罪、自殺関与罪等の規定に抵触するものであり許容されないということになる。しかしながら、死期が切迫していて耐え難い苦痛のさなかにある者がその苦痛を緩和・除去してくれるように懇願している場合に、その苦痛を緩和・除去して安らかな死を迎えさせる行為に違法性が認められるであろうか。この点が安楽死問題の核心部分である。
　（2）　森鷗外の小説『高瀬舟』では、遠島を申し渡された罪人喜助の護送に当たった同心羽田庄兵衛をして、「弟は剃刀を抜いてくれたら死なれるだ

ろうから、抜いてくれと云った。それを抜いて遣って死なせたのだ、殺したのだとは云われる。しかしそのままにして置いても、どうせ死ななくてはならぬ弟であったらしい。それが早く死にたいと云ったのは、苦しさに耐えなかったからである。喜助はその苦しみを見ているのに忍びなかった。苦から救って遣ろうと思って命を絶った。それが罪であろうか。殺したのは罪に相違ない。しかしそれが苦から救うためであったと思うと、そこに疑いが生じて、どうしても解けぬのである。」[1]と述懐せしめているが、これは医師でもあった鷗外の法律家に対する問題提起でもある。わが国では、安楽死の問題は、法解釈上の問題にとどまっているが、オランダでは、2001年に安楽死等審査法が制定され、一定の要注意基準を充たした場合には医師による積極的安楽死を不処罰にするに至っており、アメリカでもオレゴン州をはじめ合法化しようとする動きが見られる[2]。

（3）　さらにまた、最近では、人工的な生命維持手段が開発されたことと関連して、いわゆる尊厳死（death with dignity）が問題となってきている。これは、回復見込みのない末期状態において、生命維持治療を中止して人間としての尊厳を保って死を迎えさせようというものであるが、ここでは、死に対する自己決定権と生命の保護との相克が見られるのである。本章では、安楽死および尊厳死の問題状況を検討しながら、末期状態における人の死に対する自己決定権のあり方を考えてみたい。

2　安楽死の許容性について

1　安楽死の概念と分類

安楽死（Euthanasie〔安死術とも訳される〕）は、死期が切迫している病者の耐え難い肉体的苦痛を除去・緩和して、安らかな死を迎えさせる処置をいうが、厳密には、生命の短縮を伴うか否かという観点から、次の4つに分類される。第1は、生命の短縮を伴うことなく死苦を除去・緩和する処置を施す場合であり、純粋安楽死と呼ばれる。第2は、死苦の除去・緩和の目的で行われた措置（麻酔剤の使用など）がその副作用として結果的に生命の短

縮をもたらす場合であり、間接的安楽死と呼ばれる。第3は、死苦を長引かせないために積極的な延命措置をとらず生命の短縮をもたらす場合であり、消極的安楽死と呼ばれる。第4は、死苦を除去するために直接的に生命を短縮する場合であり、積極的安楽死と呼ばれる。前述の『高瀬舟』の事例もこの範疇に属する。

　純粋安楽死は、治療行為そのものであり、刑法的には問題とはならない。しかし、他の場合は、生命の短縮を伴うことから、病者の同意があっても、一応は嘱託殺人罪あるいは自殺関与罪の構成要件に該当することになる。そこで、次に、安楽死行為の実質的違法性を検討することが必要となってくる。間接的安楽死や消極的安楽死については、一般に、違法ではないと解されてきた。しかし、積極的安楽死は、その許容性をめぐって論争の的になってきたところである。

2　判例に現れた安楽死の事案

　（1）　判例で問題になった事案は、すべて積極的安楽死の類型に属するものであり、結論的には、安楽死の許容性の要件を充たしていないものと判断されている。ただし、いずれも実刑判決ではなく、執行猶予が付けられている点が特徴的である。

　安楽死の要件に関するリーディング・ケースとしては、昭和37年の名古屋高裁判決[3]が挙げられる。この判決は、安楽死が許容されるための要件として次の6つのものを挙げている。つまり、「①病者が現代医学の知識と技術からみて不治の病に冒され、しかもその死が目前に迫っていること、②病者の苦痛が甚だしく、何人も真にこれを見るに忍びない程度のものなること、③もっぱら病者の死苦の緩和の目的でなされたこと、④病者の意識がなお明瞭であって意思を表明できる場合には、本人の真摯な嘱託又は承諾のあること、⑤医師の手によることを本則とし、これによりえない場合には医師によりえないと首肯するに足る特別な事情があること、⑥その方法が倫理的にも妥当なものとして認容しうるものなること。」の6つの要件が充たされる場

合には、行為の違法性が阻却されるとしている。不治の病に冒され死期の切迫した状況下で激痛を訴え、「殺してくれ」「早く楽にしてくれ」と言っている当該事案の場合には、①ないし④の要件は充たされているが、医師の手によりえなかった特別の事情が認められず、その手段も病人に飲ませる牛乳に有機燐殺虫剤を混入したというものであり、倫理的に許容しがたい方法であるとして、本件行為は違法性を阻却するに足るものではなく、嘱託殺人罪が成立するものとしている。

（2）　名古屋高裁が示した安楽死の6要件は、その後の判例においても、違法性阻却の判断基準として用いられている。鹿児島地裁昭和50年10月1日判決[4]においては、死期が目前に迫っているという状況にあったわけではなく、殺害の方法も医学的処置によることなく、絞頸の方法によるものであったことを理由に違法性阻却を否定し、また同様に、絞殺の事案について違法性阻却を否定した神戸地裁昭和50年10月29日判決[5]では、その理由として、死期が切迫した状況下になかったこと、苦痛の程度も死にまさる程激烈なものではなかったこと、嘱託あるいは積極的に死を希望していたことが認められないこと、医師の手によって行われたものではないこと、といった点を指摘している。

　さらに、安楽死の前記①から④までの要件は充たしているが、⑤および⑥の要件を充足していないことから違法性阻却を否定した判例としては、病院内において刺身包丁で胸部を2回刺して死に至らしめた事案に関する大阪地裁昭和52年11月30日判決[6]、カミソリ自殺を図ったが死にきれないでいる妻に哀願され、頸部にカミソリを再度あてて切ったが死に至らないので頸部を両手で締めつけて扼死せしめた事案に関する高知地裁平成2年9月17日判決[7]などがある。

3　安楽死は違法か

（1）　学説では、安楽死は依然として違法であるとし、ただ責任阻却の観点から不処罰になる場合があるとする見解[8]も主張されている。この主張は、

人の生命は何ものにも代えがたいものであり、生命の短縮は、いかなる理由があろうとも正当化されないという考えによるものである。これに対して、通説は、一定の要件を充たす場合には、たとえ生命の短縮を伴うものであっても、安楽死を正当化しうるものと考えている。この点は、判例も同様であり、積極的安楽死も前記の6つの要件を充たす場合には、行為の違法性が阻却されるものとしている。問題は、安楽死の場合、その違法性阻却の実質的根拠を一体何に求めるのかという点である。被害者の承諾の法理であろうか、社会的相当性の法理であろうか。さらに、最近の違法論との関係でみるならば、結果反価値の問題なのか行為反価値の問題なのだろうか。この核心的問題をどのように捉えるかによって、安楽死の許容性の要件も自ずと異なったものになってくるのである。

（2）　まず第1に、法益衡量説あるいは優越的利益説を前提として、残されたわずかな生命の短縮という法益侵害の程度と耐え難い肉体的苦痛の除去という利益とを比較衡量することにより、後者の利益が優先し、さらに被害者の承諾があることから、違法性阻却が認められるとする見解[9]がある。この見解にあっては、違法判断において結果反価値性が重視されることから、名古屋高裁の前記⑥の要件である方法の倫理性は、要求されないことになろう。生命短縮の方法としては、苦痛を緩和するのに適した方法であればよいということになる。一方この見解に対しては、生命の保護と苦痛の除去とを利益衡量すること自体が困難であるとの批判がなされる。

第2に、社会的相当性の観点から安楽死の違法性阻却を認める見解[10]が挙げられる。死期が切迫した状況下にあって、たとえ残された生命が短縮されようとも死苦を免れて安らかに死を迎えたいという本人の自己決定を尊重することは人道主義に適うものであり、苦痛を緩和・除去するために安楽死を行うことは社会的相当性を有すると解するのである。この見解では、被殺者の同意に基づいて死苦を緩和・除去する行為に社会的相当性を認めることから、名古屋高裁の前記の6要件をほとんど受け入れることになる。さらに、この見解は、違法判断において行為反価値性を重視する立場とも結び付きう

る。

　（3）　私見では、生命の短縮を伴うところの積極的安楽死であっても、一定の要件を充たす場合には違法性阻却を認めるべきだと考える。この場合の違法性阻却は、超法規的違法性阻却事由の問題であり、違法性の実質の観点から判断されなければならない。ここでは、従来、法益侵害説と規範違反説とが対立し、最近ではその延長線上の議論として、結果反価値論と行為反価値論とが対峙している。違法性の実質に関しては、法益侵害説を基本的に正当と解するので、結果反価値のないところに違法性を肯定することはできない。しかし、違法性判断は、結果反価値性の判断に尽きるのではなく、違法性を減少する方向において行為反価値性をも考慮すべきである（この立場を跛行的結果反価値論と呼んでいる）[11]。このような見解のもとでは、積極的安楽死の場合、まず被殺者の承諾に基づく生命の短縮に結果反価値性が認められるか否かを判断し、次に死苦の緩和・除去という行為目的や行為態様などの行為反価値性が検討されて、最終的に違法性ありや否やの結論が出されることになる。

　個人的法益に関して被害者の承諾がある場合には、通常、保護すべき法益は欠落し、そこに結果反価値を認めることはできなくなる。しかしながら、こと生命の保護については、刑法は自律の原理を制限しており、被殺者の承諾があっても、第三者との関係においては保護法益は欠落しないものと考える。したがって、残りわずかな生命であっても、それを第三者が短縮することは、被殺者の承諾いかんにかかわらず保護法益の侵害であり、結果反価値性が認められる。しかしながら、死苦を除去するためには残りいくばくもない生命を短縮してもかまわないとする被殺者の自己決定を尊重しようとする安楽死行為は、その手段が死苦を緩和・除去するのに相当なものである限り、社会的相当性のあるものとして行為反価値が減少し、違法性阻却をもたらすものと考える。

　このような立場から、名古屋高裁が示した前記の6要件を吟味するならば、①ないし④の要件は、行為状況を限定する要因であり、その必要性について

は異議のないものである。これに対して、⑤および⑥の要件は、生命短縮の手段に関するものである。これらの要件は、死苦を緩和・除去する手段として、具体的状況を考慮し相当なものであるか否かを判断するための基準として捉え直される必要がある。まず、医師の手によることを本則とするという要件については、死期が切迫しているかどうか、被殺者にとって苦痛の少ない生命短縮の手段は何か、といった点について医師の方が一般の人よりは的確な判断ができるであろうから、原則的には了解しうる。しかし、『高瀬船』の事案のような具体的状況下では、死期が切迫していることは誰の目にも明らかであり、死苦を除去するために喉に突き込まれている剃刀を引き抜くことは医師でなくともなしうることであり、必ず医師の手によらなければならないとする理由はない。被殺者の置かれていた具体的状況を勘案して判断すべきである。次に、方法が倫理的にも妥当であるという要件については、基準としては適切ではないと考える。傍目に見て生命短縮の方法が惨たらしいものでないことを要求することよりも、死苦を除去することが目的である以上、被殺者にとって苦痛の少ない方法で安らかに死につかせるものであるか否かが重要である。

　なお、安楽死を法解釈上許容するにとどまらず、立法によって合法化しようとする主張もあるが、立法化する場合には、前述の要件は、より厳格に捉えられるべきである。今後は、ペイン・クリニックの進歩に伴い、末期状態における肉体的苦痛の問題は徐々に解消される可能性があり、安楽死法案よりもむしろ尊厳死法案の必要性が主張されよう。安楽死は、なお、法解釈上の問題として解決されるべきである。

3　尊厳死の許容性について

1　尊厳死の概念と問題点

　(1)　尊厳死とは、不可逆的な意識喪失状態に陥った植物状態の患者に対する生命維持治療を断念・中止（人工呼吸器等の生命維持装置の取外し）し、人間としての尊厳を保ちながら自然の死を迎えさせることをいう。なお、尊

厳死は、植物状態の患者だけでなく、ガン末期の患者など回復見込みのない末期状態の患者に対して、生命維持治療を中止（あるいは不開始）し、人間らしい厳かな死を迎えさせる場合にも問題となる。尊厳死は、回復見込みのない患者に無益な延命医療を実施することよりも自然の死を迎えさせた方が人道的であるという考え方に基づくものであるが、他面、いかなる死を迎えるかの患者の自己決定権の問題でもあることを失念すべきではない。

（2）尊厳死は、回復見込みのない末期状態において問題になる点では安楽死と同様であるが、次のような点において安楽死とは異なっている。まず、尊厳死の場合には、人工的に生命を維持されている状況下にあって、患者には激しい苦痛がないことから死苦の緩和・除去という点は問題にならず、無益な延命医療の中止が問題なのである。延命医療の中止によって死期が早まることから、殺人罪あるいは同意殺人罪などに該当することになるが、延命医療の中止行為が果たして違法なのかが検討されなければならない。次に、人工的に生命が維持されている状況下にあっては、延命医療を拒絶して自然の死を選ぶという患者の意思決定を明らかにしえず、尊厳死の場合は、同意の認定が安楽死の場合よりも困難である。ここでは、患者の自己決定権をどのように取り扱うのかが重要な問題となる。

2　尊厳死は違法か

（1）生命の保護に関して、刑法は前述したように自律の原理を制限しているが、尊厳死の場合、この点をどのように考えればよいであろうか。生命の保護に絶対的価値を置くならば、その短縮は、いかなる理由があろうとも許容されないことになる。延命医療の中止が生命の短縮をもたらす以上、尊厳死は違法であり、責任阻却の問題として処理すべきだということになる。しかし、この結論は、人は末期状態においてどのような形で死を迎えるかということについて自己決定権を持ちうるという考えからすると、あまりにも形式的すぎるように思われる。たとえば、ある者が死期を事前に悟って、治療を拒み退院して自宅において自然の死についたとしても、それは自己決定

権の問題として本人の自己実現を尊重すべきである。尊厳死の場合にも、患者の死に対する自己決定権が根底にあり、本人の希望により延命医療を中止し自然の死につかせることは、患者の自己決定を実現することにほかならないと考える。

したがって、尊厳死を許容するためには、その前提として、延命医療を拒絶する本人の意思が何らかの形において確認されなければならない。生命に関しては、行為者自身が保護の客体であるとともに処分の主体であり、自己の死をどのような形で迎えるかは自己実現の問題でもある。生命の保護の場合、たしかに被害者の承諾があっても、自律の原理が制限されていることから、第三者との関係では保護法益は欠落することにはならないが、安楽死の場合について述べたように、行為状況によっては行為反価値が減少することもありうるのである。尊厳死の場合には、患者が自己決定した自然の死という死のあり方を実現せしめるものであるという点から行為反価値の減少が認められ、延命医療を中止した行為の違法性が阻却されるものと考える。

（2）　以上のような違法性阻却の論理からすると、尊厳死が許容されるためには、少なくとも次のような要件が必要であろう。まず第1に、患者が医学的に見て回復不能の状態にあることが前提になる。第2に、患者の自己決定権が根底にあることからして、延命医療を中止し自然な死を迎えることを本人が希望していたことが何らかの形で確認されなければならない。ここでは、患者が意思能力のある段階で事前に延命医療を拒絶する意思を持っていたことが明らかにされなければならない。この点に尊厳死を正当化する際の難しさがある。意識が不可逆的に喪失した状況下では、本人から直接その意思を確認するすべはないが、たとえばリビング・ウイル（living will〔生前発行遺言〕、〔生者の意思〕とも訳される）によって患者の意思を確認することも可能である。患者の意思を客観的な証憑によって確認することが困難である場合には、例外的に患者の日頃の死に対する考え方を家族の者が推認して生命維持治療の中止に同意することも考えられるが、その推認には慎重を期す必要がある。

（1） 森鷗外『山椒太夫・高瀬舟』（新潮文庫、57刷、平成6年、）238頁。
（2） 安楽死・尊厳死に関する理論の推移ならびに合法化の動向に関する文献としては、宮野彬『安楽死から尊厳死へ』（昭和59年）、中山研一＝石原明編著『資料にみる尊厳死問題』（平成5年）、土本武司「安楽死とオランダ法」判時1499号3頁以下、森本益之「安楽死と尊厳死と医療拒否」大野真義編『現代医療と医事法制』（平成7年）203頁、町野朔ほか編『安楽死・尊厳死・末期医療』（平成7年）、大嶋一泰「安楽死をめぐる課題と展望」現代刑事法3巻11号69頁、甲斐克則『安楽死と刑法』（平成15年）などがある。
（3） 名古屋高判昭和37・12・22高刑集15巻9号674頁。
（4） 鹿児島地判昭和50・10・1判時808号112頁。
（5） 神戸地判昭和50・10・29判時808号113頁。
（6） 大阪地判昭和52・11・30判時879号158頁。
（7） 高知地判平成2・9・17判時1363号161頁。
（8） 佐伯・総論291頁、内藤・総論(中)538頁、曽根・総論143頁など。
（9） 平野・総論Ⅰ251頁、前田・総論221頁など。
（10） 大塚・総論407頁、福田・総論176頁、川端・総論316頁など。
（11） 日髙・総論講義ノート95頁、同「主観的違法要素と違法論」福田＝大塚古稀(下)296頁以下（本書第3章58頁以下）。

2 東海大学安楽死事件判決について

1 事実の概要
2 横浜地裁の判決要旨
3 本判決の意義および問題点
4 積極的安楽死の許容要件について
5 医療行為の中止の要件について

1 事実の概要

　本件での起訴事実は、医師が癌の末期患者を積極的に死に致した行為を問題にするものであるが、その行為に至るまでには治療行為の中止もなされており、治療行為の中止から最終的な行為に至るまでの経過が詳しく述べられている。事実の経過ならびに罪となるべき事実は、概ね次のようである。

1 事実の経過
　東海大学医学部付属病院に入院していた患者Ａ（昭和8年3月30日生）は、主治医甲のもとで発症原因不明の癌の一種である多発性骨髄腫と診断され、治療を受けていたが、長男Ｂ（昭和33年生）の強い希望により、病名は告知がなされていなかった。Ａは、平成2年6月23日には、抗癌剤の投与等の治療により病気の進行が抑えられたことから退院したが、同年12月4日には、病状が進み再入院した。12月半ばころから骨髄腫細胞による骨破壊、腰椎の圧迫骨折に基づく腰痛が生じ、同月下旬には強い腰痛を訴えるようになった。平成3年1月10日からインターフェロン療法に変えられ、一時病状が安定したこともあったが、病状の進行は止められずになお悪化し、同年3月18日ころから腎機能障害が現れ、同月20日ころからは骨破壊による高カルシウム血症の症状が出て、同月22日から生理食塩水に抗生物質等が加えられた持続的点滴が開始された。甲医師は、同病院輸血センター室長代理に就任することになったため、3月末ころ長男Ｂに対し、Ａが感染症、脳出血、腎不全等で4月には亡くなる可能性が高いことを告げた。一方、妻

C（昭和9年生）は、Aが再入院後は、ほとんど毎日病院に赴いてAの世話をしていたが、長男Bから知らされていないこともあって、Aの正確な病名や病気の内容を知らないまま過ごしていたが、平成3年3月下旬には知るに至った。

東海大学医学部助手である被告人（昭和31年生）は、湯河原中央温泉病院に出向していたが、平成3年4月1日付で同大学付属病院に勤務することになり、数名の患者の担当医を指示され、本件患者Aについても甲医師、乙医師とともに担当を指示された。被告人は、翌2日に甲医師から、患者の病状や治療経過、予後は1カ月ほどと見込まれること、患者には家族の希望により病名を告知していないことなどの説明を受けた。その後、Aの治療には乙医師が主に当たっていたが、9日ころから家族から治療中止の申出がたびたびなされ、意向もしばしば変わることから、乙医師は、その対応に困惑を感じて自信を持てなくなり、10日には、甲医師も加わり3人で相談した結果、乙医師は家族との応対はせずに裏方に回り、被告人が前面に出て治療と家族への対応に当たることになった。この日、被告人の診断では、患者Aの予後は、4、5日ないし1週間位であった。

4月12日には、患者Aは、腎機能が悪化し、舌根沈下が見られるためエアウェイが装着され、意識レベルは低下し4ないし5（呼び掛けに全く反応しないが、疼痛刺激には反応する状態）であり、対光反射はあるが痛覚反応なしの状態となり、夜には呼吸状態が悪くなり深大性の呼吸となった。翌13日、前夜来泊まり込みで付添いに当たっていた長男Bおよび妻Cは、患者Aの苦しむ姿がみじめでかわいそうであり、嫌がっていた点滴やフォーリーカテール等をすべて外して治療を中止し、そのために多少死期が早まっても、患者が自然に楽に死を迎えるようにしてもらおうと決心した。午前9時ころ、妻Cは、甲医師に治療中止の意向を話し、午前11時ころ、長男Bと妻Cは、被告人に会って「点滴やフォーリーカテールを抜いてほしい。もうやれるだけのことはやったので早く家に連れて帰りたい。これ以上父の苦しむ姿を見ていられないので、苦しみから解放させてやりたい。楽にしてやっ

てほしい、十分考えた上でのことですから。」と強く要請した。これに対して、被告人は治療を中止すべきではない旨の説得に当たったが、それを家族は聞き入れようとしなかった。被告人は、医師の使命と家族の熱心な気持ちとの間で悩んだ末、家族の強い希望を入れて、点滴やフォーリーカテールなどの治療を中止し、患者が自然の死を迎えられるようにしてやり、そのため患者の死期が多少早まってもよいではないかと決意するに至り、家族に「わかりました。」と返事した。被告人は、午前11時20分ころ、看護婦に治療の全面中止を指示し、午後零時ころフォーリーカテールが、同零時半ころ点滴がそれぞれ患者から外された。

午後3時ころ、被告人は、患者の様子を診ると、口にエアウェイが付けられ、心電図モニターの発信器が付けられており、意識レベルを試すと、患者は疼痛刺激に対して反応がなく、意識もなく、意識レベル6と判断され、いびきをかく深い呼吸をし、脈拍は頻脈であり、今日か明日かの命ではないかと考えた。午後5時半ころ、被告人は、患者に付き添っていた長男Bに呼ばれ、「苦しそうなのでエアウェイを取ってほしい。」と頼まれた。被告人は、エアウェイを外すと気道が舌で塞がれ呼吸ができなくなるおそれがあることを説明したが、長男Bは、依然としてエアウェイを外すことを頼むので、すでに家族の希望を入れて治療を中止しているので、同じように希望を入れてやろうと思い、午後5時45分ころ患者からエアウェイを外してやった。

午後6時過ぎころ、被告人が病室に行くと、長男Bが「いびきを聞いているのがつらい。楽にしてやって下さい。早く家に連れて帰りたいのです。」と頼み、強く言い張って被告人の説得を一向に聞こうとしなかった。被告人は、ともかく深い呼吸を抑えていびきをできるだけ小さくしてやろうと思い、長男Bに「わかりました。」と答え、被告人は、鎮静剤で呼吸抑制の副作用があるホリゾンを使用することとし、死期を早める影響があるかもしれないがいびきを抑えるため通常の2倍の量を使うことにして、午後6時15分ころ患者の左腕にホリゾン2アンプルを注射した。午後7時少し前ころ、被告人が病室に行くと、長男Bは強い口調で「いびきが止まらない。早く家に連

れて帰りたい。」といったので、これ以上薬は使わないで済まそうと説得したが、説得を聞き入れようとしないため、呼吸抑制の副作用のある抗精神病薬であるセレネースを患者の左腕に2アンプル注射した。

　長男Bは、セレネースの注射後1時間くらいすれば、患者は静かに死亡するだろうと思っていたところ、患者は相変わらずいびきをかくような荒い苦しそうな呼吸をしていることから、今度こそ患者を苦しい思いから逃れさせるため確実に息を引き取らせ、今夜中に家に連れて帰ろうと決意し、被告人を呼んだ。被告人は、午後8時10分ころ、ナースステーションに行ったが、そこに居た長男Bは、怒ったような顔をして腕組みをしたまま、「先生は何をやっているんですか。まだ息をしているじゃないですか。早く父を家に連れて帰りたい。どうしても今日中に家に連れて帰りたい。何とかして下さい。」と激しい調子で被告人に迫った。被告人は、あれこれ悩むうち、すでにホリゾンとセレネースを注射してまもなく死亡する可能性があり、長男Bの態度からしていくら拒んでも拒み切れないかもしれないなどと考え、肉体的にも精神的にも相当疲れ切っていて自分の立場に十分な思考を巡らすこともできずに、追い詰められたような心境から、長男Bの要求どおりに患者にすぐに息を引き取らせてやろうと考えるに至った。

　そこで、心停止を起こすような薬剤を使用することを考え、次の罪となるべき事実に至ったのである。

2　罪となるべき事実

　被告人は、多発性骨髄腫で入院していたA（当時58歳）に対し、患者がすでに末期状態にあり死が迫っていたものの、苦しそうな呼吸をしている様子を見た長男Bから、その苦しそうな状態から解放してやるためにすぐに息を引き取らせるようにしてほしいと強く要請されて、患者に息を引き取らせることを決意し、殺意をもって、徐脈、一過性心停止等の副作用のある不整脈治療剤である塩酸ベラパミル製剤（商品名「ワソラン」注射液）の通常の2倍の使用量に当たる2アンプル4ミリリットルを患者の左腕に静脈注射

し、患者の脈拍等に変化もみられなかったことから、続いて、心臓伝導障害の副作用があり、希釈しないで使用すれば心停止を引き起こす作用のある塩化カリウム製剤（商品名「KCL」注射液）の1アンプル20ミリリットルを、希釈することなく患者の左腕に静脈注射をし、まもなく心電図モニターで心停止するのを確認し、心音や脈拍、瞳孔等を調べて、長男に「ご臨終です。」と告げ、よって、午後8時46分ころ、患者を急性高カリウム血症に基づく心停止により死亡させた。

2　横浜地裁の判決要旨

　横浜地裁平成7年3月28日判決[1]は、本件について、殺人罪の成立を認めたが、被告人には酌量すべき事情があるとして、懲役2年、執行猶予2年に処した。罪となるべき事実との関係では、医師による積極的安楽死の許容性が問題であるが、本件が末期医療において医療従事者として許される行為の法的限界を考えさせる事案であることから、本判決では、起訴の対象となった行為のみならず、その前段階の行為である治療行為の中止をも含めて行為の適法性の判断がなされている。その要旨は、概ね次のようである。なお、本件は、控訴はなされず、1審で確定している。

1　治療行為の中止の要件について

　治療行為の中止は、意味のない治療を打ち切って人間としての尊厳性を保って自然な死を迎えたいという、患者の自己決定を尊重すべきであるとの患者の自己決定権の理論と、そうした意味のない治療行為まで行うことはもはや義務ではないとの医師の治療義務の限界を根拠に、一定の要件の下に許容される。

　許容されるための要件としては、まず第1に、患者が治癒不可能な病気に冒され、回復の見込みがなく死が避けられない末期状態にあることが必要である。治療行為の中止は、患者の自己決定権に由来するとはいえ、その権利は、死そのものを選ぶ権利、死ぬ権利を認めたものではなく、死の迎え方な

いし死に至る過程についての選択権を認めたにすぎないと考えられ、治癒不可能な病気とはいえ治療義務の限界を容易に認容することはできず、生命を救助することが不可能で死が避けられず、単に延命を図るだけの措置しかできない状態になったときはじめて、そうした延命のための措置が、中止することが許されるか否かの検討の対象になると考えるべきである。

第2に、治療行為の中止を求める患者の意思表示が存在し、それは治療行為の中止を行う時点で存在することが必要である。医療行為の中止が、患者の自己決定を尊重することに由来することからして、医療行為の中止のためには、それを求める患者の意思表示が存在することが必要であるが、中止を検討する段階で患者の明確な意思表示が存在しないときは、患者の推定的意思によることを是認してよいと考える。患者自身の事前の意思表示がある場合には、それが治療行為の中止が検討される段階での患者の推定的意思を認定する有力な証拠となる。患者の事前の意思表示が何ら存在しない場合においては、家族の意思表示から患者の意思を推定することが許されるが、そのためには、意思表示をする家族が、患者の性格、価値観、人生観等について十分に知り、その意思を的確に推定しうる立場にあることが必要であり、さらに患者自身が意思表示する場合と同様、患者の病状、治療内容、予後等について、十分な情報と正確な認識をもっていることが必要である。また、家族の意思表示を判断する医師側においても、患者および家族との接触や意思疎通に努めることによって、患者および家族をよく認識し理解する的確な立場にあることが必要である。

2 安楽死の要件について

今日の段階において安楽死が許容されるための要件としては、次のようなものが挙げられる。まず第1に、患者に耐えがたい激しい肉体的苦痛が存在することが必要である。この肉体的苦痛は、現に存在するか、または生じることが確実に予想される場合も含む。精神的苦痛は、安楽死の対象とはならない。第2に、患者について死が避けられず、かつ死期が迫っていることが

必要である。この死期の切迫性の程度は、安楽死の方法との関係である程度相対的なものであり、積極的安楽死については、死期の切迫性は高度のものが要求されるが、間接的安楽死については、それよりも低いもので足りる。第3に、患者の意思表示が必要である。

　従来、安楽死の方法には、苦しむのを長引かせないため、延命治療を中止して死期を早める不作為型の消極的安楽死と呼ばれるもの、苦痛を除去・緩和するための措置をとるが、それが同時に死を早める可能性がある治療型の間接的安楽死と呼ばれるもの、苦痛から免れさせるため意図的積極的に死を招く措置をとる積極的安楽死と呼ばれるものがある。このうち、消極的安楽死と呼ばれる方法は、治療行為の中止としてその許容性を考えれば足りる。間接的安楽死の場合には、患者の意思表示は、明示のものはもとより、客観的に医学的適正性をもった治療行為の範囲の行為として行われると考えられることから、治療行為の中止のところで述べた患者の推定的意思（家族の意思表示から推定される意思も含む。）でも足りると解される。積極的安楽死の場合には、生命の短縮に直結する選択だけに、それを行う時点での明示の意思表示が要求され、推定的意思では足りないと解する。

　名古屋高裁昭和37年12月22日判決[2]の示した要件のうち、原則として医師の手によるとの要件は、苦痛の除去・緩和のため他に医療上の代替手段がないという要件に変えられるべきであり、医師による末期患者に対する積極的安楽死が許容されるのは、苦痛の除去・緩和のための他の医療上の代替手段がないときであると言える。なお、もっぱら病者の死苦の緩和の目的でなされること、その方法が倫理的にも妥当なものであること、という名古屋高裁判決の示した要件は、末期医療において医師により積極的安楽死が行われる限りでは、もっぱら苦痛除去の目的で、外形的にも治療行為の形態で行われ、方法も、たとえばより苦痛の少ないといった、目的に相応しい方法が選択されるのが当然であるから、特に上記の2つを要件とする必要はない。

　したがって、医師による末期患者に対する致死行為が、積極的安楽死として許容されるための要件をまとめると、「①患者が耐えがたい肉体的苦痛に

苦しんでいること、②患者は死が避けられず、その死期が迫っていること、③患者の肉体的苦痛を除去・緩和するための方法を尽くし他に代替手段がないこと、④生命の短縮を承諾する患者の明示の意思表示があること」ということになる。

3 被告人の具体的行為の評価

①点滴、フォーリーカテールの取り外し、およびエアウェイの除去は、治療行為の中止の要件を充たしていない。治療行為の中止について、本件患者は明確な意思表示をしていなかった。家族が最終的に医療の中止を強く要望した4月13日当時の患者の状態は、すでに意識も疼痛反応もなく、点滴、フォーリーカテールについて痛みや苦しみを感じる状態にはなかったにもかかわらず、その状態について、家族は十分な情報を持たず正確に認識していなかったのであり、家族自身が患者の状態について正確な認識をもって意思表示したものではなかった。したがって、家族の意思表示をもって患者の意思を推定するには足りない。家族の意思表示を判断する被告人側についてみると、患者及び家族の両方について意思疎通等によって十分把握し理解していたか疑問であり、被告人は、家族の意思表示が患者の意思を推定させるに足りるものであるかどうか判断しうるだけの立場にはいまだなかったと認められる。

②ホリゾンおよびセレネースの注射については、間接的安楽死に当たるような行為ではない。いびきあるいはその原因である深い呼吸を除去・緩和するためになされたものではあるが、いびきあるいはその原因である深い呼吸は、客観的に除去・緩和の対象となるような肉体的苦痛とは言えない。また、長男の依頼自体が患者の状態について正確な認識をもったうえでのものではなく、長男の依頼から患者の推定的意思を認めることはできない。

③ワソランおよびKCLの注射については、積極的安楽死としての許容要件を充たしていない。患者は意識を失い、疼痛反応もなく何ら肉体的苦痛を覚える状態になかったのであるから、安楽死の前提となる肉体的苦痛が存在

せず、さらに、患者本人の意思表示が欠けていたことは明白である。

3 本判決の意義および問題点

1 本判決の意義

本判決は、医師による積極的安楽死の許容性を問題にしたはじめての判例である。判例において、積極的安楽死が問題になった事案は、リーディング・ケースになっている昭和37年の前掲名古屋高裁判決が出された後、さらに4例の下級審判例が出されているが[3]、いずれも行為者は被殺者の近親者であった。本件では、行為者が医師であることから、末期医療において医療従事者として許される行為の限界に検討が加えられており、傍論である治療行為の中止の問題にもかなりの力点が置かれている。訴因の対象となっている積極的安楽死の問題だけでなく、それに連なる治療行為の中止についても判断を加えていることから、判決の仕方としては異論もあろうが[4]、末期医療における尊厳死ならびに安楽死の問題を、患者の自己決定権ならびに医師の治療義務の限界という観点から総合的に解決した上で、具体的事案の処理に当たろうとしている点は、安楽死をめぐる今後の議論にインパクトを与えるものとして評価しうるものである。

さらに、本判決は、医師による積極的安楽死の場合に限定しながら、その許容性の要件として4つのものを挙げている。これは、安楽死のリーディング・ケースとなっている前掲名古屋高裁判決の示した6要件から4要件への移行を試みたものである。特に、原則として医師の手によるという要件を「苦痛の除去・緩和のために他の医療上の代替手段がないとき」という要件に変え、死苦の緩和の目的でなされ、その方法が倫理的にも妥当なものという要件については、末期医療において医師により積極的安楽死が行われる限りでは、要件として必要がないとしている点が注目される。

2 問題点

本判決が、本事案の場合、治療行為の中止が認められる要件を充たしてお

らず、積極的安楽死についても、その許容要件を充たしていないとして、被告人に殺人罪の成立を認め、一方、量刑については、酌量減軽を行い刑の執行を猶予したことについては、結論としては当を得たものと言えよう。本件の場合、積極的安楽死については、当該患者にはすでに肉体的苦痛が存在せず、その許容の前提を欠いている。さらに、治療行為の中止についても、患者本人の意思表示が存在せず、その推定的意思も認定しにくい状況にある。したがって、結論としては、殺人罪の成立を肯定せざるをえない。問題は、判旨において展開されている理論構成、すなわち積極的安楽死や治療行為の中止を認める理論的根拠ならびに許容要件についての説明がどこまで説得力を持っているかにある。本判決は一つの事例判決にすぎないとして、傍論での一般的な理論展開はあまり意味を持たないとの見方もできようが、今後の理論的方向性を探る上では、重要である。

4 積極的安楽死の許容要件について

1 許容要件について

本判決は、安楽死の一般的な許容要件として、まず①患者に耐えがたい肉体的苦痛が存在すること、②患者について死が避けられず、死期が切迫していること、③患者の意思表示があること、の3点を指摘している。このうち患者の意思表示については、安楽死を消極的安楽死、間接的安楽死、積極的安楽死に分類し、消極的安楽死や間接的安楽死の場合には、患者の推定的意思で足りるが、積極的安楽死の場合には、明示の意思表示が必要であり、推定的意思では足りないとしている。そうして、本件のような医師による積極的安楽死が問題となる場合には、4つの要件を挙げ、前記①および②の要件のほか、第3に、患者の肉体的苦痛を除去・緩和するための方法を尽くし他に代替手段がないこと、第4に、生命の短縮を承諾する明示の意思表示があることが必要であるとしている。これらの4要件は、昭和37年の前掲名古屋高裁判決の示した6要件と比較すると、原則として医師の手によるという要件は、医師が積極的安楽死を行う場合を問題にしていることから当然の前

提になっているとも言えるが、方法の倫理性の要件については後退している点が特徴的である。私見では、医師の手によることを本則とするとか、方法が倫理的に妥当であるとかいう要件は、肉体的苦痛を除去・緩和する手段として具体的状況において相当なものかどうかを判断するための基準として捉え直されるべきであると考えるので[5]、本判決のような処理の仕方には賛成である。

2 許容根拠について

　積極的安楽死を許容する根拠として、本判決は、「苦痛から免れるためには他に代替手段がなく生命を犠牲にすることの選択も許されてよいという緊急避難の法理と、その選択を患者の自己決定に委ねるという自己決定権の法理」を挙げている。この見解では、肉体的苦痛の除去という利益と生命の短縮という法益侵害の程度とを比較衡量することにより、前者の利益が優先することで違法性阻却を認めるものであるが、さらにこの見解では、いずれが優先するかの判断は患者の自己決定にかからしめようとしている。この見解は、いわば主観的緊急避難の法理に依拠するものである。ここでは、まさに患者自身の明確な意思表示が重視されるのである。このような考え方は、法益衡量説あるいは優越的利益説の立場に調和するようにも思えるが、果たして苦痛の除去と生命の短縮とを比較衡量することができるのかという疑問も出されるのである。末期状態でも生命保持の要請が減退しないとすると、法益衡量説の立場からは、積極的安楽死は違法ということになり、むしろ責任阻却の道を検討すべきであるとの結論[6]も出されるのである。

　患者の自己決定権の法理から積極的安楽死の許容性を検討する場合、刑法典では嘱託殺人や自殺関与などがなお処罰の対象にされていることが問題である。患者が肉体的苦痛を除去するため生命が短縮されることを承諾していたとしても、形式的には、嘱託殺人罪等の構成要件に該当するのである。個人的法益に関し被害者の承諾がある場合には、原則として、保護すべき法益は欠落し、そこに結果反価値を認めることはできないが、こと生命の保護に

関しては、自律の原理に制限が加えられているのである。つまり、本人が自らの命を絶つことは自己決定権の範疇にあるとしても、第三者との関係においては、刑法は法益の保護を断念してはいないのである。したがって、残りわずかな生命であっても、それを第三者が短縮してしまうことは、患者の承諾があったとしても保護法益の侵害であり、そこに結果反価値が認められるのである。しかしながら、実質的違法性の判断は、結果反価値性のみによって決定されるわけではなく、行為反価値性も違法性を減少する方向においては考慮されるべきである。肉体的苦痛を除去するために生命を短縮してもかまわないとする患者の自己決定に従って、苦痛を除去するのに相当な手段をとることは、社会的相当性のある行為として、行為反価値性の減少をもたらし、違法性阻却を導くものと考えるべきである[7]。したがって、積極的安楽死は、自己決定権の法理を行為反価値性との関係において考慮することにより、はじめて違法性阻却を認めうるものと解する。積極的安楽死の許容性を主観的緊急避難の法理によって基礎づけることは、疑問である。

なお、積極的安楽死について、患者の推定的意思では足りず「明示の意思表示」を要求する点について、意識レベルの低下した末期状態において患者が意思表示を明示することは不可能であり、「本判決は、末期医療における安楽死を事実上封殺したもの」であるとの見方[8]も出されている。たしかに、本件の場合、ワソランやKCLを注射する段階においては、患者Aはすでに意思表示をなしうる状態ではない。しかも、すでに肉体的苦痛も存在しない状態である。このような場合には、そもそも積極的安楽死を認めうる状況にはなく、むしろ尊厳死の問題がクローズアップされることになろう。末期医療においてペイン・クリニックが進歩するに伴い、積極的安楽死の目的である肉体的苦痛の除去・緩和という問題は徐々に解消されることになろう。

5　医療行為の中止の要件について

1　医療行為中止の許容要件

本判決は、傍論ながら、医療行為の中止についても検討を加え、その許容

要件を提示している。その要件として、①治癒不可能な病気に冒され、回復の見込みがなく死が避けられない末期状態にあること、②治療行為の中止を求める患者の意思が表示され、それが医療行為の中止を行う時点で存在することを挙げている。この要件自体については異論はないが、問題は、②の患者の意思をどのように認定するのかである。

　医療行為の中止の問題は、尊厳死の問題でもある。つまり、無益な延命医療を打ち切って自然な死を迎えさせようという点に主眼がある。医療行為を中止することにより、患者の死期が早まることから、殺人罪ないし同意殺人罪などが問題になる点では、安楽死の場合と同様な法状況にあるが、ここでは肉体的苦痛を除去・緩和するという点は全く問題とはならない。意識レベルが低下していて肉体的苦痛も存在しない末期状態にある患者に対する医療行為のあり方が問題なのである。この場合、医療行為を中止する時点においては、すでに患者は意思表示をなしうる状態になく、患者自身から延命措置を拒絶する意思を確認することは困難である。したがって、患者の意識が明確な段階においてなされた意思表示を、医療行為を中止する時点に確認するという方法を取ることになろうが、この場合、患者の意思表示が明確に残されていない場合にも患者の意思を推定し、医療行為を中止することが許されるかは問題なのである。本判決では、家族の意思表示によって患者の推定的意思を認めることも許されるとしているが、この点は、尊厳死が許容される根拠との関係から判断しなければならない。

2　許容の根拠について

　医療行為の中止を認める根拠として、本判決は、患者の自己決定権の法理と医師の治療義務の限界論とを挙げている。しかも、患者の自己決定権は、死ぬ権利を認めたものではなく、死に至る経過についての選択権を認めたにすぎないとしている。このような理論的前提には異論はないが、自己決定権の法理を基礎に置くのであれば、むしろリビング・ウイルや客観的な証憑によって患者の意思が確認されうる場合に限定し、患者の意思表示がない場合

に、家族の意思表示から患者の推定意思を認めるという方法は控えるべきではないかと思われる。尊厳死を認めるためには、その前提として、延命医療を拒絶する本人の意思が何らかの形で客観的に確認される必要がある。自己の死をどのような形で迎えるかは、自己実現の問題であり、末期状態において、それを第三者が推認する場合には、慎重を期さなければならない。生命の保護については、刑法上、自律の原理に制限が加えられているが、尊厳死の場合、患者が自己決定した自然の死のあり方を、治療行為を中止することで実現せしめることが行為反価値の減少をもたらすのである。一方、患者に対しては、病名の告知や病状の十分な説明がなされ、自己の死のあり方を選択する余裕と精神的な強さが要求されることも失念すべきではない。自己の病状についての十分な理解なくして、尊厳死の選択もありえない。その意味でも、本件の場合、患者Aの意思も明確ではなく、尊厳死を許容する状況にはなかったと言えよう。

（1） 横浜地判平成7・3・28判時1530号28頁。
（2） 名古屋高判昭和37・12・22高刑集15巻9号674頁。
（3） 鹿児島地判昭和50・10・1判時808号112頁、神戸地判昭和50・10・29判時808号113頁、大阪地判昭和52・11・30判時879号158頁、高知地判平成2・9・17判時1363号161頁の4判例。
　　なお、同様に医師による安楽死が問題となった川崎協同病院事件について、最近、横浜地裁の判決が出された（横浜地判平成17・3・25判例集未登載）。弁護人側は、東海大学安楽死事件についての横浜地裁判決の説示を根拠に、実質的違法性がないとして争った。これに対して、横浜地裁は、①回復不可能で死期が切迫している場合に当たるとは解されないこと、②患者本人に治療中止の意思があったことを窺わせるような事情がなかったこと、③治療義務の限界を論じるほど治療を尽くしていない時点で行われたもので、早すぎる治療中止として非難を免れないこと、などの点からして、抜管行為の違法性を減弱させるような事情は窺えないとして、弁護人側の主張を斥けた。終末期における患者の自己決定の尊重という観点から理論構成した本判決の考え方には賛成であり、結論も説得力を持っていると考える。なお、被告人に言い渡された刑は、懲役3年、執行猶予5年である（現在、東京高裁に控訴され、係属中）。
（4） 大山弘＝松宮孝明「もぎたて判例紹介」法セミ487号82頁、町野朔「『東海

大学安楽死判決』覚書」ジュリ1072号108頁など参照。
(5)　日髙義博「安楽死ならびに尊厳死の許容性について」警公50巻3号46頁（本書第6章101頁）。
(6)　曽根・総論143頁、甲斐克則「治療行為および安楽死の許容要件」法教178号44頁など。
(7)　日髙・前掲注(5)45頁。
(8)　町野・前掲注(4)113頁。

3 未成年者誘拐罪と被害者の承諾

1 はじめに
2 問題点
3 未成年者誘拐罪の保護法益
4 未成年者および誘拐の意義
5 被拐取者の承諾は違法性阻却事由となりうるか
6 結　語

1　はじめに

　未成年者誘拐罪（224条）は、欺罔・誘惑を手段として未成年者を誘拐する犯罪である。未成年者を現在の生活環境から離脱させて自己または第三者の事実的支配の下に移すことによって既遂に達する。ここでの未成年者は、一律に20歳未満の者と解されている[1]。以下、具体的な設例をもとに、未成年者誘拐罪の問題点を抽出し、事案の解決の仕方を検討することにしたい。

〈設例〉
「A男は、18歳のB女と仲よくなり、B女の両親には無断で2人して一泊旅行に出かけた。A男には未成年者誘拐罪が成立するか。B女が親元で生活している場合と、親元を遠く離れて下宿している場合とでは違いがあるか。」

2　問題点

　本設例の場合、B女は18歳であり、刑法224条の客体となりうる。またB女は、日常の生活環境から離脱している。しかし、その生活環境の離脱がA男の欺罔・誘惑によるものかは問題である。さらに、重要な問題は、一泊旅行に出かけることについて、B女がA男に同意していると解される点である。その同意は、事態を十分に理解した上で任意になされたものと思われる。そこで、「同意は違法を作らず」（Volenti non fit iniuria.）という法格言に従って、A男の行為は違法ではなく、未成年者誘拐罪は成立しないと考えることもできる。これに対して、未成年者誘拐罪の場合は、成人に対する誘拐と

異なり、被誘拐者の承諾は違法性を阻却しないとするのが通説である。この見解に従えば、A男に未成年者誘拐罪が成立することになる。

このように、A男の罪責については正反対の見方もできるわけであるが、次の3点を検討した上で、A男に対する未成年者誘拐罪の成否を決定すべきである。すなわち、①未成年者誘拐罪の保護法益は被誘拐者の自由なのかそれとも保護監督権なのか、②未成年者および誘拐の意味・内容をどのように把握すべきか、③被誘拐者の承諾は行為の違法性を阻却するのかという3点についてである。未成年者誘拐罪の保護法益が保護監督権であれば、未成年者が承諾したとしても保護監督権が侵害されている以上、犯罪は成立する。この場合、被拐取者の承諾は、犯罪の成否に影響力を持たない。しかし、未成年者誘拐罪の保護法益が被誘拐者の自由であれば、被誘拐者の承諾は違法性を阻却すると考えることもできる。もちろん、この場合は、承諾能力、承諾の任意性等を個々具体的に吟味しなければならない。このように、以上の3つの問題点をどのように解決するかによって、A男の罪責は異なってくるのである。

3　未成年者誘拐罪の保護法益

略取・誘拐罪には、未成年者略取・誘拐罪をはじめ営利目的等略取・誘拐罪（225条）、身の代金目的の略取・誘拐罪（225条の2第1項）等の種々の行為形態が存する。未成年者略取・誘拐罪は、他の略取・誘拐罪の行為態様と比較すると、客体が未成年者であり、拐取（略取と誘拐の両方を含めて「拐取」という）の目的を問わない点に特徴がある。その保護法益は、通常、他の行為態様を含めた略取・誘拐罪全体の観点から考えられている。そこで、まず略取・誘拐罪の保護法益についての諸見解を検討し、その後で未成年者誘拐罪の保護法益の実体を明らかにする。

1　略取・誘拐罪の保護法益についての諸見解

略取・誘拐罪は、人を現在の生活環境から離脱させ自己または第三者の事

実的支配の下に移すことを処罰するのであり、個人的法益に関する犯罪であることには異論がない。しかし、その具体的内容については、考え方が対立し、次の3見解が存する。まず第1には、もっぱら被拐取者の自由が保護法益だとする見解が挙げられる[2]。第2には、被拐取者の自由の侵害を伴うが、保護法益は人的保護関係だとする見解が挙げられる[3]。第3には、基本的には被拐取者の自由が保護法益であるが、同時に親権者等の保護監督者があるときは、その保護監督権も保護法益だとする見解が挙げられる[4]。この見解は、わが国の通説である。判例もこの第3の見解に立脚している[5]。

2 諸見解の検討

略取・誘拐が人を現在の生活環境から離脱させて自己または第三者の事実的支配の下に移す行為である以上、被拐取者の自由が侵害されることは否定できない。しかし、保護法益が被拐取者の自由にのみ存すると断定することは問題である。第1の見解に対しては、被拐取者が未成年者である場合にはその者の自由を守るだけでは不十分であり、保護者の利益が守られねばならないとの批判がなされる。特に、未成年者の中でも嬰児・幼児等の場合には、被拐取者の人的保護関係の侵害が重大なことは否定できない。

それでは、第2の見解のように、主として人的保護関係を保護法益とすべきであろうか。この第2の見解にも難点がある。たとえば、(a)保護監督者自身が自己の保護監督下にある者に対して略取・誘拐をなしうることと矛盾するとの批判がなされる[6]。あるいは、(b)成人に対する略取・誘拐の場合は、侵害されるのは専ら被拐取者の自由であり、適合しがたいとの批判がなされる[7]。(a)の批判点については、保護監督者自身が略取・誘拐する場合は保護監督権の濫用であり、犯罪の成立を認めることと矛盾するものではないとの反論が許されよう。しかし、(b)の批判は、正鵠を射ていると言えよう。

このように第1・第2の見解には難点がある。第3の見解が正当である。つまり、被拐取者の自由を基本的な保護法益としながら、同時に保護監督者がある場合には、人的保護関係をも保護法益と考えるべきである。略取・誘

拐罪には種々の行為形態が存するので、保護法益を画一に単純化することは困難である。基本的な法益を定めた上で、各犯罪行為類型の特異性を考慮しなければならない。事実的な行動の自由さえ有しない嬰児等を略取する場合は、人的保護関係を保護法益として考えなければならない。一方、行動の自由を有する未成年者の場合は、被拐取者の自由のほかに人的保護関係をも保護法益と考えなければならない。さらに、判断能力を十分に有する成人を略取・誘拐する場合は、被拐取者の自由を保護法益と考えなければならない。また、身代金目的の略取・誘拐の場合には、財産犯としての罪質をもあわせ持つことも考慮しなければならない。つまり、略取・誘拐罪の各犯罪行為類型の特異性を基本的な保護法益（被拐取者の自由）に付加して考えることによってはじめて、略取・誘拐罪全体の保護法益を把握することができるのである。

3　未成年者誘拐罪の保護法益の実体

未成年者誘拐罪の保護法益としては、被誘拐者の自由と保護監督権との2種類がある。被誘拐者の自由は基本的な保護法益であり、保護監督権は未成年者誘拐罪の特異性から生ずる付加的な保護法益である。この2種類の保護法益は、常に併存的な関係にあるわけではない。跛行的に存することもありうる。この両者の関係は、具体的状況において異なり、重畳的に侵害される場合もあれば、その一方のみが侵害されることもある。たとえば、行動の自由を事実上有しない嬰児を拐取する行為は、嬰児の人的保護関係を侵害するものである。この場合、嬰児に行動能力が存しない以上、被誘拐者の自由を侵害したとは言えない。これに対して、行動能力を有する未成年者を誘拐する場合は、被誘拐者の自由を侵害するとともに保護監督権をも侵害することになる。この場合、その未成年者が両親に死別して保護監督者がだれもいないとすれば、単に被誘拐者の自由が侵害されるにすぎない。

このように2種類の保護法益が錯綜しているが、人的保護関係の法的保護は、未成年者の自由をより確実に保護するための手段であると考えるべきで

ある。それゆえ、未成年者の行動能力および判断能力が乏しいほど人的保護関係の保護が前面に出てくることになる。反対に、未成年者が行動能力を有し自己の判断に従って適切に行動できるようになると、人的保護関係の保護は二次的なものとなり、未成年者の自由の保護が前面に出てくることになる。

本設例の場合、B女は18歳であり、自己の判断に従って行動できる。したがって、このような場合には、被誘拐者の自由が第一次的な保護法益であると解すべきである。両親の保護監督権の侵害は、被誘拐者の自由の侵害に伴う付随的なものとして考えれば足りる。

4 未成年者および誘拐の意義

1 未成年者

未成年者誘拐罪の客体である未成年者については、民法の未成年者規定（民法3条）に従って20歳未満の者を意味すると解されている。したがって、事実的な行動の自由を有しない嬰児をはじめ、幼児から成人に近い判断力と行動力とを有する18・19歳の年長少年まで、すべて一律に取り扱われる。さらに、被誘拐者たる未成年者が親権者その他の保護監督者の下に置かれていたか否かは、問題とされない。たとえ、未成年者が保護監督者の下になかったとしてもその者を誘拐すれば犯罪は成立する。この点は、ドイツ刑法とその規定の趣を異にしている。ドイツ刑法235条は、偽計、脅迫または暴力を手段として「父母、後見人または保佐人」から未成年者を奪うことを未成年者奪取罪（Kinderraub, Kindesentziehung）の要件としている。わが刑法典は、224条で単に「未成年者を略取し、又は誘拐した者」と規定しているにすぎない。さらに、ドイツ刑法235条は、1969年の部分改正によって、その客体である未成年者を「18歳未満の未成年者」（ein minderrjahrige Person unter achtzhen Jahren）と明記するに至っている[8]。

未成年者を18歳未満の者に限定すべきか否かは、一つの大きな問題ではある。しかし、「未成年者」を民法の規定に従って解釈するかぎり、それは立法論に譲らざるをえない。ただ、未成年者は、心身の発育が不十分であり、

知慮経験に乏しいので、人的保護関係をも含めて保護しようというのが本罪の目的である。この観点から、18・19歳のいわゆる年長少年については、「承諾による違法性阻却」という解釈論の側面から犯罪の成否を検討する余地があると考える。本設例の場合、B女はまさにこの考慮すべき範疇にある。

2　誘拐の内容と被誘拐者の意思表示

　誘拐とは、欺罔および誘惑を手段として人を現在の生活環境から離脱せしめ自己または第三者の事実的支配内に置くことをいう。略取は、暴行・脅迫を手段とするものであり、この点で誘拐と異なる。さらに、略取と誘拐とは、被拐取者の意思に反して行われたか否かで区別することができる。略取の場合は、被略取者の意思に反して行われるが、誘拐の場合は、ともかく表面的には被誘拐者の意思に反しているわけではない。ただ、その誘拐者の意思表示は、錯誤あるいはその他の理由により適正な判断を欠いたためになされたものである。それは、いわゆる瑕疵ある意思表示なのである。

　誘拐の手段である欺罔は、虚偽の事実を告知して相手方を錯誤に陥れることである。誘惑は、欺罔の程度に至らないが甘言をもって相手方を惑わし判断を誤らせることである[9]。それゆえ、告知した事実に虚偽がなくとも告知の状況および相手方の判断能力等からして、告知された甘言が適正な判断を阻害したと考えられるときは、誘拐になりうる。

　本設問の場合、B女はA男に対して一泊旅行に出かけることの意思表示をしていると解される。そこで、Aの行為は、略取ではなく誘拐の範疇において問題となる。さらに、A男は、虚偽の事実を告げて一泊旅行に連れ出したのではない。B女と仲よくなり、相互に納得の上で一泊旅行に出かけたものである。問題は、B女の意思表示が瑕疵あるものであるか否かである。つまり、A男の甘言により誘惑されたと言えるかどうかである。これは、B女が事の成行きを正確に認識し判断するだけの能力を有していたか否かによって決定すべきである。

　B女が3・4歳の幼児であったならば、その判断能力は客観的に存しない。

しかし、B女は18歳であり、成人に近い判断能力を有している。この年齢ともなれば、一泊旅行に出かけることの意味およびその是非は、十分に理解できるとみるべきであろう。そうすると、B女の意思表示（承諾）は瑕疵のないものと言える。Aの誘惑によって判断を誤らされたとみるべきではなかろう。まして、かりにB女がA男に懇願して一泊旅行に出かけたという場合であれば、意思表示に瑕疵を認めるのは困難である。この結論は、B女の承諾能力を肯定し、保護法益をB女の行動の自由とするかぎり是認されよう。

このような結論に対して、別の観点から反論がなされないわけではない。つまり、未成年者誘拐罪の場合、被誘拐者の意思表示には、一律に瑕疵があると看做すことも可能なのである。未成年者誘拐罪は、未成年者が心身の発育に不十分であり、知慮経験に乏しいので、これを一律に保護するものである。それゆえ、たとえ未成年者が事実を適切に認識し承諾したとしても、知慮経験に乏しく甘言に惑わされやすいという状況下にあることには変りがなく、客観的には意思表示に瑕疵があると考えることもできるのである。

そこで、未成年者たるB女の真意に基づく承諾が違法性阻却事由となりうるかを解決しておく必要がある。この問題を解決するためには、未成年者の承諾能力を是認するか否かが重要なポイントになる。これは、B女の意思表示に瑕疵があるか否かを客観的に判断する出発点ともなるのである。

5　被拐取者の承諾は違法性阻却事由となりうるか

1　違法性阻却事由としての承諾

個人的法益を直接の保護対象としている犯罪においては、被害者の承諾は違法性阻却事由となりうる。一方、国家的法益および社会的法益に関する犯罪においては、被害者の承諾があったとしても犯罪は成立する。個人的法益については、それを処分する権限が被害者本人にあるため、このような相違が生ずるのである。個人的法益の処分について本人の承諾がある以上、そこには、刑法で保護すべき法益がもはや存在しない。被害者の承諾が行為の実質的違法性を阻却することは、違法性の核心が法益侵害性によって形成され

ている以上、当然のことである。もっとも、被害者の承諾があれば、いかなる場合でも個人的法益の侵害は適法であるというわけではない。自律の原則が制限される状況にあっては、保護される法益が欠落しないことから、被害者の承諾があってもなお違法となりうる場合がある。

略取・誘拐罪は、個人的法益に関する犯罪である。それゆえ被拐取者の承諾は、原則的には違法性阻却事由となる。成人に対する営利目的等の略取誘拐罪においては、被拐取者の自由が保護法益であり、被拐取者の真意に基づく承諾（瑕疵のない意思表示）がある場合には、拐取行為の違法性が阻却されると解すべきである[10]。なお、西原春夫教授は、「相手方が成人の場合には、およそ欺罔の程度に達していない甘言に乗じたという場合、その承諾に瑕疵を認める必要はなく、したがって、相手方が成人の場合の誘拐は、欺罔を手段とする場合にかぎるべきである」[11]と指摘されているが、真意に基づく承諾により犯罪不成立となる点では同様である。これに対して、略取・誘拐は公序良俗に反する行為であるから、被拐取者の真意に基づく承諾があったとしてもその違法性は阻却されないとする見解[12]も存する。しかしながら、被拐取者の意思表示が客観的に瑕疵のないものであれば、やはり保護すべき法益はないと考え、違法性阻却を是認すべきである。

2 未成年者の承諾と違法性阻却事由

これに対して、未成年者誘拐罪の場合は、事情がより複雑である。通説は、未成年者に承諾能力を認めず、被拐取者たる未成年者が承諾しても親権者等の保護監督者の承諾がない限り、拐取行為の違法性は阻却されないと解している。その否定理由は、未成年者誘拐罪の保護法益の捉え方によって相違がある。まず、被拐取者の自由が保護法益であるとする立場からは、被拐取者たる未成年者の承諾があれば違法性が阻却されると考えるのが理論的には正当のように思われる。しかしながら、この見解においても未成年者誘拐罪の特異性に注目し、未成年者が成人に比較して知慮・経験に乏しいという理由から、一律に承諾能力を認めない[13]。第2に、親権者および後見人等の保護

監督権を保護法益とする立場および被拐取者の自由と保護監督権との双方が保護法益であるとする立場からは、被拐取者たる未成年者の承諾があったとしても保護監督者が同意しない以上、保護監督権は侵害されるという理由から違法性阻却を認めていない[14]。なお、これとは逆に、未成年者の意思に反してなされた保護監督者の承諾が違法性を阻却するかについては、これを肯定する見解も存するが[15]、多くの見解は、被拐取者の自由が侵害されることに着目して違法性阻却を認めていない[16]。

　未成年者誘拐罪の保護法益については、被誘拐者の自由と保護監督権との2種類があり、具体的事例において、この両者が錯綜して現れることはすでに述べた。この場合、未成年者の自由の保護が基本的なものである。保護監督権の保護は、それをよりよく確保するために認められた付加的・付随的なものである。この観点から考えるならば、前述の通説のように未成年者の承諾能力を一律に否定できない。場合によっては、未成年者の承諾によって違法性阻却が認められることもありうる。

3　被誘拐者の年齢と承諾能力

　自己の判断に従って適切な行動をとることのできない嬰児・幼児等については、承諾能力を認めることはできない。たとえ、承諾したとしてもそれは瑕疵ある意思表示である。このような場合においては、保護監督権の保護が第一次的なものとして前面に出てくる。それゆえ、行動能力を有しない嬰児の場合には、親権者の承諾の有無が犯罪の成否を決定する。行動能力は有しているが、適切な判断をなしえない年齢の未成年者の場合には、被誘拐者の自由の保護と保護監督権の保護とが併存する。それゆえ、被誘拐者が承諾してもそれは瑕疵ある意思表示である。逆に、保護者が承諾しても被誘拐者たる未成年者の自由が侵害されることになる。この場合、承諾は違法阻却事由とはならない。しかしながら、18・19歳ともなれば、自己の判断に従って適切な行動をなしうる。この場合の保護法益は、被誘拐者たる未成年者の自由が第一次的なものとして前面に出てくる。親権者等の保護監督権は、第二

次的なものとして後退している。それゆえ、承諾能力を有する未成年者の真意に基づく承諾があり、その意思表示に瑕疵が存しなければ、たとえ親権者が承諾を与えなかったとしても、違法性が阻却されると解すべきである[17]。このような場合の保護監督権の侵害は、基本的な保護法益である被誘拐者の自由の侵害が違法とならない以上、違法性の評価の上では意味を持たない。被誘拐者の自由の侵害が違法となる場合に、重畳的に保護監督権の侵害が違法となるのである。

　本設問の場合、B女は18歳である。この年齢ともなれば、一般には自己の判断に従って行動する能力があり、承諾能力もあると解される。したがって、A男の行為が未成年者誘拐罪の構成要件に該当したとしても、B女の承諾により違法性が阻却される。

6　結　語

　誘拐と言えるためには、A男の欺罔あるいは誘惑によって、B女が瑕疵ある意思表示をしたという事実が存しなければならない。A男は、欺罔を手段としてB女を一泊旅行に連れ出したわけではない。問題は、誘惑によってB女の適切な判断を誤らせたかである。もし、B女に承諾能力が存しなければ、その意思表示に瑕疵を認めなければならない。しかし、B女には承諾能力が認められる。しかも事実を適切に認識した上で、一泊旅行に出かける意思表示をしていると考えられる。誘惑によって瑕疵ある意思表示をしたとは言えない。それゆえ、B女の承諾は、違法性阻却事由となり、B女が現在の生活環境から離脱しA男の事実上の支配の下にあっても、A男に未成年者誘拐罪は成立しない。

　この結論は、B女が親元で生活している場合と親元を遠く離れて下宿している場合とで異なるわけではない。本設問の場合、問題となる侵害法益は、被誘拐者の自由であり、両親の保護監督権ではない。したがって、保護監督権を現実に直接行使している場合と離隔して間接的に行使している場合との相違を問題にする必要はない。

（1） 小野清一郎ほか『新版刑法』〔ポケット註釈全書〕（3版、昭和45年）460頁、団藤・各論479頁、植松・各論306頁、大判明治44・3・31刑録17輯497頁等。
（2） 宮本・大綱306頁、宮本・学粋573頁、木村亀二『刑法各論［復刊］』（昭和32年）65頁、佐伯・各論120頁、荒川正三郎「略取及び誘拐の罪」刑事法講座(7)1634頁、注釈刑法(5)各則(3)266頁〔香川達夫〕、香川達夫「略取誘拐罪の本質と刑の問題」ジュリ276号23頁以下、同「略取誘拐罪の本質」ジュリ283号50頁以下等。
（3） 小野・各論203頁、井上正治＝江藤孝『新訂刑法学〔各則〕』（平成6年）56頁等。
（4） 江家・各論228頁、植松・各論305頁、団藤・各論467頁、大塚・各論(上)205頁、福田・各論184頁、藤木・各論227頁、西原・各論135、137頁、谷口正孝「未成年者誘拐罪の本質」ジュリ278号58頁等。
（5） 大判明治43・9・30刑録16輯1569頁。
（6） 木村・各論65頁、宮本・大綱308頁。
（7） 大塚・各論(上)205頁。
（8） Vgl., Schönke-Schröder, StGB, 15.Aufl., 1970, §235, S.1177.
（9） 大判大正12・12・3刑集2巻915頁、東京高判昭和32・8・24裁判特報4巻17号435頁。
（10） 柏木・各論379頁、注釈刑法(5)各則(3)282頁〔香川〕。
（11） 西原・各論136頁。
（12） 木村・各論69頁、大塚・各論(上)206頁等。
（13） 注釈刑法(5)各則(3)271頁〔香川〕。
（14） 瀧川・各論76頁、西原・各論136頁、福岡高判昭和31・4・14裁判特報3巻8号409頁等。
（15） 泉二・大要583頁。
（16） 瀧川・各論76頁、木村・各論67頁、大塚・各論(上)206頁等。
（17） 大塚仁編『判例コンメンタール 刑法Ⅲ』（昭和51年）132頁〔神山敏雄〕。

4 姦通目的での住居の立ち入りと妻の承諾

1 妻の不倫と夫の権利
2 具体的事実
3 尼崎簡易裁判所の判断
4 本判決の問題点
5 住居侵入罪の保護法益
6 妻の承諾の効果

1 妻の不倫と夫の権利

　夫が不在の間に、姦通目的で妻が他の男性を自宅に入れ情交を結んだとしたら、夫はどういう対抗手段をとりうるだろうか。民事的には、夫婦関係に破綻をきたし、妻の不倫を理由に離婚を求めることにもなろう。刑事的には、戦前であれば、刑法典上に姦通罪の規定が置かれていたので、夫はその姦通罪による処罰を求めることもできたが、現在では姦通罪の規定は廃止されている。そこで夫は、相手方である男性に対し、自己の承諾なしに勝手に住居に立ち入ったとして住居侵入罪による処罰を求めることができるであろうか。この問題は、夫が住居の立ち入りを許諾する権利をどれだけ持っているのかという問題とも関係する。判例には、妻が立ち入りを承諾している以上、夫が立ち入りを認めなくとも、住居侵入罪は成立しないとしたものがあるが、もはや「一家の主人は必ずしも夫にあらず。」という認識を前提にして考えるべきなのであろうか。下級裁判所の判例ではあるが、妻の承諾があることを理由に住居侵入罪の成立を否定した尼崎簡裁昭和43年2月29日判決[1]の事案を取り上げて検討してみよう。

2 具体的事実

　昭和38年12月項、被告人とA女（Bの妻）は鹿児島県大隅町の工場でともに工員として働いていたが、忘年会の帰りに被告人がA女を同女宅に送っていった際に、被告人が一向に帰ろうとしないので、A女は「今晩は帰って

下さい」と被告人に言うと、被告人が「何時がいいか」と聞いたので、A女は「あさってぐらい遊びにきなさい」と被告人に答えた。その当時、A女の夫Bは、愛知県豊田市の工事現場へ出稼ぎに行っており、A女は6歳の長男と二人暮らしであった。被告人は、12月29日の夜、A女宅を訪れ、A女と同意の上はじめて肉体関係を結んだ。翌30日には、夫Bは正月を自宅で過ごすため出稼ぎ先より帰って来たが、年が明けて昭和39年1月10日頃、BはA女と長男を連れて出稼ぎ先に行き、そこで生活を始めた。しかし、A女と長男にとっては生活が不便であったためBのみが残留し、A女は、同年7月10日頃、長男を連れて鹿児島のA女宅へ帰った。その後もBは、11月20日頃まで出稼ぎ先で働いていたが、被告人とA女は、この間Bの留守中を奇貨として、7月から11月の間に合計約25回A女宅で情交を結んだ。いずれの場合も、被告人がA女に「今晩行く」と申し向け、これに対してA女が軽くうなずくようにして承諾の意思を表し、長男が眠っている時間にA女宅を訪れたというものである。この事実に対し、被告人には住居侵入罪が成立するとして起訴がなされ、裁判所の審理するところとなった。

3 尼崎簡易裁判所の判断

　尼崎簡易裁判所は、妻の承諾がある以上、住居侵入罪は成立しないとして無罪を言い渡した。その理由として、まず、住居侵入罪の保護法益について、「夫だけが住居権をもつということは男女の本質的平等を保障する日本国憲法の基本原理と矛盾するし、承諾の有無に住居侵入罪についての決定的意義を認め承諾の効果にかかずらうことは妥当でない。なるほど住居者の承諾を得て平穏に住居に立ち入る行為は侵入行為とはいえない。しかし、その理由は住居侵入罪の保護法益が事実上の平穏であることから住居者の承諾があれば事実上の平穏が害されないと考えるからであって、その重点は被害者の承諾の有無ではなく事実上の住居の平穏である。」と言及した上で、「住居侵入罪の保護法益は『住居権』という法的な権利ではなく事実上の住居の平穏であるから夫の不在中に住居者である妻の承諾を得ておだやかにその住居に

立ち入る行為は、たとい姦通の目的であつたとしても住居侵入罪が保護しようとする事実上の住居の平穏を害する態様での立ち入りとはいえないから住居侵入罪は成立しないと解するのが相当である。」との判断を示したのである。

4　本判決の問題点

　本判決は、住居侵入罪の保護法益を事実上の住居の平穏と解し、住居者である妻が住居に立ち入ることを承諾している以上、その住居の平穏は何ら害されていないとの判断を示したのであるが、この判断は、従来の判例の流れからすると異色のものである。従来、判例では、「住居侵入の罪は、他人の住居権を侵害するを以て本質となし、住居権者の意思に反して違法にその住居に侵入するに因り成立す」[2]るものと解されていた。そうして、戦前の判例では戸主権者である家長に住居権があるものと考えられていた。このような考えに従うならば、本事案の場合、夫たるBが住居権者であり、Bは被告人の立ち入りについて承諾を与えておらず、また承諾をするはずもないので、住居侵入罪が成立することになるのである。本判決は、このような考え方に対して、夫だけに住居権があるとするのは男女平等の原則に反するし、また住居権者の承諾の有無にのみ住居侵入罪の成否をかからしめるのは適切ではないとの反論を加えている。それゆえ、ここでは、まず住居侵入罪の保護法益を何に求めるべきなのかを検討し、次に、妻の承諾が犯罪の成否にいかなる効果を持つものなのかを検討する必要がある。

5　住居侵入罪の保護法益

　住居侵入罪（刑法130条）は、人の住居または人の看守する邸宅・建造物等に故なく侵入することを処罰するものである。その保護法益については、現在種々の見解が出されているが、その主なものを挙げると、次のようなものがある。まず第1に、住居権説があるが、この説は前述したように判例の主流となっているものである。住居権説は、住居権者が誰であるかさえ確定

すれば、その者の意思に反する住居への立ち入りは、すべて住居侵入罪を構成することになり、明確な結論を出すことができる。戦前の判例のように、家長の地位にある者が住居権者であるとの考えを採るのであれば、特に明確な結論が出る。しかし、家の制度がなくなり戸主権が認められなくなった今日、本判決も指摘するように夫だけに住居権があると考えることはできない。住居権説を採るのであれば、夫だけでなく妻にも住居権があるとの前提に立って判断しなければならない。そうすると、住居権者が複数いる場合には、全員の意思に合致した立ち入りでない限り住居侵入罪が成立するのか、それとも過半数の住居者の意思に反しない限り住居侵入罪が成立しないのか、という問題に発展するのである。多数決を重んじるとしても、夫婦二人暮らしの場合には、一方が承諾し一方が拒否したとしたら、一体どういう解決をすべきなのであろうか。この説は、住居権の範囲を広げることで、逆に困難な問題を抱え込むことになるのである。

　第2に、平穏説がある。この説は、事実上の住居の平穏が保護法益であると解するものであり、通説となっている[3]。この説では、住居の平穏を害する態様での立ち入りであるか否かを、何を基準にして判断するかが問題となる。これについては、①住居者の意思に反する立ち入りは、住居の平穏を害するものであると見る立場と、②居住者の意思に反するか否かは平穏を害する態様のものであるかどうかを判断する資料にすぎず、行為態様に重点を置いて判断すべきだとする立場とがある。本判決は、②の立場に依拠しているものと考えられる。ただこの立場でも、具体的にはいかなる行為態様が平穏を害するものになるのか、検討すべき点は残っている。

　第3に、自由権説がある。この説は、一種の自由権が保護法益であると解するものである[4]。この説にあっても、自由権の内容については見解が分かれ、①一定の場所の平穏な利用・管理であるとする立場と、②他人の立ち入りを認めるか否かの自由であるとする立場とがある。本事案の場合、①の立場では、住居侵入罪の成立が否定されることになろうが、②の立場だと、肯定・否定の両方の結論を出すことが可能である。

6 妻の承諾の効果

　以上の各見解のうち、自由権説の①の立場に立って問題の解決を図るべきだと考える。住居侵入罪は、住居等の一定の場所を事実的に支配・利用することを保護するものであり、それは一種の自由を保護するものにほかならない[5]。本事案の場合、夫の不在の間は、妻Aが住居の支配・管理を事実上行っているのであり、そのA女の承諾がある以上、Bの意思に反する立ち入りであったとしても、住居の事実上の支配、平穏な管理は何ら害されていないのである。したがって、結論的には、住居侵入罪の成立を否定した本判決は正当であるが、「おだやかに」立ち入ったという行為態様に重点を置くのは疑問である。ともかく、夫は、妻の不倫に対して、住居侵入罪によって対抗することはできない。妻の心を繋ぎとめるには、刑法は無力であると言えようか。

（１）　尼崎簡裁昭和43・2・29下刑集10巻2号221頁。
（２）　大判大正7・12・6刑録24輯1506頁。なお、同旨の判例としては、大判昭和13・2・28刑集17巻125頁、最判昭和23・5・20刑集2巻5号489頁等がある。
（３）　団藤・各論501頁、大塚・各論111頁、福田・各論203頁等
（４）　植松・各論320頁、大谷・各論135頁、平野・概説182頁等。
（５）　日髙義博「住居侵入罪の保護法益」現代刑法論争Ⅱ84頁。

5 妻に対する強姦

1 夫婦の間で強姦があるのか
2 具体的事実
3 広島高裁松江支部の判断
4 本判決の問題点
5 性交を求める権利と強姦罪
6 承諾の推定と強姦罪

1 夫婦の間で強姦があるのか

　強姦罪（刑法177条）は、暴行・脅迫（13歳未満の女子の場合には、暴行・脅迫を要しない）を手段として女子を姦淫することを処罰するものである。この犯罪の攻撃の客体は、「女子」と規定してあることから、女性に限られる。男性が女性から性的な陵辱を加えられたとしても、それは暴行罪・傷害罪や強要罪で処理されるにすぎない。強姦は、被害者である女性の意思に反して行われるものであり、相手方たる女性に同意がある場合には、いわゆる「和姦」として取り扱われる。和姦の場合、相手方たる女性が13歳以上であれば、姦淫行為に刑法は何ら関与しないのである（ただし、青少年保護育成条例や売春防止法などによる規制は存在する）。夫婦の場合には、従来、夫は妻に対し性交を要求する権利があるから、暴行・脅迫を用いて妻を姦淫しても暴行罪・脅迫罪を構成することはあっても、強姦罪を構成しないとする見解が有力であった[1]。ところが、最近、夫婦間であっても強姦罪が成立することを認めた判例が出されて注目を浴びたが、強姦罪の規定が「女子」を限定していない以上、むしろ妻に対する強姦も強姦罪を構成しうることは不思議ではないように思う。妻に対する強姦罪の成立を認めた広島高裁松江支部昭和62年6月18日判決[2]の事案は、次のようなものであった。

2 具体的事実

　第1審[3]の認定した事実によれば、被告人Aは、昭和56年12月にX女と

結婚し、鳥取県智頭町で同居していたが、日頃からX女に結婚前の異性関係をなじる等して度々暴力を振い、これに堪えかねたX女は、再々実家に戻ったり他所に身を隠したりしていたが、その都度Aに発見されて連れ戻されていた。昭和59年9月下旬頃、X女が被告人Aの暴力に怯えて再び逃げ出したので、被告人Aは、友人の被告人Bに運転を頼み一緒にX女を連れ戻すため、同日夜、Bの運転する車で船岡町にあるX女の実家付近に行ってX女を待ち伏せた。しかし、X女がなかなか帰って来ないので、翌日午前家人がすべて留守になったのを見計らって実家に上がり込み、X女を持っていたところ、Aが連れ戻しに来るのを恐れて一夜付近の集会所で過ごして見つからないように実家に戻ってきたX女と出会った。そこで、被告人AがX女に自宅に戻るように説得したが、X女が応じなかったので、被告人A、Bの両名は、強引にX女をBの運転してきた自動車に乗せ、Aの自宅に連れて帰ろうとして発進した。途中、気晴らしのため一時脇道に入った。午後1時頃、林道に至るや、被告人Aは、X女と性交したい気持になったが、X女が他の男性と浮気でもしたのではないかと勘ぐり立腹していたので、その腹いせに同行の被告人Bにも同女と性交させてやろうと考え、小用を口実に車を停めた上、被告人Bに話かけたところ、Bも賛同した。当時X女がそのような性交に応じることはおよそ考えられないことから、被告人両名は、X女を強いて姦淫することを企て、共謀の上、まず被告人Aが停車中の自動車の後部座席に乗り込み、X女に「脱げ」と命じたところ拒んだので、X女の顔面を殴打し、頭髪を引っ張り、ブラウスの前胸を引き裂き、ズボン・パンティを引き下げ、さらに腹部を殴打するなどして反抗を抑圧し、X女を姦淫した。その途中、被告人Bは、運転席からその情況を見ていたが、被告人Aの誘いにより後部座席に移り、嫌がるX女の手を振り払う等の暴行を加え、上記一連の暴行および被告人Aに対する恐怖から抵抗する力を失っているX女を姦淫した。

この事実に対して、第1審は、被告人両名を強姦罪の共同正犯とし、被告人Aに対し懲役2年10月、被告人Bに対し懲役3年の実刑判決を言い渡し

た。これに対して、被告人Aが控訴し、広島高裁松江支部の審理するところとなった。

3 広島高裁松江支部の判断

　控訴審では、特に夫婦間の強姦が問題とされた。被告人側の控訴趣意では、「被告人と被害者X子は犯時夫婦であり、夫婦は互いに性交を求める権利を有しかつこれに応じる義務があるから、夫は妻に対し暴行、脅迫を用いて性交に及んだとしても、暴行、脅迫罪が成立するは格別、性交自体は処罰の対象とはならないため、強姦罪の成立する余地はない。また、夫が第三者と共同して妻を輪姦した場合であっても、夫自身は妻に対する関係においては強姦罪の主体となりえない以上、従犯あるいは暴行罪として処罰されるに過ぎない。」との主張がなされたが、広島高裁松江支部は、本件控訴を棄却し、第1審の判断を維持した。その理由としては、「婚姻中夫婦が互いに性交渉を求めかつこれに応ずべき所論の関係にあることはいうまでもない。しかしながら、右『婚姻中』とは実質的にも婚姻が継続していることを指し、法律上は夫婦であっても、婚姻が破綻して夫婦たる実質を失い名ばかりの夫婦にすぎない場合には、もとより夫婦間に所論の関係はなく、夫が暴行又は脅迫をもって妻を姦淫したときは強姦罪が成立し、夫と第三者が暴力を用いて共同して妻を輪姦するに及んだときは、夫についてもむろん強姦罪の共同正犯が成立する。」との判断を示した。つまり、本件の場合には、婚姻が破綻して夫婦の実質を失っており、いわば名ばかりの夫婦にすぎない場合であるので、被告人AがX女を強いて姦淫することは強姦罪を構成するというのである。

4 本判決の問題点

　本判決が、夫婦間であっても強姦罪が成立することを認めたことは評価すべきであるが、その理論構成には、なお検討すべき点があるように思う。まず本判決では、「婚姻中夫婦が互いに性交渉を求めかつこれに応ずべき所論

の関係にある」ということを理論の出発点にしている。この点は、控訴趣意での「夫婦は互いに性交を求める権利を有しかつこれに応じる義務がある」という主張とほぼ同様であろう。そうして次に、実質的に婚姻が継続していると認められる場合には、その権利・義務の関係からして姦淫行為は問題とはならないが、婚姻関係が破綻している場合には、当該権利・義務関係は消失するので暴行・脅迫による姦淫は強姦罪を構成するという論理の展開がなされているのである。この本判決の理論構成は、いわば通説的な理解から出発しており、それなりに説得力を持っているが、強姦罪の成否を考える場合に、性交を求める権利という観点から問題の解決を図ることが果たして適切と言えるのだろうか。この点が第1の疑問である。第2の疑問は、本件では、むしろ被害者の承諾が全く考えられないことを理論構成の中に持ち込むべきではなかったかという点である。

5　性交を求める権利と強姦罪

「夫婦は、互いに性交を求める権利がありそれに応じる義務がある。」というテーゼは、離婚理由を説明する場合には、それなりの意味を持っていよう。たとえば、妻が他の男性と恋に落ちたため、長期間にわたって夫との性交渉を拒否し続けたというような場合には、夫は前記のテーゼをもとに婚姻を継続し難い事由があるとして、離婚の請求をすることもできよう。しかし、夫は性交を求める権利があるから妻を姦淫しても強姦罪を構成しないという考えは、場合によっては、妻の自由意思を無視する結果にもなる。性交を求める権利という観点から理論構成すると、刑法理論の上では、強姦罪の構成要件には該当するが、正当な権利行使であれば違法性が阻却され、権利の濫用と見られる場合に強姦罪が成立するという理論の組立て方になろう。そうすると、婚姻が破綻していない限り、夫の性交渉の要求が客観的に見ても権利の濫用と言えない場合には、妻は気分的に嫌でもその要求を拒否できないことにもなる。しかし、このように夫婦間の愛情の問題を客観的な基準で割り切るべきではなかろう。性交渉を持つか否かは、当事者の自由な意思決定に

委ねるべき性質のものであり、権利・義務の関係で規律すべきものではない。夫は妻に性交を要求することはできるが、妻の自由な意思決定を侵害する形でそれを実現することは許されない。夫婦の間といえども、一般の場合と同様に、相手方の承諾なくして強いて姦淫することは、強姦罪を構成すると考えるべきであろう。

6 承諾の推定と強姦罪

以上のように考えると、強姦か和姦かを被害者の承諾の存否で区別することとも、理論的な整合性を持つことになる。強姦罪は、相手方の意思に反して実行されるものであり、その手段が暴行・脅迫なのである。被害者の承諾がある場合には、そもそも強姦罪の構成要件該当性を欠くのである。ここでの承諾は、自由な意思決定に基づいた真意のものでなければならないが、明示であるか黙示であるかは問わない。従来、「夫婦の間で強姦はない」と言われてきたのは、夫に性交を求める権利があるからではなく、夫婦の間では、一般に姦淫についての承諾があるものと推定されることによるものと解すべきであろう。さらに厳密に言うならば、婚姻が正常に継続している場合には、承諾の推定は強く働くが、破綻状態にある場合には、その承諾の推定は弱いということになろう。しかし、あくまでもそれは推定であり、本件のような場合には、X女の意思に反していることは明らかであり、強姦罪の成立を認めるのは、むしろ当然なのである。

（１）　注釈刑法(4)各則(2)299頁〔所一彦〕参照。
（２）　広島高松江支判昭和62・6・18判時1234号154頁。
（３）　鳥取地判昭和61・12・17判タ634号250頁。

第7章　猥褻裁判と刑法の脱倫理化

1　はじめに
2　猥褻観念の推移と問題点
3　猥褻裁判の推移
4　規範的構成要件としての猥褻概念
5　猥褻罪の保護法益は何か
6　刑法の脱倫理化と性表現の自由化
7　猥褻罪の処罰限度と表現の自由

1　はじめに

　刑法の研究というのは、現実を直視するということから始まって、現実に流されずに常に覚めていなければならないため、ときとしてむなしさを感じる学問ですけれども、猥褻の問題もその一つであろうかと思います。
　猥褻裁判という言葉は、定まった概念ではありません。今日の講演会のテーマが「裁判の今日的課題」ということで、付けたものです。ここでは、猥褻犯罪一般をどのように捉えるのかという観点から、多少範囲を広げてお話をしてみたいと思います。実際の裁判では、猥褻犯罪の中でも、猥褻物の陳列あるいは猥褻文書の販売などが問題であり、流れ図に示しました上から2つ目の犯罪類型が裁判では多く争われ、他の公然猥褻、強制猥褻、強姦などについては、憲法違反としてそれほど大きな問題になってはいません。しかし、猥褻犯罪を考える場合には、この一連の犯罪類型をどう整理するかという観点から問題の解決を図るべきだろうと思いまして（次頁の流れ図参照）、ややテーマを拡げたわけです。

わいせつ罪の犯罪類型

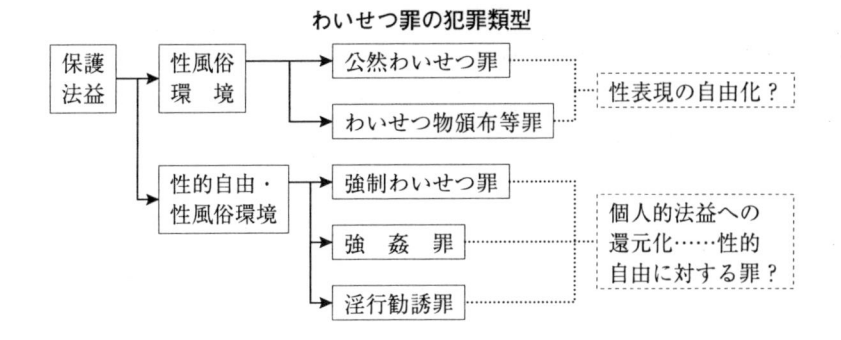

```
保護         性風俗      ┌→ 公然わいせつ罪        ┊
法益    →    環  境      │                       ┊ 性表現の自由化？
                         └→ わいせつ物頒布等罪    ┊

             性的自由・   ┌→ 強制わいせつ罪        ┊ 個人的法益への
             性風俗環境  ─┼→ 強  姦  罪            ┊ 還元化……性的
                         └→ 淫行勧誘罪            ┊ 自由に対する罪？
```

2 猥褻観念の推移と問題点

　著名な猥褻事件を明治の初めから今日まで眺めてみますと、猥褻と思われてきたものは、時代によって相当な開きがあるということが分かります。例を挙げますと、明治30年代のある美術展で、これは黒田清輝の絵ですが、裸体画を展覧するときに、腰巻きをして展覧せざるをえなかった事件がありましたし、彫刻では、男性の裸体の彫刻（朝倉文夫作「闇」）ですが、それの男性の性器をカットして展示したという事件などがあります。今日の日展等の美術展を見ますと、全くそういうことはありませんね。私たち自身もそういう絵画や彫刻を見ても、何も卑猥だという感じは持たないだろうと思います。一体、なぜそれだけの開きがあるのでしょうか。

　あるいは、公然猥褻に関しましても、大正時代に、出典が定かではないのですが、次のようなケースがあると聞いております。山下公園でアベックがキスをしているのを警察官が現行犯で逮捕し、検事は当然のこととして起訴しました。そのような行為を起訴すること自体、何も不思議なこととは思われなかったのです。一方、事件名は異なりますが、大審院判決に、新聞の挿絵として男女が互いに密着して手を握っている情景を描いたものが、キスをしている情景なのか否かが問題となり、その猥褻性が争われた事案があります。原審は、有罪としましたが、大審院は、それが接吻の図であるとしても、接吻そのものは、西洋の風俗・習慣・礼儀が取り入れられ国際的になったた

めに、必ずしもこれをもって直ちに猥褻だとは言えない、として無罪判決を言い渡しました[1]。これは、画期的な判決だとも評されました。ところが、どうでしょう。今日同じように、山下公園で、アベックがキスをしているところを警官が現行犯逮捕しますと、これは逮捕したこと自体がおかしいと思われるほど時代の開きがあります。

　猥褻犯罪について、正面から議論をするようになりだしたのは、ドイツでは1960年代になってからです。これは、当時刑法改正が問題になっておりまして、刑法改正の対案グループを中心にして突破口が作られました。具体的には、1968年の対案の刑法改正草案の中に性刑法（Sexualstrafrecht）の全面的な見直しを図った条文が出ています[2]。その当時のドイツの性犯罪の類型というのは、わが国と比較しますと、はるかに厳しいものでした。同性愛も処罰の対象となっていましたし、獣姦等も処罰の対象になっておりました[3]。わが国の刑法典は、そういう点は非常に寛容であると申しますか、そういう犯罪類型を処罰する規定は全く見当たりません。公然猥褻、強制猥褻、猥褻文書頒布等を禁止する規定はあっても、同性愛を処罰したり、獣姦を処罰したりする規定は見当たりません。ドイツ刑法の影響を極めて強く受ける日本が、ほぼ同時に性刑法の見直しをしようという動きが起きなかったのは、恐らく現行刑法の規定がドイツ刑法と比較してかなり寛容であったということに理由があるように思います。

　その1960年代の議論で性刑法のあり方を考えるときに、真剣に議論されたのは、なぜ猥褻犯罪を処罰するのかということでありました。従来、猥褻犯罪を処罰するに際しては、家庭の性的秩序、性道徳、これが保護の対象であると考えられました。刑法と倫理は極めて密接な関係にあって、殺人や窃盗などを例に取ってみても人を殺してはならない、他人の物を盗んではならないというようなことは、倫理規範の観点からも当然言えることであって、従来は、刑法と倫理が密接な関係にあることは疑わなかった。ところが、性犯罪については、果たして家庭内の性的秩序、性道徳というものを刑罰でもって保護しなければならないのか、その必要性があるのだろうか、同性愛行

第7章 猥褻裁判と刑法の脱倫理化

為に走る男性を刑罰でもって待てと言わなければならないのだろうか、という点に疑問が挟まれ、保護法益の見直しということが始まったのです。

一方、アメリカにおいても、被害者なき犯罪という考え方が刑事政策の分野から、極めて強く主張されるようになりました。賭博、猥褻犯罪などがその例として挙げられました。賭博の場合は、お互いに損を覚悟で、あるいは儲かるかもしれないということで行為に及び、公然猥褻の場合には、たとえばストリップショーを演じる者は承諾の上で、そしてショーを見ている男性は喜んでいる。そこには、だれも被害者と呼ばれる者はいないではないかとの指摘がなされ、そういうものは犯罪のカタログから外すべきではないか、という考え方が主張されるようになったのです。それはまた、性の解放ということに連動して一つの強い動きになってきたのだろうと思います。

わが国の猥褻犯罪をめぐる裁判を振り返って見ますと、保護法益の点が議論されるようになったのは、やはり昭和32年の「チャタレー事件」判決以後ではなかろうかと思います。刑事裁判の場合、最高裁判所まで持って行くためには、上告理由として2つのものを何とかして見出さなければなりません。それは、判例に違反をするということと憲法に違反をするということです。猥褻裁判でも最高裁に持ち込むためには、その2つの上告理由にどこか引っ掛かっていなければなりません。そうしますと判例違反の点ですが、これについては、大審院判例以来、猥褻の定義については余りずれがないので、問題になりにくい。そうすると憲法違反を問題とすることになりますが、ここでは、表現の自由を保障するということと、それから罪刑法定主義に違反するという2つの問題がでてきます。これは特に、日本での猥褻裁判の大きな問題点でありました。「チャタレー事件」については、これは有名な小説家（伊藤整）が翻訳を致しましたし、文芸裁判の感がありました。裁判で芸術を裁くのかという問題意識もありまして、大変な憲法訴訟になったわけでありますが、今日、私たちがいわゆるポルノを解禁すべきかどうかという議論をするときに、考えなければならないことが2つあるように思います。一つは、今までの問題提起で分かりますように、なぜ猥褻犯罪は処罰しなければ

ならないのか、言い換えますと、なぜ性表現をオープンにしてはいけないのか、という問題です。もう一つは、もし処罰するとしたならば、猥褻犯罪の構成要件には罪刑法定主義との抵触の問題がでてきはしないか。こういった問題に行き着くだろうと思います。

3 猥褻裁判の推移

そこで、猥褻が問題なった戦後の裁判例を見ながら、その推移を考えてみたいと思います。まず、昭和26年の「サンデー娯楽事件」判決[4]ですが、これは、大審院判例がすでに猥褻の定義をしておりますけれども、その定義を最高裁でも引き継ぐことを明示した判例です。つまり、①いたずらに性欲を興奮または刺激せしめ、②普通人の正常な性的羞恥心を害し、③善良な性的道義観念に反する、といった基準で猥褻であるか否かを判断すべきであるという考えを示しています。

昭和32年の「チャタレー事件」判決[5]も、この考え方に基本的には沿って判断しましたけれども、注目すべき点は、なぜ猥褻文書等をオープンにすることが性的道義観念に反するのかということについて、性行為非公然性の原則というものを引き出していることです。人間の性欲は、食欲・物欲と同じように、人間の本能に発するもので、それ自体は何も悪いことではない。だれしも性的なものに興味がある、これは否定できない。しかし、その性的なものを求める一方、人の前ではやはりそういうことはしたくない。アダムとイヴも二人の出会いのときちゃんと隠すべきところを隠しているではないか、とこういう発想なのです。人前で公然と性行為をしたくないというのは、人間の性的羞恥心の現れであり、それが性行為非公然性の原則として、いわば規範、ルールとして確立している。そのルールが性的な道義観念に裏付けされているということから、これは刑法上も譲ってはならない倫理規範であって、刑法と倫理との関係からしても最小限度の倫理規範を保護するのが刑法の役割であるとしますと、刑法上、性行為非公然性の原則を認めることは、倫理規範の最小限度の部分を保持することになる、というような考え方を

「チャタレー事件」判決では言ったのです。

その後の昭和44年の「悪徳の栄え事件」判決[6]もほぼ「チャタレー事件」判決を踏襲しておりますが、この判決では、文書の猥褻性を全体的に考察すべきであり、部分的に考察すべきではないとしたところが特徴的です。先ほどの性行為非公然性の原則に従いますと、たとえ部分的に男性、女性の性器を写した写真を収録していたとしても、そこの部分だけで猥褻という判断が可能です。しかし、この「悪徳の栄え事件」判決では、文書の全体的な観点から猥褻性を判断すべきであるとした点に新しさがあったように思います。その後、昭和55年の「四畳半襖の下張り事件」判決[7]が大きな社会的話題となりました。雑誌の編集に携わった有名な小説家（野坂昭如）が被告人になり、芸術家・小説家たちが証人として、あるいは特別弁護人として出廷したために、大きな文芸裁判の観を呈して世間の注目を集めた裁判です。この事件でも同様に、猥褻の定義というものが問題になりました。それは、「チャタレー事件」判決を踏襲しながら、従来の猥褻概念の定義は抽象的には正しいものの、具体的なものが猥褻であるかどうかという判断をする時に従来の定義ではどうも判断しにくい、具体的な基準がやはり必要だということを考慮した判決でありましたが、その文言が読んでいて余り複雑すぎて分かりにくい面がありますけれども、次のような表現を使っています。つまり、「当該文書の性に関する露骨で詳細な描写叙述の程度とその手法、右描写叙述の文書全体に占める比重、文書に表現された思想等と右描写叙述との関連性、文書の構成や展開、さらには芸術性・思想性等による性的刺激の緩和の程度、これらの観点から当該文書を全体としてみたとき、主として、読者の好色的興味にうったえるものであると認められるか否か」を検討して、猥褻性の判断をするというのです。

従来の判決からすると極めて判断基準が複雑ですね。私は、おおむねこの昭和55年の判決の言わんとしてるところは了解できると思いますが、むしろその「四畳半襖の下張り事件」の控訴審判決[8]のほうがより分かり易い。それは、猥褻であるかどうかの判断を、まず外的事実として性器または性行

為の露骨かつ詳細な具体的描写叙述があり、それが情緒・本能に訴える手法でなされており、そして文書全体の内容が専ら好色的興味に訴えるものである、という点から判断するというものです。こういう判示を昭和54年の控訴審判決ではしたのです。「愛のコリーダ事件」の時に、大島渚監督が被告人として登場したのですが、この事件の東京高裁判決[9]も大体同様な判断基準を示しています。私は、高等裁判所の判断基準が最高裁判所よりも明確だと思いますので、その判断に従いますと、現在のところはいわゆるハード・コア・ポルノが猥褻物になります。それ以外のものは、オープンにするという結論になります。

　最後に注目すべき最近の判例として、次の2つのものがあります。一つは、昭和58年3月の最高裁判決[10]です。いわゆるビニール本が猥褻物に当たるかどうかが問題になった事案（ビニール本事件）です。これは、裸体写真のきわどいところが黒く塗りつぶしてあったのですが、判決では、その修正の仕方が足りないというので有罪になりました。もう一つは、昭和58年10月の最高裁判決[11]です。これは、「ポルノカラー写真事件」と呼ばれていますが、いま言いましたハード・コア・ポルノそのものです。

　この2つの判決の中で注目すべき点は、補足意見が出されているということです。団藤重光裁判官の補足意見、伊藤正巳裁判官の補足意見などです。これらの補足意見は、猥褻罪の処罰に一定の絞りをかけようとした意見です。団藤裁判官の補足意見は、猥褻罪の保護法益に注目し、性風俗環境を清潔に保つというところに猥褻罪処罰の重点があるとしている点が一つですね。それから、ハード・コア・ポルノに関しては、表現の自由の保障の対象にならないという点が注目すべき点です。伊藤裁判官の補足意見の特徴は、ハード・コア・ポルノと準ハード・コア・ポルノとを区別して、ハード・コア・ポルノについては表現の自由の保障の対象外であるとしている点です。ハード・コア・ポルノの場合、そこに思想性、意見の表明などとの関連性は薄いと言うのですね。しかし、準ハード・コア・ポルノに関しては、芸術性・思想性との関連性があるので、それをオープンにすることによってもたらされ

る害悪と作品の有する社会的価値との利益衡量をした上で処罰の対象を分けるべきである、と言うのです。いずれの補足意見も、猥褻犯罪の処罰に歯止めをかけ、一定の制限をしようという狙いがあるという点では共通項があろうかと思うのですが、その絞り方にかなりの違いがあります。

4 　規範的構成要件としての猥褻概念

　そこで、こういう判例の流れの中から、3つの大きな問題点を拾い上げることができると思います。つまり、第1に、猥褻概念というのは、刑法のテクニカル・タームで言えば規範的構成要件に属しますが、その概念の不明確性を罪刑法定主義との関係ではどう処理すべきなのかということが問題になります。第2には、猥褻罪の保護法益は、一体、性的・倫理的な秩序を維持することにあるのか、それとも最近のドイツの議論のように、性的自己決定権の保護という方向を目指すべきなのか、あるいは私見では性風俗環境の適正な維持というところにあると思うのですが、この第3の道を歩むべきなのかということが問題です。第3が、刑法は、倫理と決別すべきものなのか、そして刑法が倫理と決別していいということになりますと、性表現はどこまでオープンにできるのかという問題です。この3つの問題に集約されてくるように思われます。

　まず、第1の規範的構成要件としての猥褻概念をどうするのかということですが、規範的構成要件というのは、構成要件該当性があるか否かの判断をする時に裁判官の価値判断が介在します。猥褻か否かは、価値的な判断をぬきにしては結論が出ないので、最高裁の「チャタレー事件」判決では、その判断は社会通念に従う、それは事実判断ではなくして、裁判官が行う法的判断であるという見方をしています。この考え方に反対する人の中には、お年寄りの裁判官に果たして性風俗に対する社会通念が分かるのだろうか、という極めて枝葉的な反論を展開した人もありますけれども、私は、規範的構成要件というものは最終的には裁判官に「開かれた概念」だと思います。裁判官に開かれた概念、つまり、裁判官が解釈によって構成要件を補充すること

が必要な開かれた構成要件だと思います。

　罪刑法定主義の派生原則の一つとして、構成要件明確性の原則というのが最近では主張されます。この原則は、構成要件を規定するだけでは駄目であって、構成要件に書かれてあることが明確でなければならない、とするものです。構成要件として規定してあるとが裁判官だけではなく一般の人にも分からなければ、行動の指針ができません。このことからも構成要件は、明確でなければなりません。ところが、構成要件の中には、人を殺したとか、物を窃取したというようなことは、明確に記述することができても、猥褻だとか、注意義務や作為義務というようなものは明確に書き込めるわけではありません。ヴェルツェル（Hans Welzel）によりますと、そういうものは事物の本性（Natur der Sache）上書けないのだと言っています[12]。条文を規定する上での立法技術の過誤により明確に書けなかったというものではなく、事柄の性質からして明確に書くことができないのだというのです。こういうものについては、罪刑法定主義に違反するから、条文の中に置くべきではないというのも一つの答えですけれども、私はやはり、一定の限度はありますが認められると思います。その限度は、裁判官が構成要件を補充する際の基準として、客観的でかつ明確なものがあるかどうかにかかっていると思います。その客観的で明確な基準がなければ、開かれた構成要件は、やはり罪刑法定主義に反することになります。猥褻犯罪を処罰する場合にも同様なことが言えます。

　それでは、猥褻性の判断において、そのような基準が見出せるでしょうか。たしかに、「チャタレイ事件」の最高裁判決が示した基準では、その要請は果たしにくいと思います。不明確だという見解を否定することはできないように思います。しかし、「四畳半襖の下張り事件」の東京高裁判決や「愛のコリーダ事件」の控訴審判決で示されている基準は、極めて客観的であります。まず、外的事実として、性器性行為などの具体的描写叙述という外的なものに限定をする。そして、それが通常の人の羞恥心を害し、その手法が専ら好色的興味に訴えている。こういう基準を立てますと、外的事実で大まか

な線引きができると思います。そうしますと、猥褻犯罪の処罰は、直ちに罪刑法定主義に違反するわけではないことになります。ただ、もう1点考えなければならないのは、罪刑法定主義のもう一つの派生原則である実体的デュー・プロセスに反するのではないかということです。これは、猥褻犯罪に果たして処罰するだけの当罰性があるのかないのか、という問題であり、猥褻犯罪の保護法益の問題とにらみ合わせて結論を出さなければなりません。これは、条文の解釈だけからでは結論の出せない問題です。

5 猥褻罪の保護法益は何か

そこで、次の問題に入りたいと思います。それは、猥褻罪が保護しようとしているのは性的な倫理秩序の保持なのか、それともそれ以外のものなのかという問題です。これは、刑法の機能の問題と関係しており、刑法にどういう役割を持たせるのかという観点からの考察が必要です。従来の刑法理論では、刑法は最小限度の倫理規範を保持するものであると考えられていましたから、倫理と刑法の関係は、極めて密接でした。最近の学説でも社会倫理的な規範を維持するというところに刑法の目的があると考える立場は、有力であり、通説的であると言ってもよいでしょう。

しかし、最近、刑法のあり方については刑法の謙抑性ということが言われますし、刑法は法益を保護するための「最後の手段」(ultima ratio) であるということが、1970年代以降、ドイツでは盛んに議論されました。つまり、倫理的な秩序に違反したから処罰するというのではなくして、一定の法益を侵害したことに処罰の根拠を求めようというのです。この法益侵害性を基準にして処罰すべきか否かを考える、つまり法益を保護する機能を刑法に認め、刑法による法益の保護は、手段としては最後のものと考える立場の方に、私は魅力を感じます。ただ、この考え方の難点はどこにあるかというと、法益 (Rechtsgut) の定義、すなわち法益の概念がいわゆる開かれた概念にもなりかねないということです。ある時代では、法益の精神化といって、精神的なものを保護することも法益であると考えられました。そうすると、倫理的

な秩序自体も法益の対象になってしまいます。そこで、この立場を採る場合には、法益概念を事実的、因果的に把握していくことが必要ですし、各別の各犯罪類型の法益を見直していく作業が課題として残されています。それが未だ完成していないところに、この理論のいわば難点があるように思いますが、私は、今その方向を模索しています。

6　刑法の脱倫理化と性表現の自由化

そうしますと、性的・倫理的秩序の維持については、各人の倫理規範の意識の高揚というところに預けられるべきであって、刑法はそれから離れてもいいのではないか、という結論に至ります。この立場に対しては、それでは、ポルノは解禁してもいいのか、という問題が提起されることになります。ドイツの一般的な考え方のように、性的自己決定権という観点から性犯罪を全面的に見直し、強姦罪を性的強要罪（sexuelle Nötigung）に置き換え、猥褻文書等頒布罪における猥褻という概念を止めて、ポルノグラフ的文書（pornographische Schriften）という言葉に置き換えて猥褻という言葉を刑法典の中から消してしまう。そうして、従来、社会的法益として把握されていたものを全て性的自己決定権に関する犯罪として、すなわち、個人的法益に関する犯罪に還元するという作業をしていくならば、ポルノ解禁のゴー・サインを出すことも可能でしょう。

しかし、ドイツでも全面解禁には踏み切っていません。一定のストッパーを掛けています。それは何かというと、見たくない人の自由もあるということです。性的自己決定権の保護は、性的行為への自由（Freiheit zu sexullen Handlungen）を保護するのではなくて、むしろ性的行為からの消極的な自由（negative Freiheit vor sexuellen Handlungen）を保護するものであるとの議論がなされています[13]。それゆえ、ポルノを解禁するに際しても、見たくない人の自由を保護するということ、青少年の保護育成ということの2つがストッパーとして考慮されています。それを侵害する形での性表現のあり方は、やっぱりストッパーを掛けるべきだというので、現時点でも、

第7章　猥褻裁判と刑法の脱倫理化　153

全面的に解禁しているわけではありません。

　それでは、わが国の場合はどうでしょうか。刑法改正はそこまで進んでおりません。現行法の解釈としては、猥褻犯罪は、条文の上では社会的法益に関する犯罪のところに位置づけられています。強姦罪（177条）も強制わいせつ罪（176条）も、公然わいせつ罪（174条）もわいせつ物頒布罪（175条）も、すべて社会的法益に関する犯罪のところに出てくるのです。そして、たとえば、強制わいせつ罪の法定刑（6月以上10年以下の懲役）を見てみますと、強要罪の法定刑（3年以下の懲役）よりも重いのですね。なぜそんなに重いのかというと、それは社会的法益をも侵害している側面があるからだという理由が挙げられます。そうしますと、わが国の場合、現行法の規定形式のままでは、猥褻犯罪をすべて個人的法益に還元することは困難です。そこで、わが国の研究者の多くは、猥褻犯罪を二分すべきである、と主張しています。まず、公然わいせつ罪、わいせつ物頒布等罪を一つのグループとし、これは社会的法益に関する犯罪としての側面がまだ残るとします。そして、もう一つの強姦罪や強制わいせつ罪などのグループについては、個人的法益に関する犯罪に置き換えるべきであると言うのです。すなわち、そのグループは、性的自己決定権を侵害する犯罪として解釈すべきであると言うのです。そして、二分論を出発点として、せいぜい猥褻物頒布等の罪については、解禁すべきである、との議論が出てまいります。

　立法論としては、性表現の自由化に関しては、見たくない人の自由を保護し、そして青少年の保護育成を図るという2つの要件が充たされるような法規制がひけるのであれば、この先オープンにしてもいいと思います。しかし、現時点で、全面的に解禁できるでしょうか。ドイツでは電車に乗るときに、改札口に駅員はおりません。キップを自分で買って、勝手に乗ります。乗り越しますと、申告をして払って出なけれなりません。ルールを守るというのが社会生活の前提なのです。しかし、わが国の場合、改札をなくしたら無賃乗車やキセル乗車は減るでしょうか。恐らく増えるでしょう。猥褻罪の場合も、たとえばポルノ映画やポルノ・ショップの入場を「18才未満お断わり」

として一定の場所でしかポルノを見ることができないような規則を作ったとします。わが国では、どこまで実効性があるでしょうか。私は、やや悲観的になります。1980年代の初め頃、ドイツ、フランス、オランダなどで、どの程度ポルノが解禁されているか見てきました。その現状は、エロの状態を通り越して、もはやグロテスクの段階になっていました。日活ロマンポルノ、あのピンクゾーンに私は郷愁を感じました。やはり、見たくない人の自由を保護するということは、重要なことだと思います。グロテスクの世界への壁を一切取り払っていいのか、そういう選択に迫られるのです。

7　猥褻罪の処罰限度と表現の自由

　猥褻犯罪の保護法益は何かという問に対しては、それは性風俗環境の適性な維持にあると考えます。ポルノをどこまで解禁し、どこまでを適性な性風俗環境と考えるかは、われわれ国民の選択に委ねられている。それが風俗犯罪の特質だろうと思います。そのために、猥褻と思われるものが時代によって相対化してきたのだろうと思います。現時点において、どこまで性表現をオープンにすべきかという点についてのボーティング・キャストは、私たち自身にあります。そこで、性表現を自由化する場合のボーダーラインはどこかと問われたら、私は、いわゆるハード・コア・ポルノに限定して処罪すべきだと思います。それが限度であろうかと思います。ハード・コア・ポルノに至らないものまで取り締まるのは、それは罪刑法定主義に違反するという結論を出してもいいと思います。しかし、今後さらに10年、20年、この考え方を維持できるかは、今の時点では余り自信がありません。恐らく残念ながら、日本もグロテスクの世界を許容する時代に行き着くような気がします。そのときには、やはり先に述べました2つの問題、つまり見たくない人の自由を保護する、青少年の保護育成を図るという規制を私たちが日常生活の中でどこまで守れるか、という問題が重要になってきます。国民の規範意識が高揚し、それが守れるような状況が見出されるならば、ポルノは解禁できると思います。しかし、公然猥褻はなかなか解禁しにくい面が残ると思います。

そこで、1点だけ皆さんに疑問を投げ掛けて終わりにしたいと思います。猥褻罪を解禁する場合、文書、写真などについてはオープンにすべきだという意見が極めて強いです。しかし、猥褻罪の中には、公然わいせつ罪というのもあるのです。町の真ん中を男性が裸になって走り抜ける、これは微笑しい風景だと笑ってすませることができるかもしれません。そこまでは許容したとしても、たとえば、専大前の交差点で昼日中、男女が真っ裸になって、性行為をしているとしたらどうでしょうか。それを見て喜んでいる人もいるかもしれませんが、果たして一般的に許容できるのでしょうか。その行為が許容できるならば、私たちは全面的な解禁に踏み切ることができます。しかし、私は悲観的に思います。

(1) 大判大正3・2・14刑録20輯142頁。
(2) Vgl., Alternativ-Entwurf eines Strafgesetzbuches, Besonderer Teil, Sexualdelikte, 1968, §§B 1 - B11.
(3) ドイツ刑法典においては、1969年の刑法改正によって、単純な同性愛行為（§175 a. F）や獣姦（§175b）などが処罰の対象から除外されたのであった。Vgl., Schönke-Schöder, StGB, 15.Aufl., 1970, §175, S.1000, S.1005 ; H.Welzel, Das Deutsche Strafrecht, 11.Aufl., 1969, S.441.
(4) 最判昭和26・5・10刑集5巻6号1026頁。
(5) 最大判昭和32・3・13刑集11巻3号997頁。
(6) 最大判昭和44・10・15刑集23巻10号1239頁。
(7) 最判昭和55・11・28刑集34巻6号433頁。
(8) 東京高判昭和54・3・20高刑集32巻1号71頁。
(9) 東京高判昭和57・6・8判時1043号3頁：無罪確定。
(10) 最判昭和58・3・8刑集37巻2号15頁。
(11) 最判昭和58・10・27刑集37巻8号1294頁。
(12) H.Welzel, a,a,O., S.209.
(13) Friedrich-Christian Schroeder, Das neue Sexualstrafrecht, 1975, S.18.

※本稿は、平成2年6月23日に開催された専修大学今村法律研究室創立40周年記念講演会での講演の草稿をもとにしたものである。

第2部　実行行為と法益侵害性

第8章　不能犯論における危険判断

1　はじめに
2　問題となる限界事例
3　具体的危険説の危険判断
4　客観的危険説の危険判断
5　不能犯論の理論的方向性
6　結　語

1　はじめに

1　現在の理論状況

　不能犯とは、行為者は犯罪に着手したつもりであったが、実際には結果発生の危険性がなく、犯罪を実現するに至らない場合をいう。不能犯は、不能未遂（untauglicher Versuch）とも呼ばれるが、わが国の刑法の下では不可罰である。不能犯と未遂犯とをどのように区別するかについては、未遂犯の処罰根拠に関連する問題であるだけに、従来から様々な不能犯論が主張されてきた。主観主義刑法理論と客観主義刑法理論とが厳しい対立を示していた時代にあっては、前者の立場からは、主観的未遂論に立脚しながら、不能犯論では「行為者の危険」に着目する主観説[1]が主張され、後者の立場では、客観的未遂論に立脚しながら、不能犯論では「行為の危険」に着目する客観説[2]が主張されて、顕著な対立を示した。

　その後、いわゆる学派の争いが終焉を告げ、主観主義と客観主義の考え方を止揚させようとする立場が主流になるに及んで、わが国では主観的未遂論は後退し、客観的未遂論をベースにした不能犯論が支配的となり、新しい客観説（neuere objektive Theorie）と言われる具体的危険説[3]が通説としての地位を占めるようになった。ここでは、不能犯と未遂犯との相違は、結果

発生の危険性が認められるか否かにあるという認識が一般化したのである。

しかし、最近では、行為反価値論と結果反価値論との対立が未遂犯論・不能犯論にも投影されるようになり、危険判断をめぐって具体的危険説と客観的危険説とが際立った対立を示し[4]、不能犯論に新たな展開がみられる。ここでは、客観説が従来主張してきた「行為の危険」の実体が再検討され、未遂犯処罰の根拠となるのは、「行為の属性としての危険」かそれとも「結果としての危険」かという観点から問題提起がなされ、それが不能犯論における危険判断にも取り込まれて議論されるようになっている。

一般的には、行為反価値論の立場では、行為の属性としての危険を問題にして具体的危険説を採り、これに対して結果反価値論の立場では、結果としての危険を問題にして客観的危険説を採るという関連図式が描けなくはない。しかし、結果反価値論の立場にあっても具体的危険説の展開が可能であり、単純な図式化は図れない。危険判断の材料や判断時点について見解が分かれ、しかも実行行為論が多様化してきていることとも相俟って、現在の理論状況は極めて複雑である。具体的危険説の立場であれ、客観的危険説の立場であれ、その危険判断の公式の適用を修正すべき領域が生じており、現在の不能犯論の課題は、その理論的な修正をいかに行うかという点にあると言っても過言でない。

2 ドイツ刑法との相違点

不能犯論に関しては、わが国とドイツでは、その法状況がかなり異なっている。わが国の刑法には不能未遂を処罰する規定はないが、ドイツ刑法では、不能未遂は可罰的なものとされている。ドイツ刑法23条3項によれば、行為者が著しい無知により（aus grobem Unverstand）、客体の性質や行為遂行の手段の性質上およそ既遂に到達しえないことを認識していない場合には、刑を免除または減軽しうるものとしている。したがって、ドイツ刑法における未遂犯論は、不能未遂の可罰性まで射程範囲に入れたものでなければならない。主観説[5]や印象説（Eindruckstheorie）[6]が有力に主張される背景

には、条文上の根拠が存在するのである。ここでは、不能未遂の可罰性を認めるという前提に立つことから、未遂処罰の根拠を法敵対の意思活動という行為反価値に求めるのが自然なのである[7]。

これに対して、不能未遂を不可罰とするわが国の場合は、客観的未遂論を前提にして不能犯と未遂犯との区別基準を模索すべきである。ここでは、不能犯の場合には志向反価値（Intentionsunwert）は認められるとしても、結果反価値がないことから可罰性がなく、一方、未遂犯の場合には行為反価値も結果反価値も認められることから可罰的であるという思考モデルも採りうる。ここで問題なのは、未遂犯における危険を行為反価値論的に捉えるのか、それとも結果反価値論的に捉えるのかという点である。不能犯と未遂犯とを区別する際には、法益侵害の危殆化に着目しなければならないが、その際、危険判断の構造を明らかにしておくことが不能犯論にとっても重要な課題となるのである。

3　考察の視点

本稿では、第1に、不能犯論における危険判断の構造に考察の焦点を当て、不能犯論の理論的方向性を明らかにし、第2に、不能犯論の限界領域についての解決方法を検討してみることにしたい。したがって、不能犯の学説史的考察や判例の総合的分析などについては、ここでは考察の対象から外し、もっぱら具体的危険説の危険判断と客観的危険説の危険判断とを対比しながら検討を進めることにする。

(1) 主観説としては、純主観説と抽象的危険説とがある。純主観説を採るものとしては、宮本・大綱192頁、江家・総論166頁などがあり。抽象的危険説（主観的危険説）を採るものとしては、牧野・総論(下)665頁、木村・総論356頁などがある。
(2) 古い客観説は、絶対的不能・相対的不能説とも言われる。勝本・総則177、178頁、大場・総論(下)850、851頁などにおいて主張され、大判大正6・9・10刑録23輯99頁、最判昭和24・1・20刑集3巻1号47頁、最判昭和37・3・23刑集16巻3号305頁などの判例もこの見解に依拠している。

（3） 具体的危険説を採るものとしては、瀧川幸辰『刑法講話』（昭和26年）249頁、植松・総論345頁、佐伯・総論319頁、中義勝『刑法上の諸問題』（平成3年）237頁、香川・総論326頁、福田・総論240頁、大塚・総論255頁、西原・総論301頁、大谷・総論400頁、川端・総論480頁、野村・総論351頁、佐久間・総論317頁などがある。
　　なお、定型説（小野・総論191頁、団藤・総論168頁など）も主張されているが、その適用結果は、具体的危険説と変わらないものと見られている（大塚・総論253頁）。
（4）　とくに客観的危険説は、結果反価値論の立場から主張されるようになったものである。中山・論争問題128頁以下、曽根威彦「不能犯」現代刑法論争 I 281頁など参照。
（5）　Baumann-Weber, Strafrecht, A.T., 10.Aufl., 1989, §32 Ⅱ ; Dreher-Tröndle, StGB, 47.Aufl., §22 Rn. 24 ; Stratenwerth, Strafrecht, A.T., 4.Aufl., 1981, Rn. 655 ff ; Welzel, Das Deutsche Strafrecht, 11.Aufl., 1969, 192f, usw. この主観説は、処罰の根拠を法敵対の意思に認めるものであり、未遂は行為反価値によってのみ処罰されることになる。
（6）　Maurach-Gössel, Strafrecht, A.T., Teilbd. 2, 7Aufl., 1989, S.40/40ff ; Schönke-Schöder-Eser, StGB, 26.Aufl., 2001, §22 Rn 62ff ; Jescheck-Weigend, Lehrbuch des Strafrechts, A.T., 5.Aufl., 1996, §Ⅱ 3, usw. 印象説では、法敵対の意思活動が法秩序の妥当性ならび法的安全性についての信頼感を揺るがすに適したものである場合に、未遂の当罰性を肯定する。ここでは、社会心理学的に危険が捉えられることになる。
（7）　Vgl., Rudolphi-Horn-Günther-Samson, SK-StGB, A.T., Bd.1, 6.Aufl., 1998, Vor §22（Rudolphi）Rn. 14.

2　問題となる限界事例

1　事例による検証の意義

　不能犯を検討する場合、客体の不能（A）、方法の不能（B）、主体の不能（C）の3類型に分けて、不能犯論の適用結果を検証することが有益である。理論的な検討に入る前に、不能犯論を適用する上で問題となる限界事例を予め抽出しておこう。
　以下に挙げる限界事例においては、具体的危険説の危険判断の公式を適用する場合には、未遂犯の認められる領域は広くなり、不能犯として取り扱わ

れる領域は狭くなるという傾向を示す。そのため、とくに主体の不能の場合においては、その理論的傾向に歯止めをかけるべきであるとの指摘がなされる。これに対して、客観的危険説の危険判断の公式を適用する場合には、不能犯の認められる領域が広くなり、逆に未遂犯となる領域は狭くなるという傾向を示す。ここでは、とくに方法の不能の場合において、その理論的傾向に歯止めをかけるべきだとの主張がなされる。客体の不能の場合については、具体的危険説においても客観的危険説においても、理論の適用限界が問題になりうる事例（前説では、A-3のような場合、後説ではA-2のような場合）が存在する。

2 限界事例

（1） 客体の不能の限界事例としては、次のようなものが挙げられる。

〈A-1〉「Xは、夜中甲宅に侵入し、甲を殺害する意図でベッドに横たわっている甲に向けて発砲した。弾丸は甲に命中したが、甲はXが発砲する10分前に心臓麻痺により死亡していた。」

〈A-2〉「Yは、電車の中で乙の財布を盗もうとして、乙の背広のポケットに手を入れたが、ポケットには何も入っていなかった。」

〈A-3〉「Zは、丙宅のパーティーに招待された帰りに、コート掛けにあった毛皮のコートを窃盗の意図で持ち帰った。ところが、そのコートは、後から遅れてパーティーに来たZの妻が持参したZのコートであったが、Zはその事情を知らなかった。」

なお、妊娠していない女子に対する堕胎行為はA-1の事例に属し、人がいない空ベッドへの射撃行為はA-2の事例に属する。

（2） 手段の不能の限界事例としては、次のようなものが挙げられる。

〈B-1〉「Xは、甲を殺害する意図で青酸カリの入ったビンを手に入れ、戸棚に置いた。犯行当日、その青酸カリの入ったビンと砂糖の入ったビンを取り違えて持っていき、甲のコーヒーに砂糖を青酸カリと思って入れて飲ませた。」

〈B-2〉「Yは、交番勤務の警察官が休憩室に置いていたピストルを盗み出し、それを持って乙殺害に向かい、乙に向けて発砲したが、実弾が装塡されていなかった。」

〈B-3〉「Zは、空気注射で丙を殺害しようと企て、30ccの空気を丙に注射したが、丙は死亡しなかった。」

（3）主体の不能の限界事例として、次のようなものが挙げられる。

〈C-1〉「刑法上、非公務員であるXは、自分が公務員だと思い込んで、甲から供与された絵画を収受した。」

〈C-2〉「想像妊娠をしていたYは、自ら堕胎のための薬物を摂取し、堕胎を試みた。」

3 具体的危険説の危険判断

1 危険判断の構造

具体的危険説は、行為の当時に、行為者が現に認識していた事情および一般人に認識可能な事情を危険判断の材料として、一般人の立場から結果発生の具体的危険が認められる場合には未遂犯の成立を肯定し、その具体的危険が認められない場合には不能犯とするものである。この説の危険判断の構造は、折衷的相当因果関係説における相当性の判断構造と類似している。しかし、両者に必然的な関係があるわけではない。因果関係論も不能犯論も構成要件該当性の段階での問題である点では共通性がみられるものの、因果関係の判断の場合には、法益侵害の結果が現に存在し、それと実行行為との有機的な関連性が問題となるのに対して、不能犯の判断の場合には、法益侵害の結果は現存せず、ありうべき法益侵害の結果に対して行為がどのような危険性を持ったのかが問題となるのである。具体的危険説の危険判断の構造は、もっぱら抽象的危険説に対する批判から構築されたものと言える。

抽象的危険説は、行為時に行為者が認識した事情を危険判断の材料として、一般的な立場から結果発生の抽象的危険（法秩序に対する危険）が認められる場合には未遂犯の成立を肯定し、その危険が認められない場合を不能犯と

する。この立場にあっては、行為者の認識した事情だけが危険判断の材料とされるため、法秩序に対する危険という観点から処罰範囲を限定するとしても、行為者の犯罪意思に重点を置いた主観的未遂論にとどまることになる。これに対して、具体的危険説は、行為者の認識した事情だけでなく、一般人に認識可能な事情をも判断材料に取り込むことで、行為の危険を一般人の観点から判断しようとするのである。もっとも、危険判断の材料を「行為者の認識した事情および一般人に認識可能な事情」に求めるとしても、行為者の認識した事情と一般人に認識可能な事情とが食い違う場合、どちらの事情が危険判断の材料として優先するのかを明確にしておく必要がある。

　ここでは、行為時に立ち、事後予測（nachträgliche Prognose）の方法により危険性の有無を判断するのが具体的危険説の出発点であることを想起しなければならない。つまり、問題となる客体や主体の存否、手段の性質などがまずは事後的・客観的に確定され（したがって、具体的危険説でも鑑定等による事実の確定は必要である）、その上で、実際の事情（事実の存在、不存在）を行為時に行為者がどう認識し、当該具体的状況の下で一般人がどのように認識しえたかを判断するのである。その際、行為時に客観的に存在した事情については、それを行為者が現に認識している限り、客観的な危険性と行為者の認識した危険性とに齟齬はなく、この場合には、一般人の認識可能性によって危険判断を制限する必要はない。この場合には、行為者が現に認識した事情を危険判断の材料に取り込めば足りるのである。これに対して、行為時に存在しない事情については、それを行為者が存在するものと誤認しているとすると、行為者の認識した危険性と客観的な危険性とにズレが生じることから、この場合には、一般人の認識可能性によって危険判断を制限する必要がある。すなわち、行為時の具体的状況を基礎に、一般人の立場から見て存在しないと考えられる事情については、危険判断の材料から排除すべきなのである。

　具体的な思考過程を、死体に対する殺人の場合を例にとって示すと、次のようになる。まず、行為時に客観的に存在した事実は死体であり、行為者が

現に客体が死体であることを知っている場合には、一般人にはその事情が認識しえない（したがって、生きていると思える）状況にあっても、不能犯の問題ではなくなる。逆に、客体が客観的には生体であるのに、一般人には死体であると認識されうる状況にあるが、行為者には現に生きていると認識されている場合にも、同様に不能犯の問題ではなくなる。これらの場合には、一般人に認識可能な事情を危険判断の材料に取り込む必要はないのである。

次に、行為時に客観的に存在した事実は死体であるのに、行為者がそれを生きていると思っている場合には、客体が生体であるという事実は存在しない事情であることから、一般人の立場から見て生体であるという事情は存在しないと考えられる（つまり、死体であることを知りうる）限り、行為者が認識した生きているという事情は危険判断から排除され、一般人に認識可能な事情が危険判断に取り込まれ、不能犯となる。A-1の事例の場合を、Xが仮通夜の日に事情を知らずに窓の外から発砲したというように変更すると、その具体的状況の下では一般人には甲が既に死亡していることを知りうると解されるので、殺人罪としては不能犯となる。これに対して、一般人にも生体であるという事情が存在すると考えられるA-1の事例の場合、一般人の立場からも生きている甲が寝ていると判断される場合には、生きているという事情が危険判断に取り込まれて、未遂犯が肯定されることになる。

2 危険判断の特徴と限界事案での当てはめ

具体的危険説のこのような危険判断の特徴は、第1に、危険判断の時点を行為時に求める事前判断であること、第2に、危険判断の材料として、行為者の認識した事情だけでなく、一般人に認識可能な事情をも取り込み、行為の危険を客観的に判断しようとすることにある。なお、具体的危険説において留意すべきことは、ここでの危険判断は事後予測の方法をとることから、まずは客観的事実を事後的に明らかにしておくことが必要であり、次に、一般人に認識可能な事情を危険判断の材料に取り込む際に、一般人が行為者の置かれた具体的状況の下でどのような認識を持ちうるかという個別具体的な

検討が必要なことを失念すべきではない。これらの機軸点が動くと、具体的危険説の判断構造に変容をきたすことになる。

具体的危険説を先に挙げた限界事例に当てはめると、いずれも客観的には存在しない事実を行為者が存在するものと認識し、しかも行為時に一般人の立場からも同様な事情（A-1では甲が生きていること、A-2ではポケットに財布があること、A-3ではコートが他人の物であること、B-1ではコーヒーに入れた物が青酸カリであること、B-2では実弾が装塡されていること、B-3では30ccで人が死ぬこと、C-1では刑法上の公務員であること、C-2では妊婦であること）が存在するものと認識されうる限り、存在しない事情を存在するものとして危険判断を行うことになるので、不能犯ではなくなり、未遂犯の成立が認められることになる。しかしながら、具体的危険説の立場にあっても、客体の不能のうちA-3の事例については、不可罰とする見解[8]も主張され、さらに主体の不能については、不能犯論を適用することなく不可罰とする見解[9]が支配的である。これらの事例においては、不能犯論の適用をどのように修正するのかが問題となる。

3 理論適用上の修正

（1） まず、A-3の事例の場合、財物の他人性について誤認がある点をどのように評価するかが問題である。窃盗罪の重要な構成要件要素である財物の他人性が欠如していることから、事実の欠如として不可罰であるとの説明も考えられる。構成要件の客観的解釈としての側面では説得力を持っているが、その方法論は、むしろ客観的危険説に接近することになる。具体的危険説に依拠する以上は、この場合、何故に不能犯論の適用が排除され、別異の解決方法が採られるのかを説明する必要がある[10]。その説明がつかない限り、A-2の場合にも財物が存在しない以上、まさしく事実の欠如として不可罰にせざるをえなくなり、その処理結果は、もはや具体的危険説の修正の範疇を越えたものとなってしまうのである。

（2） 次に、主体の不能のC-1の事例については、収賄罪が身分犯である

ことから、身分の欠如が実行行為性にどう影響するかが問題となる。C-2の事例についても、自己堕胎罪に規定する「妊娠中の女子」という身分が欠如していることから、同様なことが問題となる。ここでは、現在、多様な解決方法が主張されている。

　まず第1に、構成要件欠缺（Mangel am Tatbestand）の理論を援用して説明する見解[11]によれば、身分のような構成要件の定型性に係わる本質的な構成要件要素が欠落している場合には、実行行為としての定型性が認められず、不可罰になるとする。もっとも、この見解においては、構成要件欠缺（事実の欠如）の理論は、不能犯論を排除するものとは捉えられていない。いずれの場合も、実行行為の現実的危険性が欠如することを判断するものに他ならず、構成要件欠缺の概念を用いる実質的意味はないものとされている。そうすると、この場合、なぜ不能犯論の危険判断の公式の適用が排除されるのかという疑問が残ることになる。

　第2の見解[12]としては、不能犯論の処理上は、具体的危険説の危険判断の公式が適用されて未遂としての現実的危険性が認められるが、それは未遂犯の構成要件該当性が肯定されるだけであり、違法性の段階では、事後的な観察によって、例外的に可罰的違法性が欠けて違法性が阻却され、未遂犯が成立しないとするものがある。この見解の特徴は、不能犯論における危険判断が事前判断であることを維持しながら、事後判断を違法論において展開し、事案の処理を図ろうとするものである。もっとも、主体の不能の場合に可罰的違法性が欠けるとする理由については意見が分かれ、奥村正雄教授は「当該行為の法益保護、事案の軽微性、抑止の必要性等」を理由とし、野村稔教授は、身分犯の「義務違反性」が否定されることを理由としている[13]。この見解に対する疑問は、主体の不能を不能犯として処理するのではなく、ともかく未遂犯の構成要件該当性を認めた上で、例外的に可罰性を否定しようとすることは、具体的危険説の危険判断が機能不全に陥っていることを示すことになりはしないかという点である。

　第3の見解[14]としては、不能犯論の適用を排除し、幻覚犯（Wahndelikt）

として不可罰であるとするものがある。ドイツでは、不能犯の場合には、構成要件要素が存在しないのに存在すると誤認している場合、つまり裏返された構成要件的錯誤（umgekehrter Tatbestandsirrtum）であるのに対して、幻覚犯の場合には、全く犯罪構成要件を充たさない行為の実現を意図しており、それは、誤って禁止され可罰的であると認識しているにすぎず、裏返された禁止の錯誤（umgekehrter Verbotsirrtum）として不可罰であるとの考えが有力である[15]。この幻覚犯の考え方を、不能犯論の適用を排除する理論として用いようというのである。この見解では、身分犯における身分が欠落している場合に、具体的危険説の危険判断の公式の適用を排除して、別な観点から不可罰となる理由を説明しうるが、幻覚犯を不可罰にする積極的理由と理論の射程範囲を明らかにしておく必要がある。

4 小 括

これまでの考察で明らかなように、限界事例の解決をめぐって、具体的危険説での解決方法も多岐に分かれている。いかなる解決方法を採るべきかは、次の客観的危険説の危険判断を検討し、不能犯論の理論的方向性を見定めた上で、最終的な判断をすべきであろう。

(8) 構成要件的な定型性を欠くことを理由とするものとして、団藤・総論166頁、福田・総論239頁などがある。なお、大沼邦弘「未遂犯の成立範囲の確定」団藤古稀(3)91頁も、構成要件の欠缺を理由としている。
(9) 団藤・総論165頁、福田・総論239頁、中義勝「不能犯」論争刑法125頁、大沼・前掲注(8)87頁、大谷・総論405、406頁、川端博「不能犯」現代刑法論争Ⅰ294頁、川端・総論486頁、野村稔「不能犯と事実の欠缺」刑法基本講座(4)15頁、振津隆行「不能犯」中古稀272頁、奥村正雄「未遂犯における危険概念」刑雑33巻2号115頁などがあるが、その論拠は様々である。なお、具体的危険説が主体の不能の場合を不可罰とすることについての理論的批判としては、内山良雄「具体的危険説の危険判断とその適用上の問題」早稲田大学大学院法研論集89号88頁以下がある。
(10) なお、この場合の処理について、野村・前掲注(9)15頁は、他の客体の欠缺の場合と区別すべき理由はないとして、具体的危険説の危険判断通り、未遂とし

(11) 福田・総論244頁、大塚・総論251、259頁。なお、大塚仁「事実の欠如」刑法論集(1)92頁以下参照。
(12) 大谷・総論406頁、奥村・前掲注(9)115頁、野村・前掲注(9)15頁等。
(13) 奥村・前掲注(9)115頁、野村・前掲注(9)15頁。
(14) 中・前掲注(9)315頁、振津・前掲注(9)272頁、川端・前掲注(9)現代刑法論争Ⅰ294頁、川端・総論486頁など。なお、振津・前掲注(9)273頁は、想像妊娠者の堕胎未遂(C-2の事例のような場合)については、主体の不能が客体の欠缺に基づく場合であり、幻覚犯ではないとし、未遂犯の成立を肯定している。
(15) Rudolphi-Horn-Günther-Samson, SK-StGB, A.T., Bd.1, 6.Aufl., 1998, §22 (Rudoliphi) Rn. 30 ; Schönke-Schröder-Eser, StGB, 26.Aufl., 2001, §22 Rn. 78-90. なお、塩見淳「主体の不能(一)、(二・完)」法学論叢130巻2号1頁、同6号1頁は、ドイツの学説を検討しながら、主体要素の欠如の場合には、立法判断としての法益の特別な危殆化の欠如を意味することになり、不可罰であるとしている。

4 客観的危険説の危険判断

1 危険判断の構造

　客観的危険説にも様々な主張がある。この説の共通項は、裁判時までに明らかになった一切の客観的事情を判断の材料にして、(科学的)一般人の立場から法益侵害の具体的危険の存否を判断し、その危険が認められない場合を不能犯とし、その危険が認められる場合を未遂犯とする考え方[16]である。
　この説は、古い客観説とも言われる絶対的不能・相対的不能説の考え方を基本的には正しいとしながら、法益侵害の具体的危険性を事後的かつ客観的に判断しようとするところに特徴がある。すなわち、危険判断の形式について、具体的危険説が事前判断の形式を採るのに対して、客観的危険説は事後判断の形式を採る点に大きな違いがある。しかも、法益侵害の危険性を事後的に捉えることで、「結果としての危険」の存否を問題にすることができ、結果反価値論の構想にも合致するものとされている。
　客観的危険説においては、行為者の認識した事情は危険判断の材料に一切取り込まれていない。これは、結果としての危険の判断は、行為者の主観的事情がどうであれ、客観的な事情を基礎として、結果発生の可能性(蓋然性)

という観点からなしうるとの考えによるものである。この考え方を先に挙げた限界事例に当てはめてみると、事後的にはすべての事例において行為者の認識した事情は存在しないことが明らかであり、裁判時の判断としては客観的事情（A-1では甲が死体であること、A-2ではポケットは空であること、A-3ではZの所有物であること、B-1では砂糖が入れられたこと、B-2ではピストルに実弾が装填されていないこと、B-3では30ccでは死に至らないこと、C-1では公務員でないこと、C-2では妊婦でないこと）だけを判断材料として危険判断を行えばよいことになる。したがって、理論上は、すべての事例において結果発生の可能性は認められず、不能犯として処理されることになる。

2　公式適用上の問題点

　この説では、具体的危険説の危険判断公式の適用を修正する必要が指摘される客体の不能のA-3の事例、および主体の不能のC-1、C-2の事例については、事後判断の形式を採ることから、問題なく不能犯として不可罰となる。構成要件欠缺の理論や幻覚犯の理論を用いる必要もない。この点は、客観的危険説のメリットでもある。

　しかしながら、客体の不能のA-2の事例の場合、手を入れたポケットには財布がなかったとしても、背広の他のポケットには財布が入っていたという事情が事後的に明らかになった場合には、その事情を危険判断の材料に取り込んで、所持していた財布に対する占有侵害の危険性があったとして、窃盗罪の未遂を肯定することも可能である[17]。

　さらに、手段の不能の場合には、客観的危険説にあっても、様々な主張がなされる。B-2の事例の場合については、「実弾が装填されていない」という部分を抽象化し、勤務中の警察官のピストルには実弾が装填されている可能性が高いことを判断材料に取り込み、結果発生の蓋然性が高いとして、殺人罪の未遂を肯定する主張[18]もなされる。B-3の事例については、ともかく丙にとっては30ccは致死量ではなかったのであり、事後的・客観的に科学的一般人の立場から危険判断をするのであれば不能犯となるはずであるが、

客観的危険説の立場でも、相対的不能であるとしたり、あるいは一般的危険性があるとし、殺人罪の未遂を肯定している[19]。

3 修正説の展開

このように、客観的危険説の立場にあっても、危険判断の公式をそのまま適用すると不都合な領域があり[20]、そこでは理論的な修正を加える試みがなされている。もっとも、客観的危険説の事後的・客観的な危険判断を科学的・物理的に行うというところまで徹底すると、障害未遂の場合もすべて不能犯に転化することになる。したがって、客観的危険説にあっては、結果としての危険を法益侵害の危殆化の中に求める以上は、危険判断の公式に何らかの修正を施す必要性が内在しているのである。問題は、その理論的な修正が説得力を持つかという点にある。

まず、第1の修正説としては、問題となる方法の不能や客体の不能の領域については、現実に存在した事実を仮定的な事実に置き換えて、その存在の可能性を問うことによって危険を事後的に判断しようとする山口厚教授の修正された客観的危険説[21]がある。この説は、「仮定的事実の存在可能性」を検討することによって危険判断の材料である客観的事実の一部を抽象化し、その上で結果発生の蓋然性を具体的に判断することで、A-2やB-2、B-3などの事例において未遂犯の成立を肯定しようとするものである。ここでは、事実の抽象化を一部許容することで事前判断の公式に接近し、さらに科学的な事実判断からは一歩後退することになろう。

第2の修正説としては、危険判断の時点を行為時に設定し、実行行為時に存在した客観的事情を基にして、裁判官が一般人の視点で科学的・合理的に危険の有無を判断する（科学的事後予測）とする前田雅英教授の修正された客観的危険説[22]がある。この説では、客観的危険説が従来不能犯としてきたA-1の事例についても、客観的危険性が全くないとは言えないとして未遂犯の成立する余地を認める。したがって、主体の不能を不能犯とする客観的危険説の特徴を残すものの、他の領域では不能犯の成立範囲を狭め、未遂犯を

広く肯定することになろう。さらに、この説では、危険判断が事前判断なのか事後判断なのかが流動的である点が問題である。この点は、構成要件の実質的解釈が導入されていることと連動しているものと思われる。

第3の修正説としては、客観的危険説の事後判断という判断形式は維持しながら、危険判断の基準を科学的な物理的法則に求めずに、一般人の危険感を問題にすることで理論的な修正を図るべきだとする曽根威彦教授の修正客観的危険説[23]がある。この説では、危険判断の基底には純粋に物理的な事実が置かれるが、危険判断自体は価値的・評価的性格を帯びるものと解されている。なお、曽根説では、不能犯は、法益侵害の一般的危険性（行為の危険性）を有することによって形式的に構成要件に該当するが、具体的危険結果としての危険が現実には発生しないことによって違法性を帯びないものと解されており[24]、不能犯論における危険判断の構造は、違法判断の構造と連動したものとなっている。

以上のように、修正説の試みは、事後判断の形式自体に大きな変動をもたらすか、さもなくば危険を科学的・物理的に捉えることを断念して、結果としての危険も一般人の危険感に立ち戻って捉えるという点に回帰する必要があることを示していると言えよう。

(16)　中山・総論426頁、内藤謙「不能犯」法教109号82頁、曽根威彦「不能犯」現代刑法論争Ⅰ280頁、曽根・重要問題（総論）267頁、前田・総論159頁、山口・危険犯164頁、山口・問題探究総論214頁、村井敏邦「不能犯」刑法理論の現代的展開 総論Ⅱ165頁、宗岡・客観的未遂論14頁、林陽一「不能犯」松尾古稀(上)377頁など。
(17)　この場合、窃盗罪の未遂を肯定する見解としては、曽根・前掲注(16)現代刑法論争Ⅰ283頁、曽根・総論247頁、山口・危険犯169頁、前田・総論160、161頁。
(18)　山口・危険犯171頁、前田・総論162頁など。
(19)　中山・論争問題161頁、曽根・総論249頁、村井・前掲注(16)183頁など。
(20)　反対に、村井・前掲注(16)189頁は、客観的危険説に修正を加えなければならない理由は、必ずしも見出せないとしている。なお、宗岡・客観的未遂論では、空気注射の事例についても不能犯の成立を肯定すべきであるとし（24頁）、事後判断の公式を徹底させて、危険概念を因果的に捉える実在的危険説の主張がなさ

れている。
(21)　山口・危険犯164頁以下、山口・問題探究総論217頁。
(22)　前田・総論159頁以下。
(23)　曽根・重要問題（総論）270頁以下。
(24)　曽根・刑事違法論231頁以下。

5　不能犯論の理論的方向性

1　危険判断の時点

　具体的危険説と客観的危険説の第1の対立点は、危険判断の時点についてである。具体的危険説が事前判断の形式を採っているのに対して、客観的危険説は事後判断の形式を採っている。未遂犯の処罰根拠を「行為の属性としての危険」に求めるのであれば、行為時にその危険が認められるか否かを判断すべきであり、事前判断の形式を採る具体的危険説が適切であることになろう。一方、未遂犯の処罰根拠を「結果としての危険」に求めて、その危険が生じていたのか否かは、裁判時に明らかになった事情をも考慮に入れて事後的にしか確定しえないと考えるのであれば、事後判断の形式を採る客観的危険説が適切だということになろう。このような未遂犯の処罰根拠と不能犯論との関連性は、いわば行為反価値論と結果反価値論との対立構造を投影したものとなっている。しかし、その関連図式は、固定化されたものではない。跛行的結果反価値論を主張する私見の立場では、未遂犯と不能犯との相違点を法益侵害の現実的危険性があるか否かに求めながら、次のような理由から、事前判断の形式を採る具体的危険説を支持すべきものと考える。

　まず、未遂犯は、犯罪の発展段階の上では、実行の着手がなされた段階での危険性に着目して処罰を肯定するものであり、そこでの危険判断は、そもそも事前判断である。行為遂行が終わった最終時点では法益侵害の結果が発生していなくとも、行為当時に法益侵害の危険性が認められれば未遂として処罰しうるのである。未遂犯と不能犯の区別を論ずる場合に検討の対象とされるべきは、行為当時に法益侵害の危険性があったか否かであり、不能犯論

においても、危険判断は事前判断の形式を採るべきである。この点から、具体的危険説が事前判断の形式により危険判断を行うのは正当であると言える。

次に、危険判断の対象となる行為当時の危険の内容については、「行為の属性としての危険」ではなく、あくまでも「結果としての危険」を問題にすべきものと考える。行為の属性としての危険を問題にする場合には、行為の主体たる行為者がいかなる認識を有していたかが重要となり、危険の実体を行為反価値論的に捉えて、それを行為反価値の枠組みの中に取り込むことにもなる。しかしながら、そのような理論的構想は、跛行的結果反価値論の立場からは是認しえない。法益侵害ないしその危険のないところに犯罪の成立を肯定すべきではなく、未遂犯の場合にあっては、法益侵害の危険を結果反価値の枠組みの中で捉えるべきである。そうすると、危険判断の対象とされるべきは、「結果としての危険」ということになる。問題は、未遂犯と不能犯とを区別する場合に事前判断の形式により危険判断を行うとすると、その「結果としての危険」をはたして行為時に捉えることができるのかという点にある。もし仮に、結果としての危険の実体を「具体的危険」として想定するのであれば、それは事後に明らかになった客観的事実をも考慮に入れなければ判断できないということになり、客観的危険説の危険判断の公式に接近することになろう[25]。

しかし、ここで問題となる結果としての危険は、具体的危険ではなくして、行為当時の法益侵害の「現実的危険」を意味するものと解すべきである。すなわち、未遂犯と不能犯とを区別する際に着目すべきは、法益侵害の危殆化にあるとしても、それはあくまでも行為の当時に法益侵害に至る危険な事態が認められるか否かという観点から判断されるべきであり、その危険事態が現実的危険の実体をなしているのである。この現実的危険は、行為反価値を超えた事態反価値（Sachverhaltsunwert）として結果反価値の枠組みの中で捉えることができ、しかも事前判断の形式によって判断することが可能であると考える。したがって、具体的危険説における危険判断の対象は、事後

的に判明される具体的危険ではなく、行為当時における現実的危険であることになる。

　なお、最近、山中敬一教授が主張されている二元的危険予測説[26]では、当該行為が結果発生の具体的危険を創出するかどうかについては具体的危険説と同様に事前判断によるべきであるが、危険判断はそれに尽きるわけではなく、結果発生の具体的危険状態（客観的蓋然性が高いこと）が発生したかどうかを仮定的因果予測によって事後の立場から判断すべきであるとの主張がなされている。ここでは、いわば事前判断と事後判断とが段階的に使い分けられている。たしかに、この考え方は、客観的帰属論の立場からは、不能犯論の限界領域まで射程範囲に入れた統一的な理論構成であると言える。しかし、行為時の現実的危険を問題にする立場にあっては、危険判断の時点を段階的に捉えることは困難である。不能犯論の危険判断の公式としては事前判断を維持しながら、限界領域おいては、別途理論的な解決を図ることで問題の解決を図るべきだと考える。

2　危険判断の材料

　具体的危険説と客観的危険説の第2の対立点は、危険判断の材料についてである。具体的危険説では、行為者が現に認識した事情および一般人に認識可能な事情が危険判断の材料とされるのに対して、客観的危険説では、行為者の主観的な認識事情は危険判断の材料からは排除され、裁判時までに明らかになった一切の客観的事実が判断材料にされている。この相違は、危険判断の時点の相違と連動している。結果としての危険を事後的かつ客観的に捉えるのであれば、行為者の認識した事情や一般人に認識可能な事情は、危険判断に影響しないであろう。しかし、行為時の危険事態としての現実的危険を問題とする場合には、行為がどのような結果をもたらすのか未確定の段階に立ち戻り、行為者の認識した事情および行為時に一般人に認識可能な事情を判断材料として、事後予測を行うしかないのである。不能犯論においては、行為の当時、具体的状況の下で一般人の立場から見ても法益侵害に至る危険

な事態が生じていると認められるか否かがまさに問題なのである。したがって、具体的危険説の危険判断においては、一般人に認識可能な事情を措定する際に、具体的状況の下での事後予測であることを失念すべきではない。

3 理論的方向性

　以上のように考えると、不能犯論の理論的方向性を決定するものは、危険判断の形式として事前判断を採るべきだという点である。さらに、事前判断の形式によって危険判断を行うとしても、結果としての危険を問題にすべきであり、そこでは現実的危険という危険事態が認められるか否かが吟味されるべきである。具体的危険説によって未遂犯か不能犯かを検討することは、不能犯論の理論的方向性としては正当なものだと言えよう。もっとも、具体的危険説に依拠するとしても、前述したように、その危険判断の公式を形式的に当てはめると不都合な限界事例が生じる。その領域については、別途理論的な解決を図ることができると考える。この点については、章を改め事例ごとに具体的な解決方法を述べることにする。

　なお、ここでの具体的危険説にあっては、行為時の法益侵害の現実的危険性の存否を検討することになる。その検討は、不能犯と未遂犯との振り分けの問題であり、構成要件該当性の段階での問題として位置付けておくべきであろう。すなわち、法益侵害の現実的危険性が認められる場合には、当該行為は、実行行為として未遂犯の構成要件に該当することになるし、逆に、法益侵害の現実的危険性が認められない場合には、当該行為の実行行為性が否定され構成要件該当性もないということになるのである。

　不能犯の場合にも、未遂犯と同様に構成要件該当性を認めて、違法性の段階において検討するということになれば、違法論の中心問題である行為反価値論・結果反価値論と直結した不能犯論を展開することが可能ではある。しかしながら、法益侵害の現実的危険性の認められない行為も実行行為として構成要件該当性があるとすることは、実行行為概念の相対化を認めることになってしまい、適切とは言えない。構成要件と違法性との関係をどのように

把握するかにもよるが、構成要件該当性の判断は単なる事実判断に尽きるわけではなく、価値的判断を伴う場合もあることを前提にする場合には、一般人の立場から現実的危険が認められるか否かを検討する作業は、なお構成要件該当性の判断に属し、そこには違法性の本質論である行為反価値論・結果反価値論の考え方も投影しうると考える。

(25) なお、前田教授の修正された客観的危険説(前田・総論159頁以下参照)は、この説明とは逆の思考方法を採ったものと解される。つまり、客観的危険説の立場から、事後に明らかになった客観的事実を考慮に入れるという事後判断を前提にしながら、未遂犯における結果としての危険は事前判断であるとして、行為時における結果としての危険を問題にするのである。しかし、そうすると法益侵害の危殆化を具体的かつ段階的に捉える立場からは遠ざかることになるように思われる。危険判断の公式自体を修正することは、把握される危険の実体を変容することになろう。
(26) 山中・総論Ⅰ700頁以下。

6 結 語

1 客体の不能の処理

以上のような具体的危険説の考え方を、先に挙げた限界事例に当てはめてみると、次のようになる。まず、客体の不能の場合、A-1、A-2の事例については、具体的危険説の立場からは、未遂犯の成立する典型事例とされてきた。それは、行為当時の具体的状況からして一般人の立場に立っても、A-1の事例では甲が生きている、A-2の事例では乙のポケットには財布が入っていると認識されることを危険判断の材料に組み込めるからである。

これに対して、A-3の事例の場合には、コートが他人の物であることを一般人が認識可能であったか否かは、具体的状況によって微妙に変動する。丙は勿論のこと、パーティーに来ている多くの人が、Zの妻がZのために持参したことを知っているような状況であれば、その場合には、危険判断の公式通り不能犯となる。これに対して、コートの所有者も見間違う状況にあり、Zの妻が持参したコートであることをパーティーの参加者のほとんどが知り

えない状況にあれば、一般人にとってもコートが他人の物であると認識する状況にあると言える。この場合には、危険判断の公式を当てはめると、逆に窃盗未遂という結論が出ることになる。しかし、この場合にも、客観的には財物の他人性が欠落していることを重視し、不可罰にすべきだとする主張が具体的危険説の立場から出されている。具体的危険説の危険判断の公式が機能しない事例の一つだというのである。

この場合の解決方法として、自己の物を他人の物と思って盗む行為は幻覚犯であり、不能犯論とは別異の観点から不可罰になるとの説明も考えられる。しかし、窃盗の処罰規定は存在し、しかも身分犯でない以上、一般にはZは窃盗罪の主体となりうるのであり、幻覚犯の理論をそのまま適用することはできないであろう。この場合の解決方法としては、危険判断の公式が適用され未遂犯の構成要件に該当することは否定しえないが、財物の他人性の錯誤を責任の段階で処理すべきだと考える。行為者は、他人の財物だと認識していることから、当該行為が違法であると認識している。しかし、客観的には財物の他人性が欠落していることから違法ではなく、行為者の誤認によって違法だと思っているにすぎない。この場合は、客観的には違法であるのに法的には許容されると思っている違法性の錯誤の場合と比較すると、逆の場合に当たる。この場合も、一種の幻覚犯として捉えることが可能ではあるが、責任の段階で処理されものであることから、通常の幻覚犯とは区別して考えるべきであり、厳格故意説の立場からは、行為者の違法性の意識が実体のないものである以上、故意責任を追及することはできないものと解される。したがって、不能犯論とは別の観点から未遂犯の成立が否定されることになる。

2　手段の不能の処理

次に、手段の不能については、具体的危険説の危険判断の公式をそのまま適用し、未遂犯の成立を肯定しうると考える。もっとも、この場合においても、危険判断の材料として一般人に認識可能な事情を措定する際には、行為当時の具体的状況を考慮に入れた上での事後予測であることに留意すべきで

ある。B-1の事例では、青酸カリと砂糖の入ったビンとが形状や重さなどに大きな違いがあり、一般人の立場から見ても砂糖の入ったビンとしか思えない状況にある場合には、具体的危険説の立場にあっても不能犯となりうるのである。

3 主体の不能の処理

最後に、主体の不能の場合については、不能犯論の適用が排除されると考える。とくに身分犯においては、行為者に身分が欠落している場合には、実行行為の主体が存在しないことになり、そもそも実行行為自体が存在しないのである。この場合には、当該行為に実行行為としての現実的危険性ありや否やの判断をすること自体が不必要であり、具体的危険説の危険判断の公式を適用して問題の解決を図らなければならない事案ではないのである。不能未遂を可罰的なものとして取り扱うドイツ刑法にあっても、主体の不能の場合には幻覚犯の理論を用いて不可罰とする理論構成が考えられるのは、実行行為の主体性を欠く場合まで処罰範囲に取り入れる結果になってしまうことに歯止めを欠ける必要があるからである。

主体の不能の場合、幻覚犯の理論を適用して不可罰とする場合、その理論の射程範囲が問題となる。幻覚犯の定義を厳格に捉えるならば、当該行為を処罰する規定が置かれていないのに行為者が犯罪になると思って行為に出た場合をいうのであり、この場合には、そもそも該当すべき構成要件が存在せず、不可罰となる。不能犯の事案と区別するために、幻覚犯の場合は、裏返された禁止の錯誤だと言われる。しかし、この場合の処理は、錯誤として責任の段階で処理するまでもなく、構成要件該当性の段階で不可罰になるものと考える。身分犯の場合、身分のない者が身分があるものと思って行為に出た場合は、幻覚犯としても捉えられるが、不能犯論の適用を排除するためには、実行行為の主体が欠けることから実行行為そのものが存在しないことを論拠に付け加えるべきであろう。

以上のような考えを限界事例に当てはめてみると、次のようになる。まず、

C-1事例の場合には、公務員でない者が賄賂を収受することを罰する構成要件は存在しないので、Xの行為は幻覚犯に当たり不可罰となる。この場合に不能犯論の適用が排除される理由は、実行行為の主体が欠落しているためにもはや実行行為自体が存在しないことに求められる。

　次に、C-2の事例の場合も、身分犯の事案として幻覚犯の理論を適用しうる。自己堕胎罪は妊娠中の女子でない限り、犯罪の主体とはなりえないことから、身分犯である。Yには「妊娠中の女子」という身分が欠けており、主体の不能となる。この場合、母体と胎児とを分離して考え、客体である胎児が存在しないことが原因となって主体の不能になっているとして、本来の幻覚犯とは区別して考える見解もあるが、母体と胎児とは一体的に捉えるべきである。Yが妊娠していない以上、自己堕胎罪においては主体の不能であり、幻覚犯として処理され、C-1の事例と同様に、不能犯論の適用が排除される。なお、妊娠していない女子に対して第三者が堕胎を行おうとした場合は、客体の不能の類型に属し、A-1の事例の場合と同様な処理がなされるべきである。

第9章　原因において自由な行為の理論の理論的枠組みについて

1　はじめに
2　理論の方向性
3　同時存在の原則と責任主義
4　原因設定行為の実行行為性
5　理論の射程範囲

1　はじめに

　原因において自由な行為の理論は、行為者が故意または過失によって自己を責任無能力の状態に陥れ、その責任無能力（限定責任能力）の状態下で法益を侵害したというような場合にあって、なお行為者の処罰を是認しようとするものである。通常の場合、犯罪行為を行う時点に行為者が責任無能力の状態に陥っているのであれば、行為者を処罰することはできない。「行為と責任との同時存在の原則」は、近代刑法の基本原則の一つである責任主義から導き出されたものである。いかなる局面においても、その貫徹が要請される。そこで、原因において自由な行為の理論においても、行為者の処罰を肯定する上で、この「行為と責任との同時存在の原則」との関係をどのように処理するのかが第1の課題となる。第2の課題としては、通常の犯罪形態の場合と同様な実行行為論を展開しうるのか、という点が問題となる。原因において自由な行為の場合、同時存在の原則を維持するために実行の着手時期をいわゆる原因設定行為に求めるとすると、通常の場合と比較し、かなり早い時期に実行の着手を認めることになり、未遂処罰の範囲が広がって不都合ではないかという批判が出されるのである。原因において自由な行為の理論

の根底には、自己の責任無能力の状態を利用して法益侵害を実現した者を処罰できないというのは不都合だとする正義の観念が働き、刑罰の積極的適用を促しているとともに、他面では、刑法理論を刑罰限定的に機能させようという構想から処罰の歯止めを組み込もうとする思考が介在するのである。このいわば相克する思考をどのように調和させるのかが、原因において自由な行為の理論の核心である。しかも、その理論的枠組みが、実行行為論の観点からも理論的整合性を持つものでなければならないのである。

　西原春夫教授は、原因設定行為に実行行為性を求めることで「行為と責任との同時存在の原則」を維持しようとする通説の立場に対しては、実行行為概念を不当に拡張するものであると批判され、同時存在の原則を緩和することで問題の解決を図ろうとされている。すなわち、最終的意思決定のとき、つまり「行為」の開始時に責任能力が存在すれば「行為と責任との同時存在の原則」は充たされるとし、行為開始から結果発生に至る一連の行為が一つの意思決定に貫かれている場合には、行為者を規範的に非難しうるとの見解をすでに昭和40年代に出されている[1]。この見解は、実行行為と責任能力との同時存在の要求に疑問を提示した佐伯千仭博士の主張[2]をより具体化し、同時存在の原則を緩和することで問題の解決を図る方法に明確な指針を与えたものである。この理論的転換は、その後も大きな理論的影響を与えてきている。最近では、実行行為概念を相対化することにより、原因において自由な行為の問題を解決しようとする主張もなされ、原因において自由な行為の理論は、一層錯綜したものになってきている。ここでは、西原理論によって示された理論的転換の意味を検討し、特に問題となる故意犯の場合に焦点を絞って、原因において自由な行為の理論の理論的枠組みのあり方を検討してみたいと考える。

（1）　西原春夫「責任能力の存在時期」佐伯還暦(上)404頁以下、同『刑法総論（法学基本問題双書17)』（昭和43年）183頁以下。
（2）　佐伯千仭「原因において自由なる行為」刑事法講座(2)295頁以下。

2 理論の方向性

(1) 原因において自由な行為(actio libera in causa)の事案として、「酒乱の癖のあるAが、酩酊状態の下でXを殺害しようと企て、刃物を懐に入れて酒を飲み始め、酔っぱらってXに斬りかかり殺害した。Aは、Xに斬りかかった時点においては、すでに病的酩酊の状態に陥っていた。」というような設例が挙げられる。最近では、飲酒の事案のほか、薬物事犯においても、原因において自由な行為の理論の適用が必要になってきている。

原因において自由な行為の場合、設例で言えば、AがXに斬りかかった時点(結果行為の時点)では責任無能力状態にあるが、酒を飲み始めた時点(原因設定行為の時点)では自由に意思決定を行うことができ責任能力が認められる。一方、実行行為論の観点から見た場合には、客観説に依拠する限り、通常の場合であれば、Xに斬りかかるという結果行為に実行行為性を認めることになろう。そうすると、実行行為の認められる時点では責任能力がもはや存在せず、刑法39条1項により不処罰にするしかないということになる。そこで、A処罰の結論を導き出すためには、原因設定行為に実行行為性を認めて「行為と責任との同時存在の原則」を維持する方法を採るか、あるいは結果行為に実行行為性を認めることは動かしえないとして、同時存在の原則の従来の考え方を修正し、「行為」概念を広く捉えることで理論的な補強を行う方法を採るかの、いずれかの方法によるべきものとされてきたのである。

通説は、従来、「行為と責任との同時存在の原則」は実行行為と責任能力との同時存在を要求するものと解してきた。同時存在の原則は、責任主義に基礎を置くものである。通説は、実行行為を行う時に責任能力がなければ、行為者を刑法的に非難することはできないという認識に立ち、原因において自由な行為の場合においても、この考えは維持されなければならないとする。そこで、責任能力が認められる時点の原因設定行為に実行行為性を求めることになるが、その後の結果惹起は、自己の責任無能力状態の行為を利用して

実現したものであり、間接正犯に類似した構造を有する（間接正犯類似説）との説明がなされてきたのである[3]。

　この通説の理論構成に対しては、次のような批判がなされてきた。すなわち、①飲酒行為のような原因設定行為に実行の着手を認めることは、いわば予備的行為を未遂として処罰することになり、客観的未遂犯論に抵触することになるとか、②間接正犯類似説では、自己を限定責任能力に陥れて犯行を行う場合においては、自己を完全な道具の状態にしてはいないことから、原因において自由な行為の理論の適用が排除され[4]、適用結果が不当なものになるとかいった批判がなされてきた。さらには、③責任無能力の状態で一定の犯罪を実現しようとして原因設定行為を行ったが、責任無能力の状態に陥る以前の限定責任能力の状態で当該犯罪を実現するに至ったような場合には、限定責任能力に基づく犯行として刑の減軽を認めるとすると、原因設定行為時にすでに実行の着手がなされているにも拘らず、さらに限定責任能力状態下の行為にも実行行為性を認めなければならず、2個の実行行為を認めるという不都合が生じるとの批判もなされるのである。

　もっとも、通説の間接正犯類似説を採るとしても、原因設定行為の構成要件該当性の判断を厳格に解するか、それとも緩やかに解するかによって、原因において自由な行為の理論の射程範囲は異なったものになる。さらに、限定責任能力状態を利用する場合にも、原因において自由な行為の理論を適用しうるのかについては、見解の分かれるところである。従来の支配的な見解は、原因設定行為の構成要件該当性の判断を厳格に解したことから、原因において自由な行為の理論の適用はごく限られた事案についてしか認められないとしてきた。しかも、理論の適用は、心神喪失状態を利用する場合に限られ、心神耗弱状態を利用する場合には適用されないとの結論を採ってきたのである。この立場では、原因において自由な行為の理論の有用性はあまり認められず、処罰の必要性は本来的には立法的に解決すべき問題だということになる[5]。しかし、その理論的方向性は、再検討する必要がある。

　（2）　通説が同時存在の原則を維持するのに対して、その反対説は、同

時存在の原則を緩和することで問題の解決を図ろうとしている。この原則緩和説においては、通説のように原因設定行為に実行の着手を認めることは、実行行為概念を不当に拡張することになって客観的未遂犯論に反するとの認識がある。そのため、原因において自由な行為の場合であっても、通常の犯罪形態と同様に、結果行為の方に実行の着手を認めるべきであるという考えが理論的な出発点になっている。そこで、この立場では、「行為と責任との同時存在の原則」の従来の理解の仕方に修正を迫るのである[6]。

たとえば、西原説では、原因において自由な行為の場合、結果行為の時点においては責任能力は認められないが、原因設定行為を行う最終的意思決定の時点において責任能力があり、その意思が結果行為まで貫かれている場合には、刑法的に非難しうるとする。つまり、「行為と責任との同時存在の原則」は、必ずしも実行行為と責任能力との同時存在を要求するものではなく、広い意味での「行為」と責任能力との同時存在で足りるとするのである[7]。ここでは、責任非難の中核が行為を導くところの意思決定にあり、責任能力はこの意思決定の時点にあればよいとの説明がなされるのである[8]。

この原則緩和説によれば、通常の犯罪形態の場合と同様に、実行の着手を結果行為に求めることができ、客観的未遂犯論を展開することが可能となる。たとえば、先に挙げた飲酒の事案において、「Aが途中で酔いつぶれてしまってXを殺害するに至らなかった」とすると、原因設定行為に実行の着手を認める限り殺人未遂罪の成立を肯定することになるが、原則緩和説では、いまだ結果行為がなされていない以上、殺人予備の段階にとどまることになる。さらにまた、限定責任能力状態を利用する場合についても、原因において自由な行為の理論を適用することに理論的な障害はないのである。

しかしながら、原則緩和説に対しては、なお、以下のような疑問が残るのである。第1に、「行為と責任との同時存在の原則」は、刑法の基本原則の一つである責任主義に基礎を置くものであり、果たしてそれを緩和することが許されるのかという点である。責任能力は実行行為の時に存在してこそ意味があり、実行行為の時に責任無能力であるなら、責任主義の観点からはや

第9章 原因において自由な行為の理論の理論的枠組みについて　187

はり処罰しえないのではないか、という点が依然疑問として残る。責任非難の中核は意思決定にあるとして、一つの意思決定が結果行為にまで貫かれているということを理由に、同時存在の原則を緩和しうるとする説明にどれだけ説得力があるのか、検討がなされるべきであろう。第2に、結果行為に実行行為性を求めるならば、原因設定行為時の故意・過失よりも結果行為時における故意・過失を問題にすべきではないか、という疑問が生じる。特に、原因設定行為時は過失しか認められなかったが、結果行為時には故意が認められるというような場合の処理を、どうするのかも問題[9]となってくるのである。

（3）さらに、最近では、実行行為の概念を相対化することによって、問題の解決を図る主張もなされている。すなわち、原因行為自体を問責の対象として捉えることは正しいとしながら、それは因果関係の起点としての実行行為であれば足り、「未遂行為としての実行行為」は結果行為に求めうるとするのである（二元説）。この立場では、因果関係の起点としての実行行為が行われる時点に責任能力があれば、「行為と責任との同時存在の原則」は充たされるものと解し、原因行為と結果行為との間に因果連関ならびに責任連関が認められるならば、原因において自由な行為の可罰性を肯定することができるとする。そうして、未遂犯論については、なお結果行為を対象として客観的未遂犯論を展開しようとするのである[10]。

ここでは、因果連関・責任連関の判断が重要な問題となる。まず、因果連関としては、たとえば酩酊すると暴行をはたらく性癖があるといった特段の事情が認められる場合のように、原因行為に相当程度の危険性（未遂犯で要求される程度の具体的危険である必要はない）が必要であり、責任連関としては、原因行為が結果行為・結果を惹起する危険性を持つことの認識、その危険性の結果行為・結果への実現の認識、発生する結果行為・結果の認識が必要であるとされている[11]。

この二元説の特徴は、いわば同時存在の原則を維持しながら、未遂行為としての実行行為を結果行為に求め、通常の犯罪形態の場合と同様、法益侵害

の具体的危険性の判断をなしうるように理論構成した点にあると言えよう。しかしながら、実行行為概念として、因果関係の起点としての実行行為と未遂行為としての実行行為という2種類のものを認めることは、従来の構成要件理論を基礎にした実行行為論を塗り替えることになる。つまり、構成要件に該当する行為を「実行行為」と言い、その実行行為の開始をもって「実行の着手」としてきた従来の理論的前提は、意味をなさなくなるのである。この立場では、因果関係の起点としての実行行為の開始は、未だ「実行の着手」ではないということになろうが、そうすると実行行為の開始をもって実行の着手と解してきたこと自体を修正しなければならなくなる。さらに、因果関係の起点としての実行行為は、未遂行為としての実行行為ではないとして、実行の着手論から排除するのであれば、それは、原則緩和説のいう「広い意味での行為」と実体的に異ならなくなるであろう。

　（4）　原因において自由な行為の理論においては、責任主義の要請と客観的未遂犯論とが錯綜している。通説は、同時存在の原則を維持するための理論的工夫として間接正犯類似の構成を主張している。それは、責任主義の要請を第一次的に考慮したことによるものである。これに対して、原則緩和説は、実行の着手時期の客観的な把握を第一次的に考慮したため、同時存在の原則を修正・緩和する方向を辿ったと言えよう。二元説は、責任主義の要請と客観的未遂犯論の展開という二方向のものを実行行為概念の相対化によって一つにまとめようとしている。しかし、その理論構成は、従来の実行行為論の枠組みでは掌握しにくく、新たな理論的枠組みが必要となる。原因において自由な行為の理論は、本来、行為者を不処罰にすることが正義の観念にもとることから、刑罰の適用を根拠付ける機能を有するものではある。その際、責任主義の要請は、充たされていなければならない。この点、通説の理論的方向性は正しいと言えるが、なお同時存在の原則の実質的な意味を検討してみる必要がある。次に、原則緩和説や二元説の狙いは、結果行為の方に実行の着手を認めることで客観的未遂犯論を展開することにある。それによって、理論に刑罰制限的機能を持たしめようとしている点では評価しうる。

しかし、原因設定行為に実行行為性を求めたとしても、理論に刑罰制限的機能を持たしめることは可能なのではなかろうか。これらの点を、以下に再度検討してみることにする。

(3)　小野清一郎「原因において自由な行為」同『刑法と法哲学』（昭和46年）255頁、団藤・総論161頁以下、植松・総論229頁以下、大塚・総論160頁、大塚・基本問題109頁以下、福田・総論193頁以下、香川・総論222頁以下、日髙義博「原因において自由な行為」現代刑法論争Ⅰ240頁以下など多数。
(4)　限定責任能力の場合において、原因において自由な行為の理論の適用を排除する見解としては、たとえば、団藤・総論162頁、福田・総論195頁などがある。
(5)　構成要件を新設することにより問題の解決を図るべきだとするものに、平川宗信「原因において自由な行為」現代刑法講座(2)277頁以下がある。なお、団藤重光「みずから招いた精神障害」植松還暦227頁以下は、改正刑法準備草案第16条を検討したものであるが、定型説の立場からは原因行為に実行行為としての定型性を認めることは解釈上無理があるとの認識から、立法的な解決を図ることに賛意を示している。これに対して、浅田和茂「原因において自由な行為」中古稀153頁は、厳格説の出発点には賛成であるが、立法案については賛成できないとする。
(6)　同時存在の原則を修正する試みは、佐伯論文（前掲註(2)295頁以下）から始まったと言えるが、その後の理論的基礎付けは多様なものになっている。なお、平野・総論Ⅱ302頁は、「間接正犯とのアナロジーで考える場合でも、必ずしも原因行為が実行行為でなければならないわけではない」としている。
(7)　西原・前掲注(1)。なお、同時存在の原則を緩和する立場を採るものとしては、川端博「原因において自由な行為」現代刑法論争Ⅰ233頁以下、川端・総論405頁、大谷・総論349頁、大野・総論(上)284頁、明照博章「原因において自由な行為の適用範囲」明治大学法学研究論集6号（平成8年）356頁などがある。
(8)　この点についての批判に対する西原教授の反論としては、西原春夫「原因において自由な行為についての再論」団藤古稀(3)29頁以下参照。なお、意思決定の時に責任能力が認められれば責任非難をなしうる論拠について、大谷教授は、「自由な意思決定に基づく原因行為があり、それに基づいて結果行為が行われた以上は、結果行為は責任能力状態での意思決定の実現過程にほかならない」（大谷・総論348頁）とし、川端教授は、「規範的責任の存否を判断するにあたって、違法行為の決意、すなわち、ボッケルマンのいう『反価値への意識的決意』を考慮に入れることは責任の実体に適合こそすれ、けっしてそれに違反するものではない」（川端・総論406頁）との説明をしている。金澤文雄「原因において自由な行為」荘子古稀97頁以下においても、意思決定の段階を重視する論拠が提示

されている。
（9） 結果行為時の故意・過失を問題にするものとして、中空壽雅「原因において自由な行為の法理の検討㊀、㊁、㊂」早稲田大学大学院法研論集52号（平成2年）173頁、53号141頁、54号217頁がある。なお、中空論文は、結果行為に実行行為性を求める点は固定し、例外的に責任を問うためには、最終的意思決定時たる原因行為の際に責任能力が存在すればよいとする「責任補塡原理」に依拠すべきものとしている。
（10） 山口厚「『原因において自由な行為』について」団藤古稀(2)162頁以下。内藤・総論（下Ⅰ）880頁以下も同旨。なお、中森喜彦「原因において自由な行為」刑法理論の現代的展開総論Ⅰ242頁も、原因設定から犯罪事実の実現までの一過程を危険の実現として捉えるべきだとしてこの見解を支持しているが、原因において自由な行為の処罰は、行為と責任との同時存在の原則の例外をなすものと認めざるをえないとしている。
（11） 山口・前掲注(10)175頁、177頁。

3 同時存在の原則と責任主義

（1） 通説は、「行為と責任との同時存在の原則」が実行行為と責任能力との同時存在を要求するものと解してきた。これは、実行行為時に責任能力がなければ、当該行為の遂行に対して責任非難をなしえないからである。故意犯の場合、反対動機を形成することが可能な状況にありながら、犯行の決意を実現しようとした点に規範的な非難が加えられる。実行行為時に責任能力がない場合には、行為者は当該行為の遂行が法的に許容されるか否かの判断をなしえず、責任非難をなしえない。実行行為時に是非善悪を弁別し、かつそれに従って行動する能力があってこそ、自由な意思決定に基づく犯行として非難しうるのである。責任主義の観点からは、いわゆる同時的コントロールが必要となろう。したがって、殺意をもって犯行にのぞんだとしても、実行行為時に責任能力を失ってしまった場合には、当該行為の遂行に対して責任非難を加えることはできないのである。このことは、原因において自由な行為の場合においても同様であり、それを例外的処罰として処理することは、責任主義に反することになる。それゆえ、通説は、責任能力の認められる原因設定行為時に実行行為性を求めようとしたのである。この理論的出発

点は、正当なものと言わなければならない。もっとも、原因設定行為の実行行為性をどのように立証するかは、未遂犯論との関係においてなお検討されるべき問題である。

（2）　原則緩和説では、責任非難の核心が行為者の意思決定にあるとして、最終的な意思決定の時点に責任能力があれば責任非難をなしうると解されている。この立場では、原因設定行為時の最終的な意思決定が結果行為にまで貫かれている場合には、実行行為である結果行為の時に責任能力がなくとも、当該犯行は自由な意思決定によるものであり、それに責任非難を加えることは責任主義に反することにはならないとされている。しかし、この立場では原因設定行為に実行行為性を認めない以上、最終的意思決定に対する非難は、事前のコントロールを問題にすることになってしまう(12)。結果行為たる実行行為の時には、責任能力が認められない以上、当該行為を遂行することについての意思決定がなされた原因設定行為時にまで、遡って判断するということになるのである。しかし、刑法的非難の対象は、実行行為を開始したことにある。実行行為を開始した時点にもはや弁別能力も行動制御能力もないのであれば、そこに当初の意思的コントロールを認めることは困難であると言わなければならない。さらに、最終的意思決定と結果惹起との間に時間的・場所的な隔たりがある場合には、意思的連続性を認定することは困難になってくるのである。

　故意責任の実体は、違法な行為を決意したという心理的契機にのみあるのではない。それは、反対動機の形成が可能なのにそれをなさず、あえて法益侵害行為に出たことにあるとみるべきである。責任能力の存在は、反対動機を形成することが可能なのに違法行為の遂行を決意したことを非難する前提となるだけでなく、その決意に基づく行為遂行を思いとどまることができたのに実行に移したことを非難する前提でもある。責任能力は、行為者に規範的責任を問うための前提条件と解すべきであり、違法行為の遂行を決意する意思決定時に責任能力がなければならないのは勿論のこととして、さらに実行の着手時にも責任能力がなければならないのである(13)。したがって、「行

為と責任との同時存在の原則」を緩和することは、責任主義の観点からはなお問題であると言えよう。

(12) この点を批判するものとして、団藤・前掲注(5)241頁、平川・前掲注(5)283頁などがある。なお、同時的コントロールについて、西原教授は、「『同時的コントロール』といっても、それは責任能力が始終存在する積極的な場合に事実的に認容できるものであるにすぎず、これを欠く消極的な場合にそれを根拠に責任が否定されるような法的性格をもつものではない」(西原・前掲注(8)33頁)との反論をされている。
(13) 日髙・前掲注(3)現代刑法論争Ⅰ244頁。

4 原因設定行為の実行行為性

(1) 通説は、原因設定行為に実行行為性を求める。これに対しては、実行の着手時期が早すぎ、予備的行為にしか当たらないものを未遂として処罰することになって不当であるとの批判がなされる。原則緩和説や二元説が、実行の着手時期を結果行為に求めるのも、未遂の処罰の範囲を具体的危険の認められる範囲に客観的に限定する必要を認めるからである。もし仮に、原因設定行為に実行行為性を求めることが、客観的未遂犯論の立場からは説明しえず、通常の場合とは異なった未遂犯論を組み込むことになるのであれば、通説の理論構成は再考しなければならないであろう。

通説にあっても、定型説の立場では、故意による作為犯の場合には原因設定行為に実行行為としての定型性を認めることは困難であるとされている。団藤重光博士は、「たとえば、泥酔中に人を殺すつもりで飲酒したというばあい、その飲酒行為に殺人罪の構成要件該当性を認めるのは無理である」[14]とされているのである。この見解にあっては、原因において自由な行為の処罰範囲は極めて狭いものになる。ここでは、未遂処罰の範囲が広がるという批判は当たらない。しかし、当罰性のある行為を解釈によって捕捉しようとした、原因において自由な行為の理論の当初の意図は、果たされないことになる。これに対して、植松正博士は、「普通なら予備行為にしか当たらない

行為まで遡って、そこに実行の着手を認めることこそ、この理論の効果なのである」(15)とされ、原因の設定から事実の実現までの全行為を犯罪行為として捉え、原因設定行為を構成要件の実現に密接した行為として理解しなければならないとされている。植松説では、実行の着手は構成要件に密接する行為を行うことであるとの定義がなされており、原因において自由な行為の場合だけ特別な実行行為論を展開しているわけではない。この説は、定型説に比較して、構成要件該当性の判断が緩やかである。原因設定行為の実行行為性を認めやすいというメリットを有するが、一方では、実行の着手時期が早すぎるとの批判を受ける。特に、実行行為に法益侵害の具体的危険性を必要とする最近の有力説の立場からは、厳しい批判がなされるところである。

（2）　実行の着手は、実行行為の開始であり、そこには法益侵害の現実的危険性が認められなければならない。「実行の着手とは、構成要件に一部該当する行為を行うことである。」としてきた形式的客観説の定義自体は、なお有用である。未遂は、基本的構成要件に一部該当しているものの、結果惹起に至らなかったり、因果関係が欠如したりすることにより構成要件が充足されなかった場合である。この未遂と予備との分水嶺が実行の着手なのである。したがって、実行の着手は、基本的構成要件を基準として考えなければならず、構成要件に一部該当する行為として刑法的評価の対象になるのである。問題は、一部該当の実質的判断基準が形式的客観説では提示されていなかったことにある。構成要件に一部該当する行為を行うこと、すなわち実行行為の開始をもって実行の着手とする考え方は維持すべきであるが、その実質的判断基準として、実質的客観説の主張するように法益侵害の危険性に着目すべきであろう。ここでは、危険の程度やその判断基準が明らかにされなければならないが、実行の着手が構成要件該当性の判断に他ならない以上、構成要件的故意の存在を前提にして、当該行為に法益侵害の現実的危険性が認められるか否かという観点から判断がなされるべきである。原因において自由な行為の場合にも、その実行の着手時期は、同様な観点から判断されなければならない。したがって、実行行為概念を相対化し、因果関係の起点と

しての実行行為と未遂行為としての実行行為とに分け、後者の結果行為について実行の着手を認める見解は、実行行為の開始をもって実行の着手と解する立場からは採りえない。また、構成要件を基準として実行行為論を構築する理論的枠組みには合致しにくい。

　実行の着手を原因設定行為に求める場合には、果たして原因設定行為にどのような法益侵害の危険が認められるのかが重要な問題となってくる。もし原因設定行為に法益侵害の危険性が認められないのであれば、そこに実行行為性を肯定することはできない。法益侵害の現実的危険性が認められてはじめて、実行の着手を認めることができるのである。通常の場合であれば、飲酒行為自体に人の殺傷に至る危険性を認めることは困難であろう。しかし、飲酒して人に危害を加えた経験のある者が自己の酒乱の癖を利用しようとして飲酒する場合には、その飲酒行為は人の殺傷を誘発するものであり、法益侵害の現実的危険を惹起するものと言えよう。したがって、この場合の原因設定行為としての飲酒には、実行行為性を認めることができる。これに対して、酒を飲んで初めて酒乱の状態に陥ったというような場合には、飲酒の時点では法益侵害に至る蓋然性を考慮に入れることは困難であり、法益侵害の危険は現実的なものになっていなかったと言えよう。このように原因設定行為に実行行為性を認めるためには、原因設定がなされれば結果発生へと進む蓋然性が認められる状況が存在しなければならない。法益侵害の現実的危険性が認められるか否かを個別具体的に判断していくことで、理論の刑罰制限的機能を働かしめることができると考える。

　（3）　なお、曽根威彦教授は、実行の着手時期を結果行為の開始に求めるべきではないとして、実行の着手は因果関係の起点となる行為を開始することにあるとする一方[16]、実行の着手は、法益侵害の一般的危険性が認められる行為であり、当該行為を未遂犯として処罰するためには、結果行為を開始することによって具体的危険を生ぜしめることが必要であるとの見解[17]を提示している。ここでは、従来の実行の着手論の枠組みを維持しながら、具体的危険を生じた可罰性のある実行行為だけを未遂処罰の対象にするという

限定方法が採られている。これは、未遂処罰の根拠を結果としての危険に求めることと関係している。問題は、危険判断の時点をどこに置くかにある。未遂犯にあっては、行為時における法益侵害の危険を問題にすべきであり、事後的な具体的危険判断によるべきではない。行為時に法益侵害の危険が現実化していれば、未遂犯として処罰しうると考える。原因において自由な行為の場合、原因設定行為に法益侵害の現実的危険性が認められないのであれば実行の着手はなく、一方、原因設定行為に法益侵害の現実的危険性が認められる場合には、結果行為を待つまでもなく未遂としての可罰性をすでに兼ね備えていると言うべきである。

(14) 団藤・総論163頁。
(15) 植松・総論233頁。
(16) 曽根・重要問題（総論）167頁。
(17) 曽根・総論171頁以下、242頁。

5　理論の射程範囲

（1）　理論的な枠組みに焦点を絞って、原因において自由な行為の理論を検討してきた。さらに、判例の流れを分析し、具体的事案において理論的検証を行う必要がある。しかし、その点は他日を期すことにして、ひとまず理論的枠組みについての結論を整理して本稿を閉じることにしたい。結論としては、「行為と責任との同時存在の原則」を維持する通説の理論的方向性は正当なものと解する。したがって、実行行為の時に責任能力が存在しなければならないが、原因において自由な行為の場合、原因設定行為に実行行為性を求めることで問題の解決を図ることができる。

　その際、通常の場合と同様な未遂犯論を展開しうるかが問題となるが、原因設定行為に法益侵害の現実的危険性が認められる以上、未遂の処罰範囲を拡大することにはならない。原因設定行為に実行の着手時期を求めるに際しては、原因設定行為の時にいかなる構成要件的故意があるかを判断し、その

上で当該行為が法益侵害の現実的危険を惹起しているか否かを判断すべきである。したがって、いわゆる二重の故意の問題[18]を生じることもなく、実行の着手からその後の結果惹起に至るまでの過程は、実行行為の因果的経過としてみれば足りることになる。原因において自由な行為の理論は、今日、きわめて複雑な様相を呈してきているが、理論的枠組みの簡明さという点も考慮に入れる必要があろう。

（2） 以上のような理論的枠組みの下で原因において自由な行為の可罰性を肯定する場合、限定責任能力状態を利用する場合には、原因において自由な行為の理論を適用しえないのではないかという疑問が出される。たしかに、間接正犯類似説に依拠するのであれば、限定責任能力状態の場合、自己を完全には道具の状態に陥れていないことから、理論の適用を否定する見解も有力であった[19]。

しかしながら、前述したような理論的枠組みは、間接正犯の場合と全く同様な理論構成を採っているわけではない。行為者が自己の責任無能力・限定責任能力を利用する点が、間接正犯において道具を利用する点に類似しているにすぎない。原因において自由な行為の場合、行為者自身が結果行為に至るまで一貫して行為遂行の主体であり、第三者の行為を利用する場合の間接正犯とでは、実行行為時の規範的障害の度合いに違いがある。原因において自由な行為の場合には、ともかく行為者自身による行為遂行なのであり、厳格な道具理論を持ち出さなくとも、正犯性を確定しうるのである。限定責任能力状態を利用する場合においても、その原因設定行為に実行行為性が認められる限り、原因において自由な行為の理論を適用しうると考える。

(18) 二重の故意を必要とする見解としては、林美月子『情動行為と責任能力』（平成3年）190頁以下、林・基礎理論157頁などがある。
(19) 団藤・総論162頁、福田・総論195頁など参照。

第 3 部　法益論についての翻訳紹介

1 クヌト・アメルンク
「ドイツ刑法学における法益保護理論の現状」
(Knut Amelung, Zum heutigen Stand der Lehre vom Rechtsgüterschutz in der deutschen Strafrechtswissenschaft : Vortrag in Siracusa)

　　　　　　　　　　　　［訳者前言］
　　　　　　　　　　　1　はじめに
　　　　　　　　　　　2　歴史的なことについて
　　　　　　　　　　　　1　法益概念の発展の各よりどころ
　　　　　　　　　　　　2　法益概念の歴史における誤解
　　　　　　　　　　　　3　歴史的機能
　　　　　　　　　　　3　法益保護理論の機能と限界
　　　　　　　　　　　　1　方法論に関して
　　　　　　　　　　　　2　ヴェルツェルの意味における
　　　　　　　　　　　　　法益保護理論の実定的機能
　　　　　　　　　　　　3　法益概念の限界問題
　　　　　　　　　　　　4　ヴェルツェルの意味における
　　　　　　　　　　　　　法益保護理論の刑事政策的限界

［訳者前言］

　本稿は、アメルンク（Kunt Amelung、執筆時トリーア大学法学部教授、その後ドレスデン大学法学部に移る）が1981年10月17日にイタリアのジラクザ（Siracusa）で開催されたイタリア刑法学会に招かれて行った講演の内容をなすものであるが、本年2月に録音テープから起こされた原稿を訳出した。イタリア刑法学会のテーマは、「法益とイタリア刑法典各則の改正」というものであった。脚注は、日本語訳に際して訳者と著者とが相談のうえ、必要最小限度のものを共同して付したものである。なお、括弧書の部分は、講演のため要旨が述べられており、引用文献の原文のままではないが、原文

通りに改めることは講演の口調を損うことになるため、録音テープから起こされた草文のままにした。

　アメルンクは、1939年2月にシュテティーン（Stettin、現在、ポーランド）に生まれた。社会学と法学とをフライブルク、ローザンヌ、ゲッティンゲンの諸大学で学び、当時ゲッティンゲン大学にいたロクシンの下で1971年に学位を取得した。1975年にはボッフム大学の教授となり、1977年にトリーア大学に移った。トリーア大学では、刑法、刑事訴訟法のほかに法社会学、法学方法論等の講座も担当している。ロクシンの指導のほかに、公法のバドゥーラや刑事法のシュライバーの下でも研究した経歴があり、彼の研究領域は広範囲に及んでいる。主要著書としては、①Rechtsgüterschutz und Schutz der Gesellshaft, 1972. ②Rechtschutz gegen strafprozessuale Grundrechtseingriffe, Strafrechtliche Abhandlungen, N. F., Bd.28, 1976. ③Die Einwilligung in die Beeinträchtigung eines Grundrechtsgutes, Schriften zum Öffentlichen Recht, Bd.392, 1981.等がある。

　ドイツにおいては、1970年代に入って法益論に関する論文があいついで発表されたが（Rudolphi, Otto, Marx, Amelung, Hassemerなど）、現在では法益論についての考え方としては、2つの方向に大きく分かれてきている。一つの発展方向は、法益を理念的・価値的なものとして把握しようという考え方であり、もう一つは、法益のいわゆる精神化に反対するものであり、法益を事実的・因果的に把握しようとする考え方である。アメルンクの法益論は、後者の方向をめざすものの一つである。結果反価値と行為反価値との関連性を理解する上で、まず法益侵害と言われるものの実体が本稿により少しでも明らかになることを期待し、トリーアでのアメルンク教授の友情に感謝しつつ本稿を訳出・紹介する次第である。（1982年　記）

1　はじめに

　皆様、私は、ドイツ連邦共和国における法益についての議論の状況についてお話しすることになっております。これについてまず最初に、議論の状況

はきわめてよくないものであることを申し上げておかなければなりません。法益理論は、ドイツ刑法学において、もっとも発展を見なかったものと言えましょう。

　法益理論をめぐる議論は、1960年代における性刑法の改正をめぐる議論によって呼び起こされ、実際、この改正とともに再び消えうせてきております。この議論は、ハッセマーの研究[1]および私の研究[2]の公表、ならびにそこから発展させられた1974年の議論[3]とともに、実際終わりました。同じ年にランペの論文[4]が現れはしましたが、それ以来ともかく法益概念について議論の継続は記録されておりません。

　いかに議論の状況が発展不足であるかは、ドイツ教科書に読み取れます。新しい行為概念が考案されますと、それは仮のものにすぎなくても、直ちに大きなコンメンタールや教科書などに書きとめられます。例を挙げますと、不作為犯の解釈理論についてヘルツベルクが新しい行為概念つまり消極的行為概念を考案しますと[5]、すぐにシェンケ＝シュレーダーのコンメンタールの中で消極的行為概念の項目が詳しく取り上げられ、そして否定されました[6]。これに対して、法益に関しては、たとえば法益の侵害が行為反価値なのか結果反価値なのかという問題についての論争があります。シュミットホイザー[7]は、「法益の侵害は、行為反価値である」と言っております。他の著者の多くは、それは結果反価値であると言っております[8]。この問題が論争的なものであるということについて、ドイツのどの教科書にもなに一つ指摘がなされていないことを、皆様もお気付きのことと思います。

　私は、この問題およびその取扱いを、註釈者も読まないほどの大変部厚い１冊の著書の中に押し込めてしまっていますので、そのことについて、私自身にも責任があることを申し添えておかねばなりません。

　これから、第１に、私の法益理論の構想をもう一度簡単に紹介し、第２に、各則の改正にとって重要であります諸問題に関連して言及したいと思います。

(1) Winfried Hassemer, Theorie und Soziologie des Verbrechens - Ansätze zu einer praxisorientierten Rechtgutslehre, 1973.
(2) Knut Amelung, Rechtsgüterschutz und Schutz der Gesellschaft-Untersuchungen zum Inhalt und zum Anwendungabereich eines Strafrechtsprinzips auf dogmengeschichtlicher Grundlage, Zugleich ein Beitrag zur Lehre von der "Sozialschädlichkeit" des Verbrechens, 1972. (以下においては、Rechtsgüterschutzとして引用)
(3) Amelung, ZStW, Bd.87 (1975), S.133ff., Hassemer, ZStW, Bd.87 (1975), S. 146ff.
(4) Lampe, Rechtsgut, kultureller Wert und individuelles Bedürfnis, in : Festschrift für Hans Welzel, 1975, S.151ff.
(5) Herzberg, Die Unterlassung im Strafrecht und das Garantenprinzip, 1972, S.156ff, 174ff.
(6) Schönke-Schröder, StGB, Kommentar, 20.Aufl., 1980, § 13, Rn. 38.
(7) Eberhard Schmidhäuser, Strafrecht, A.T., 2.Aufl., 1975, S.205.
(8) Vgl., Amelung, Rechtsgüterschutz, S.174ff, 261ff.

2 歴史的なことについて

1 法益概念の発展の各よりどころ
(1) 啓蒙主義的社会契約説の成果としての権利侵害説

まず最初に、法益概念の発展について述べることにいたします。法益保護理論の発展は、通常、いわゆる権利侵害説（Rechtsverletzungstheorie）にたち戻られます。権利侵害説についてはご存知のことと思いますが、この説は、社会契約説の成果であり、18世紀から19世紀の変り目に刑事政策を支配し、一部では解釈学をも支配したものです。権利侵害説は、フォイエルバッハのバイエルン刑法典の根底に置かれましたが、その他にはドイツにおいて普及するまでには至りえませんでした。この説は、2つの弱点を持っていました。この説は、立法者が啓蒙主義的自然法の規範目標に従う場合は、よかったのでした。フォイエルバッハには、ご存知のように啓蒙主義的自然法を貫徹するチャンスがありました。しかしながら、ドイツではどこにおいても、この権利侵害説が現行刑法の基礎になるというところまでには至らなか

ったのです。

(2) 復興期における諦観の現れとしてのビルンバウムの財保護理論

たとえば、1820年もしくは1830年の状況におきましては、ビルンバウムの財保護理論（Lehre vom Güterschutz）[9]が創設されたとき、問題状況は次のようなものでした。極めて多くの、かの地方特別法（Partikulargesetze）が存し、それは、啓蒙主義に従うものではありませんでした。法律状況は、啓蒙主義とはなおほど遠いものでした。この状況は、刑法学者が実定法を制限しようとして、保護客体について何らかのことを述べようとすると、その者を窮地に追い込むものでした。さらに、1820年の第一次ドイツ自由開化の挫折の後は、ドイツ刑法学の風潮は、非常に実証主義的なものでした。憲法および刑法における啓蒙主義的理念は、もはやそれ以上貫徹されるべきではないと思われておりました。また、フランス革命の経過は、ドイツの人々を非常にびっくりさせたものでしたが、それによって人々は、多少迷いをさまされ、それまであったものつまり実定法に取り組んだのでした。しかし、この実定法は、すでに述べましたように、権利侵害説に符合するものではありませんでした。そこで、保護客体理論（Lehre vom Schutzobjekt）を発展させなければなりませんでしたが、この理論は、バイエルン刑法典のように、政治的に多種多様な法規範上の基準、そして特に規範上の保守的な基準をも考慮に入れるものでした。

この時期に――エバハルト・シュミットは穏健な実証主義の時期と呼んでいますが[10]――、ビルンバウムの財保護理論は現れました。ビルンバウムは、なおも離実定的（transpositiv）、非実証的な保護客体理論を作ろうと主張したのですけれども、しかしながら、彼が創設したこの保護客体理論つまり財保護理論は、昔あったすべての実定法的規範に適合するものでした。特に、ビルンバウムは、啓蒙主義が批判の鋒先を向けていた性犯罪および宗教犯罪ついても、これらの犯罪類型もまた財（Güter）を保護するものであると、明確に主張したのでした[11]。

（3） 実証主義の現れとしてのビィンディングの法益理論

　ビルンバウムの理論は、単に限られた範囲において直接的効果を持ったにすぎません。1834年以後の時期には、まず、これまた非常に実証的であったヘーゲル的な保護客体理論が支配的となりました。ビルンバウムの財保護理論は、ビィンディングによってはじめて再び受け入れられ[12]、そうしていわばビィンディングによってドイツ解釈学の中にしっかりと繋ぎ止められたのです。

　ビィンディングは、ご存知のように、極端な実証主義の代表者でありました。もはや穏健な実証主義ではなく、むしろ極端な実証主義の代表者なのです。それで、ビィンディングは、再びすべての現行の刑法規範に適合する保護客体理論を創設しなければなりませんでした。ビィンディングの保護客体理論が適合を図らなければならなかった実定法は、1848年の自由主義的革命が失敗に終わったために、自由・保守的なものでした。つまり、その実定法は、自由主義の努力の成果であり、同時に保守主義者たちの努力によってブレーキのかかったものでした。ビスマルクは、統一ドイツ帝国を創立するために、自由主義者たちと保守主義者たちとの接点を探さなければなりませんでした。その接点から、第一次共通ドイツ法典の一つとして刑法典[13]が生じておりますし、この刑法典は、明らかに自由・保守的な妥協をこれまた反映しております。重点の置かれていた財産犯は自由主義的なものですし、厳格な構成要件の規定も自由主義的です。しかし、他のラントでは一部廃止されていた性犯罪を再び受け入れたことは、保守的なものですし、宗教犯罪の拡張も保守的です。実際、宣誓犯罪の宗教的根源を刑法典の旧規定[14]には明白に見ることができます。

　法益理論は、さらにビィンディングによって極端な実証主義から発展させられました。この法益は、立法者の価値判断から生じます。立法者は、一つの状態もしくは対象を実定的に価値評価をしますが、立法者が実定的に価値評価したものが法益なのです[15]。それにも拘らず、ビィンディングは、この法益理論でもってしても、特定の犯罪において難点を持っていました。特に、

保守的な構成要件において難点がありました。彼は、性犯罪をもまた法益理論と関係付けなければならず、「法益は、家族秩序である。」と言ったのです[16]。しかし、この家族秩序（Familienordnung）は、恐らく——これについてはなおお話しすることにしておりますが——、規範の命題となんら異なるものではなく、規範の背後にあって規範により保護されるようなものではありません。

　ここには、後になってヴェルツェルによってはじめて明らかにされた法益概念の潜在的理性のようなものが現れております。つまり、この難点の中には、潜在的理性が示されており、これは、ヴェルツェルによってはじめて、いわゆる日差しが当てられました。

（4）　無益な実質化の試み：リストの利益理論

　ビィンディングの法益理論の形式的考察は、ご存知のようにリストによって批判されました。リストは、法益理論を利益保護の理論（Lehre vom Schutz von Interessen）によって実質化できると考えました[17]。しかしながら、利益概念に頼ることによって実質化を達成するというリストの希望は、実現されてはいません。リストの法益理論は、すべての利益法学が直面した問題で悩んでいます。この問題は、利益が任意的性質のものであるという点にあります。快楽殺人者もまた殺害する利益を持っているとも言えるのです。実質的観点は、利益の評価つまり利益の規範的な評価からのみ生ずるものです。

　リストおよびビィンディングによって、約50年の間、法益理論における状況は、固定されていました。利益概念については、それを実質化しようというグループがありましたし、また他方、立法者の価値評価については、可能な限り形式的な法益概念にたち至ろうとするグループもありました。この後者のものとしては、たとえば、ホーニッヒ[18]やシュヴィンゲ[19]の研究があります。

（5）　心情倫理に対する結果倫理：ヴェルツェルの法益概念

　ヴェルツェルは、決定的な進歩をもたらしました。この進歩は、有名な

1939年の刑法体系の研究[20]の中に見出されます。これは、私見であることを述べておかねばなりません。通常、ドイツにおける法益概念についての研究の中には、まさにヴェルツェルが法益概念を明確もしくは正確なものにしたというテーゼをどこにもお見かけにならないと思います。

　法益保護理論についてのヴェルツェルの関心は、彼の行為不法（Handlungsunrecht）と結果不法（Erfolgsunrecht）との対置から結果として生じました。行為不法は、簡単に言ってしまえば、規範の侵害にあり、結果不法は、規範侵害を越えてもたらされた結果にあります。そこから、行為不法の侵害の対象と結果不法において侵害されるものが、はっきりと区別されるのです。

　ヴェルツェルにおいては、さらに若干の政治的アクセントが加わります。ヴェルツェルは、ドイツのファシズムの最中に書いております。ファシズムは、ご存知のように、刑法の重点を心情（Gesinnung）に置き、ヴェルツェルは、財保護思想に基礎を置く伝統的な刑法解釈学に異議を唱えました。ドイツ刑法典には、このファシズムによって促進された心情刑法理論をさらにいわば解釈学に促進するための、純粋な行為不法を持った犯罪の規定がありました。

　ヴェルツェルは特に、性犯罪、保守的な構成要件グループ、そして一部には職務犯罪を実例として挙げました。彼は、1930年代における性犯罪の法益についての支配的見解は、性生活の純潔であったと述べています。ここでヴェルツェルは、「性生活の純潔は、性規範自体に従うことである」と述べています。実際、性生活の純潔は法益であるとする見解があります。ヴェルツェルは、「これは、法益ではない。これは、規範自体なのである。」と言っています[21]。このことから、ヴェルツェルは、「制裁が保護しているものを区別しなければならない。つまり、制裁は規範を保護しているにほかならないが、規範は法益から区別されるべきである」[22]という結論を引き出しました。それで、私達は、制裁が保護しているものつまり規範を区別して考えなければなりませんし、また規範が第1に保護しているものも切り離して考

えなければなりません。規範が第1に保護しているものが法益なのです。

　ヴェルツェルの努力の背後には、哲学的・倫理的洞察がありました。ヴェルツェルは、マックス・ウェバー[23]による心情倫理（Gesinnungsethik）と結果倫理（Erfolgsethik）との古い区別を採り入れました。ヴェルツェル自身は、どちらかと言えば、心情倫理的な刑法理論を構築することに努力しました――彼の立場は、完全に明白ではありませんが、どちらかと言えば心情倫理的です。そして彼は、明確には言っておりませんが、法益保護理論が結果倫理的立場に基づくものであることを気付かせたのでした。先取りして言うことになりますが、私には、財保護思想の主要機能は、結果倫理的構想の下に刑法を固定化することにあるように思われます。

　歴史についてはこれぐらいにしまして、次に法益概念の歴史における3つの試みもしくは3つの誤った解釈に移りたいと思います。

2　法益概念の歴史における誤解

（1）　実証主義において

　法益概念の歴史における第1の誤解は、有名な刑法学者ラインハルト・フランク[24]に遡ることができます。彼は、第一次世界大戦前に、次のようなことを述べています。法益保護の理論は、啓蒙主義的自然法の成果以外のなにものでもなく、法益理論が啓蒙主義的自然法の成果であるがゆえに、ドイツの実定法においては法益概念ではなに一つ始めることができない、と言うのです。

（2）　ファシズムにおいて

　第2の誤解は、同様な方向で起きました。ファシズムにおいては、心情倫理を貫徹する努力がなされました。ファシズムの刑法解釈学の代表者であったシャフシュタインは、「法益理論は啓蒙主義の『毒』――彼はそう表現しているのですが――をファシズム刑法にもたらすので、我々は法益思想では何事も始めることはできない」[25]と言っております。その際、シャフシュタインは、自己の先入見の犠牲となり、まったくばかげた誤りを犯してしまい

ました。彼は、1937年に、「法益理論は、権利侵害説の派生したものである。このことは、ビルンバウムが『Rechts-Gut』の概念を使っていることで認められる」[26]と書いています。しかし、彼は、明らかにビルンバウムの論稿をよく読んでおりません。この論稿には「Rechts-Gut」という文言はまったく現れておらず、むしろ「Gut」という文言のみがあり、それゆえ権利とのいかなる関係もビルンバウムによっては確立されていない、ということを見落してしまっています[27]。

(3) 戦後において

シャフシュタイン――マールブルク学派に相対するキール学派として彼をご存知でしょうが――の立場をめぐる論争は、戦後においても、すべてのドイツ刑法学者に記憶としてよく残りました。この論争は、戦後のドイツの刑法学者の意識の上では、法益保護理論が啓蒙主義的権利侵害説の派生物であるという考えを強固にしてきましたし、実際に対案の代表者[28]にいたるまでそうでした。

以上述べてきたことから、歴史的概観の結論としては、「法益保護理論の機能は、啓蒙主義的自然法思想を刑法の中に移入することではない。」ということが明らかになります。

3 歴史的機能

このことから、法益保護理論の機能は、いったい何なのかという問題が生じます。ここでは、もう一度、２つの局面を区別しなければなりません。

(1) ヴェルツェルまでの法益概念の不明確性：啓蒙主義的自然法と自由保守主義的実証主義との対立の橋渡し

まず挙げられますのは、19世紀からおよそ第二次世界大戦までの機能です。この時代における法益保論理論の機能は、第二次世界大戦まで、妥協機能でした。自然法的刑法思想と保守主義的な部分との妥協が図られなければなりませんでしたが、その保守主義的な部分は、ドイツにおいてはその特別な政治的発展のゆえに、一度として刑法から排除しえないでいたものでした。

これに関して、法益保護理論は2つの理由から役立ちました。第1は、財が価値評価から発生するということであり、この価値評価をどこから得るかという問題に対しては、それは実定法から得ると、簡単に答えることができました。なぜ法益保護理論がこの妥協に役立つのかという第2の理由は、ヴェルツェルまでのその理論の不明確性にありました。なぜならば、規範と法益との区別、もしくは制裁の保護客体と規範の保護客体との区別が明確にされていない限り、法益の構想は、自由主義的な構成要件にも、また性犯罪の領域におけるような非自由主義的な構成要件にも用いられるからです。

(2) ヴェルツェルの意味における法益概念の機能：結果倫理的志向の刑法解釈の保障と刑事政策

ヴェルツェルが制裁の客体と規範の保護客体との区別を行った後では、法益の機能は、確かに正確なものとなります。ヴェルツェルに従うならば、法益理論は、限界領域において実定法に対する批判的機能を取得します。ヴェルツェルの法益理論の批判的機能は、心情倫理と結果倫理との対置から生じたものです。純粋に心情倫理的に志向された刑法は、法益理論と一致いたしません。法益理論は、社会規範もしくは道徳規範がそれ自体のために保護されることを妨げます。

この章の結論として要約されますことは、ドイツにおける通説は、法益保護理論が社会の保護を目標にしていると考えているということです。社会の保護は、法益の保護に一致するということになりましょうか。しかし、今日では、ドイツにおける通説はここで矛盾を呈しております。その特によい例としては、動物保護があります[29]。したがって、法益保護理論は、社会の保護を正確に示すという機能を持たず、むしろ私の言うところの結果倫理的構想を刑法の中に貫徹するという機能を持っています。なお、補足ではありますが、このような理由から、私の著書は「法益保護と社会の保護」と題しております。これらは、原理上、2つに区別されるものであります。

(9) Birnbaum, Ueber das Erforderniß einer Rechtsverletzung zum Begriff des

Verbrechens mit besonderer Rücksicht auf den Begriff der Ehrenkränkung, Archiv des Criminalrechts, Neue Folge, Bd.15 (1834), S.149ff.
(10) Eberhard Schmidt, Einführung in die Geschichte der deutschen Strafrechtspflege, 3.Aufl., 1965, S.283 f.
(11) Birnbaum, a.a.O., S.178, ders., Bemerkungen über den Begriff des natürlichen Verbrechens, Archiv des Criminalrechts, Neue Folge, Bd.17 (1836), S.577.
(12) Binding, Die Normen und ihre Übertretung, Bd.1, 2. Aufl., 1870, S.329.
(13) 1871年に制定され、現在に至っている。
(14) § 153 lautet : Wer einen ihm zugeschobenen, zurückgeschobenen oder auferlegten Eid wissentlich falsch schwört, wird mit Zuchthaus bis zu zehn Jahren bestraft. この規定の文言からは、直接に宗教的色彩を見出すことはできないが、古くは宗教的犯罪の一つとして理解されていた。たとえば、Würtenberger, Das System der Rechtsgüterordnung in der deutschen Strafgesetzgebung seit 1532, Strafrechtliche Abhandlungen , Bd.326, 1933, S.248 f.
(15) Binding, Normen I, S.335 f.
(16) Binding, Normen I, S.352 f.
(17) Liszt, Rechtsgut und Handlungsbegriff im Bindingschen Handbuche, ZStW, Bd.6 (1886), S.663ff., ders., Der Begriff des Rechtsgutes im Strafrecht und in der Encyklopädie der Rechtswissenschaft, ZStW, Bd.8 (1888), S.133ff.
(18) Honig, Die Einwilligung des Verletzten I, 1919.
(19) Schwinge, Teleologische Begriffsbildung im Strafrecht, 1930.
(20) Welzel, Studien zum System des Strafrechts, ZStW, Bd.58 (1939), S.491ff. 特に、S.509, 511 (Anm.30) を参照。
(21) Welzel, a.a.O., S.511 (Anm.30).
(22) Welzel, a.a.O., S.512.
(23) Max Weber, Politik als Beruf, 4.Aufl., 1964.
(24) Reinhart Frank, Vollendung und Versuch, in : Vergleichende Darstellung des deutschen und ausländischen Strafrechts, A.T., Bd.5, 1908, S.171f.
(25) Schaffstein, Das Verbrechen eine Rechtsgutsverletzung?, Deutsches Strafrecht Bd. 2 (1935), S.101.
(26) Schaffstein, Der Streit um das Rechtsgutsverletzungsdogma, Deutsches Strafrecht Bd. 4 (1937), S.338.
(27) この点については、Sina, Die Dogmengeschichte des strafrechtlichen Begriffs "Rechtsgut", 1962, S. 23. Amelung, Rechtsgüterschutz, S.232, Anm.120 を参照されたし。
(28) たとえば、Roxin, Sinn und Grenzen staatlicher Strafe, JuS 1966, S.376ff.

Jäger, Strafgesetzgebung und Rechtsgüterschutz bei den Sittlichkeitsdelikten, 1957, S.13. 39f.
(29) Tierschutzgesetz §9が特に争点となっている。詳しくは、Amelung, Rechtsgüterschutz, S.209, 282f.を参照されたし。

3 法益保護理論の機能と限界

さて、次に「現代刑法において、また現代刑事政策にとって法益保護理論の機能および限界は、いったいどんなものであるか」というテーマに移りたいと思います。

1 方法論に関して

まず、方法論的問題について述べましょう。刑事政策に対する法益保護理論の機能は、ドイツの通説的見解によりますと、メタ実定的法益概念を発展させ、その概念を刑法と比較することにあると見られております。この考察は、おそらく自然法の問題で大きく特徴付けることのできる、一般的な困難に陥ってしまっております。

(1) 無制限な規範的法益概念とその弱点

戦後の支配的理論、特に対案の起草者たちは、法益保護理論の課題を次のように見てきております。すなわち、メタ実定法的な法益概念を創り出さなければならず、刑法をその概念で調整しなければならない、つまりその概念に刑法を方向付けなければならないというものです。この考察は、一つの問題、言うなれば自然法の問題に陥ります。ここでは、ドイツにおいて1950年代に普及した自然法的考察がありました。しかし、1950年代の自然法理論は、ドイツにおきましては、1960年代には早くも隅へ押しやられてしまいました。

自然法的法益理論の最後の希薄な浸出は、私の見るところでは、ハッセマーの法益理論[30]です。ハッセマーの批判的法益概念は、本来何を保護しようとしているのかについて、あらかじめ了解すべきであるということを指摘す

るにほかなりません。これについて申し上げたいことは、「それはそれで了解するとしても、しかし、この法益概念からは、もはや何も出てこない」ということです。それは、得るところが少なすぎると私には思えます。

　ドイツにおいては、離実定的法益概念が常に何らかの重要な役割を果たしてきております。この法益概念を、私は文化的財概念（Kulturgutsbegriff）と呼ぼうと思います。この法益理論は、歴史学派の古い思想つまり民族精神学派から培われております。この学派は、刑法思想家が再三その学派を志向していたほど、非常な影響力を持っていました。この学派は、文化的に価値の高いものと看做される特定の客体――最も広い意味での――があると言うのですが、この点は、認めておきたいと思います。刑法は、原則的にはそのような文化的財の保護を志向すべきであると私も考えます。しかし、これは、原則的にそうだと言うにすぎません。最近では、環境刑法の領域において、その文化的承認がまさに問題であるような財が創設される場合がたびたびあります。

　最後に、最近の方法としては、単なる実定法規を超えて実定化されていない法益、つまり単一の実定法規においては保護されていない法益を探し求める方法――憲法へ向かう方法――がありました。これは、特にザックスが指摘している方法です[31]。しかしながら、この考察の限界をザックス自身が指摘しております。実定刑法の財秩序は、憲法の財秩序と同じようには区別されません。このことは、保護方針が異なっていることと関係しております。憲法は、政治的権力を制御するために設けられており、刑法典は、たいていの場合なんら政治的志向を追求するわけではない大衆が、なんらかの価値の高い客体――最も広い意味での――を侵害することを防止するために設けられているものです。

　このような理由から、刑法の方向付けにとって、最初に挙げた２つの法益概念――自然法的法益概念と批判的法益概念――は、結局は使用不能であり、他の２つのもの、つまり文化的財理論と憲法的財理論とは、単に限定的な有用性を持つにすぎないと思います。

(2) 制限的・規範的概念としてのヴェルツェルの意味における法益概念

先ほど申し上げましたことにもう一度立ち戻りますが、ヴェルツェルは、法益理論の側面において主要機能を明らかにしているように思います。すなわち、それは、刑法の結果倫理的構想への志向性です。勿論ここには、ヴェルツェルの法益理論の長所だけが出ております。ヴェルツェルが述べているその他のことは、特に強調するに価することではないように思います。心情倫理的構想から結果倫理的構想への切り換えのこの局面だけが、ヴェルツェルの理論の中で重要であり、よいものと思います。ここに主要機能が横たわっていると、私には思われます。考えますに、ヴェルツェルは、この機能でもってして法益保護理論の潜在的な理性に光をさし当てており、それで財保護思想の刑事政策的機能は、非常に広い範囲にまで及んでおります。

またドイツ憲法は、結果倫理的な志向性のある刑法を求めていると言うこともできます。これは、連邦憲法裁判所の見解であり、ともかく連邦裁判所は、刑法は法益を保護しなければならないと言っています[32]。また、刑法がある者に正しいと考えられている規範をその規範自体のために保護するものであるとしたら、それは、多元主義的憲法の基本原則、特に良心の自由の基本権自体に局部的に矛盾することになると主張する著者[33]も若干あります。ヴェルツェルの法益概念は、この憲法原則の基礎、つまり刑法が結果倫理的に志向されているということの基礎を形づくります。その意味で、ヴェルツェルの法益理論は、制限的な規範的法益理論であるということができましょう。

(3) 刑法思考の言語制約的誤導

方法論的観点について、なおもう一つ付け加えたいと思います。それは、法益保護理論が特定の言語的関連性を持っているということです。この言語的関連性を私達はヴィツゲンシュタイン[34]によって知りましたが、この言語的関連性は、思考——刑法学者の思考——を導きます。またそれは、事情によっては、その思考をかたよった方向に、あるいは誤った方向に向けてしまいます。

法益の基本的事例は、すでにドイツ語の「財」(Gut) という言葉の中に含まれていますが、それは財産 (Eigentum) です。ここに一つの物があったとしますと、その物は規範によって囲いがめぐらされており、犯罪者が来てその囲いのめぐらされた物を損壊するということになります。しかしまた、実際にまったく異なった法益、特に社会プロセス (Sozialprozesse) もあります。例を挙げましょう。法益としての司法は、社会プロセスであり、これは、たとえば犯罪者に有罪判決を言い渡すという特定の規範的目的を達成するというものです。法益侵害の観念は、財産モデルにおいて発展してきておりますが、これは他の法益にはほとんど転用されません。たとえば、社会プロセスを最終目標にしている行為が欠けている場合には、それはすでに不作為による法益侵害です。財産の場合においては、この例に比較できるようなものはありません。この点につきましては、後ほどもう一度述べることにいたします。

刑法が法益もしくは保護客体へ志向することの2番目の問題は、死物 (tote Sachen) のように見える法益です。法益思想は、被害者学の知識およびその刑法解釈学への導入について、ほとんどその余地を持っていません。私自身この問題を、詐欺罪における被害者の錯誤と疑念に関する具体例において、後になって追求しました。問題は、疑念を持っている詐欺被害者をどのように取り扱うべきかということです。ここでは、被害者の特定の行為態様が詐欺罪の構成要件の中に、つまり錯誤の形態の中に入り込んでいます。しかし、ドイツ刑法の学説は、「錯誤」という文言がどうにかすると被害者の行態によって補充されるということについて、何ら考察をしておりません。これは、法益保持者が本来非活動的なものにちがいないということ、たとえば法益保持者は何もなさず胸に銃弾が当たるのを待つものだ、ということを理由としています。

これにつきましては、文献を指摘しましょう。私自身、1977年の Goltdammers Archiv の1頁以下に論文を書いておりますが[35]、今ではライムント・ハッセマー(弟)による、被害者行態と刑法解釈学——特に詐欺に関し

て——についての学位論文があります[36]。

　方法論についてはこれぐらいにしまして、次に、ヴェルツェルの意味における法益保護の実定的機能に話を進めたいと思います。

2　ヴェルツェルの意味における法益保護理論の実定的機能
（1）　犯罪構成要件の目標の正確化

　法益保護思想の実定的機能は、犯罪構成要件の目標を正確に示すことにあります。犯罪構成要件を設定する場合は、その目標は保護客体と呼ばれるはずです。これは、確かに一つの実定的機能です。自由主義的観点からは、可能なかぎり特定の法益を規定することは、財保護思想に一層適うものであると言うことができます。もっとも、法益概念の歴史においては、この機能は、たびたび裏切られております。

　財保護思想のこの課題は、憲法上、より厳密に言えば明確性の原則に結びつけられねばならないでしょう。明確性の原則は、ドイツ憲法においては、実際不運に見舞われてきておりますし、それは存在しないに近いと言えます。連邦憲法裁判所は、これまで不明確性のために異議の唱えられていた規範のいずれにあっても、なお十分に明確なものと認めてきております。

（2）　刑法思考の結果倫理的志向とその刑事立法の精神社会学的力学に対する横位置

　実定的機能の2番目のものは、すでに何度も強調いたしましたように、刑法の結果倫理的志向です。この機能の意義は、過大評価してはなりません。

　このことは、次のような理由から特に重要だと思います。今考えていることではありますが、刑罰法規を制定しようというインパルスは、ここに一つの保護財があり、それを保護しなければならないというような思考からは、めったに生ぜず、むしろ、刑事政策的にも影響力のあるインパルスは、しばしば全く異なった種類のものだという理由からです。規範生成についての現代の刑事学的研究は、特定の住民階層がその生活様式を守り、それを社会の中で貫徹しようという理由だけから発生する刑罰法規が多く存在するという

見解を明らかにしています。

これについてのよい例は、ドイツにおける営利的猥褻行為仲介罪（gewerbsmäßige Kuppelei）の運命です。この構成要件によって、特定の反社会的生活様式が処罰されます。この犯罪構成要件を正当化するために持ち出される法益は、変化してきております。昔は、性生活の純潔もしくはそれに類するものが保護されると言われました。今日では、この犯罪構成要件は、売春婦の保護に役立っていると言われます[37]。このことを立法者は、刑法典の創設に際して、「売春婦の保護は、この刑罰法規の目的である」と明白に言っております[38]。そうして、今日では、大変興味のある問題が生じました。すなわち、旧犯罪構成要件を犯していた者が公判に付されたが、彼の行為は、新しい犯罪構成要件をも充足するものであったという場合の問題です。裁判所は、その行為がなおも同一の規範を侵害しているのか、あるいは旧規範はもはやまったく効力を持たないものであるかを決定しなければなりませんでした。もし後者の場合であったとすれば、当該行為者は、遡及効禁止のゆえに無罪の言渡しを受けたはずです。

被告人が旧犯罪構成要件を犯していたが、その行態は新しい犯罪構成要件をも充足するものである場合について、もう少し考えてみましょう。削除された旧犯罪構成要件によって、もはや彼を処罰することできません。新しい犯罪構成要件によっても、それは全く新しい犯罪構成要件であるので遡及効禁止が当てはまるということを言いますと、これまた彼を処罰することはできません。彼には、無罪の言渡しがなされなければならないということになりましょう。しかしながら、ケルン高等裁判所は、有罪の言渡しをしまして、「目的は完全に異なっているけれども、同一の犯罪構成要件である」と述べております[39]。これに対して、財保護思想の実定的機能は、立法者をその目的にできるかぎり固定し、「新しい目的は、新しい規範を創設する。」ということを言うことにあると、私は考えます。ティーデマン[40]も同じ見解ですが、この判決を論評しているロース[41]は違った見解を出しております。ここでは、裁判所が財保護思想ではなくして、むしろ行状（Lebensführung）の

反社会性に目を向けているということが極めて明白になっていると思いま
す。そしてここでは、財保護原則は、修正・合理化的機能を持っています。
　第2の実定的・合理化的機能は、事情によっては犯罪構成要件が政治的プ
ロセスの構造から非常に不明確な目標をもって設定されるということの中に
あると思います。その不明確さは、次のような理由によるものです。つまり、
特に立法プロセスの終盤においては、犯罪構成要件は、本来対立する2つの
グループ——たとえば対立する政党——間において、その対立を越えてもは
や物別れになってしまうことを欲しないことから、たとえば連立ということ
で、そのグループの間に妥協を作り出すという機能を実際持つにすぎないと
いうことに起因しています。かくして、犯罪構成要件は政治プロセスの中で
生じますが、その構成要件の実際上の意味（多少厳格な意味での）は、連立
の保持か、あるいは強力な社会・自由主義的政党としての支配的な政党の単
独的主張もしくはそれに似かよったものにあります。このことは実際上の意
味であり、私たち刑法学者は、財保護思想でもって客観的解釈の方法に一つ
の理性的・合理的限界をひきます。このことは、財保護思想が主張するよう
に、正当なものであると考えます。
　第3の合理化の効果は、政治的プロセスにとって重要でありますが、次の
ようなものです。つまり、個々の利害関係者がある規範を主張する場合、彼
らは常に自己の個別的利益を一般的利益として主張するであろうということ
です。これは、政治の典型的な方法です。しかし、人はまた、そのような個
別的利益をいわゆる自分自身の主張に結び付けることもできます。たとえば、
ある特定のクレジット銀行が、特別のクレジット保護条項（刑法265条ｂ）
を必要だと主張していたとします。そのクレジット銀行が、それはクレジッ
ト銀行の機能における一般的利益であると主張します。もしこのことが刑法
265条ｂの法益であるならば、個々の銀行は法益の処分権を失っているはず
です。なぜなら、この法益が公共の法益であるとしたならば、個々の銀行は
もはやこの法益を処分することができないからです。その限りでまた、政治
プロセスにおける自己連結は、財保護思想の合理化的機能であります。

3 法益概念の限界問題

これから、限界問題および法益保護理論の限界について述べましょう。重要だと思います実定的機能のいくつかを説明した後で、2つの限界問題に立ち入りたいと思います。一つは、法益概念の限界問題であり、もう一つは、法益保護理論の限界問題です。

(1) 偽りの法益としての規範および規範複合体

まず、法益概念の問題について述べることにいたします。もう一度くり返し強調いたしますと、法益概念の不鮮明さは、非常に多くの規範を正当化しえたという結果を導いたということを前に申し上げました。ヴェルツェルの刑法体系の研究に従えば、一定の正確化がもたらされますし、それは、法益概念がどんな政治的方向の意味においても、もはや前述したような売春婦の保護といったようなものとしては現れはしないという結果を導きます。この正確化機能は、むろん限界問題だけに当てはまります。もはや法益として示されない特定のものもあります。ともかく法益保護理論が刑法を結果倫理の上に固定するという機能を持つということで意見が一致するならば、規範および純粋な規範複合体（Normenkomplexe）を法益と呼ぶことはできないということになります。具体的には、本来的には規範を意味しているにほかならないような概念、あるいはそのことをおし隠している概念がこれに属します。そのような概念としては、家族秩序、公務執行の廉潔性、公的秩序（社会の中で認識されているすべての道徳秩序の総体としての公的秩序）があります。

このことは、いずれにせよ、私の立場およびヴェルツェルの立場には当てはまります。法益侵害は、行為不法であるというシュミットホィザーの言明は、控えるべきです。シュミットホィザーは、法益から発生するが同時に法益である――このことは言語的矛盾ですが――尊重請求権（Achtungsanspruch）について言及しております[42]。この観点からは、そのようなものを法益として認めることもできましょう。しかし、このことは、シュミットホィザーの法益論がどんな発達不十分な状況にあるかを示すもの

で、全くの混乱だと思います。シュミットホイザーの学説においては、ヴェルツェルや私の立場では法益が引き受けている機能を法益客体(Rechtsgutobjekt)が引き受けています。実際、あらゆる具体的論証において、ヴェルツェルや私の立場に依拠して刑法理論の論証をいたします。つまり、結果の対象を法益と理解しているのです。

（2）　法益としての信頼

　法益理論の特にむずかしい問題は、どの程度まで信頼（Vertrauen）が法益でありうるかということにあると思います。法益としての信頼を規範の下に置いている論者が多いということは注目を引きます。いくつかの例を挙げましょう。文書偽造罪は、文書の真正に対する信頼を保護しておりますし、公務員犯罪は、公務執行の廉潔性への信頼もしくは行政の職務能力に対する信頼を保護していると言われております。この信頼の概念は、さまざまに色の変わる概念です。ときどき、信頼の概念の下に、法社会学者のテオドール・ガイガーが「規範信頼」（Normvertrauen）と呼んだもの[43]にほかならないもの、つまり規範がさらに遵守されることへの信頼が隠されています。この場合の信頼は、すでにこれまで述べたことに従いますと、法益ではありません。なぜなら、この信頼は、単に規範の事実的効果を指摘するにとどまり、規範の背後に存在するようなものを示すものではないからです。

　しかしまた、単に規範の服従を示すのではなく、それ以上のものを示すような「信頼」の概念を使う方法を考えることはできます。そこでは、信頼は法益でありえますが、常に厳密な注意を払わなければなりません。たとえば、ビィンディングに始まる古い誤解つまり規範自体を法益と理解して言語上不明瞭にしてしまうような誤解に陥らないために、ヴィッゲンシュタインの意味での使い方にあっては、本来信頼に何が考えられているのかを根本からして正確に調べなければなりません。

（3）　隠された行為評価としての感情侵害

　法益保護理論の次の限界問題は、いわゆる感情侵害です。財保護思想の観点の下にあっては、特に性犯罪は——部分的には宗教犯罪もそうですが——、

感情が侵害されることを根拠として正当化されます。感情の侵害は、厳密に言いますと、行為に対して下される消極的価値判断以外のなにものでもありません。それは、行為反価値そのものなのです。その限りで、感情は法益ではありえません。いわゆる感情侵害の背後には、平穏保護の問題が潜んでいるのではないかということは、これは別問題です。

多元的社会にあっては、行為の企行が世論において物議を醸すものもあるでしょうし、一定の範囲において行為の禁止が平穏保護の観点から世論において正当化されることもありえます。ドイツ連邦共和国における私達の下では、今日おそらく、たとえばファシズム的な表出としての性的行為は、ほんの僅かです。しかしここでは、本来感情が保護されているのではなくして、むしろ平穏が保護されていると言わなければなりません。この問題は、昨日フィオーレ氏[44]が述べられた公的秩序の問題となります。平穏の保護の場合、根本においては、一定の客体——これは法益の言語制約的観念ですが——の保護が問題なのでなくして、むしろ社会の組織（Organisation）が問題なのです。この組織は、もはや法益理論を基礎にしては把握できないのでありまして、むしろ全く別の考察、つまりタルコット・パーソンズ[45]やニコラス・ルーマンのシステム理論[46]の考察を基礎にして把握することができるものです。このことは、システム理論にとっては、社会の組織問題の一つです。パーソンズの表現に従えば[47]、社会統合（Integration der Gesellschaft）の問題なのです。そうしますとここでは、財理論がその言語制約的誤導によって自己の限界にぶつかったところで、すでに転轍が行われているのです。

（4） 法益としての規範制御的社会プロセス

すでに一度お話しいたしましたが、もう一つの問題は、法益としての規範的に制御された社会プロセスです。これについては、法益としての裁判、法益としての行政およびそれに類するものを考えております。ここでは2つの特定の問題があります。これらは、因果関係と多少関係しておりますが、立法者としてはまさに顧慮しておく必要があります。第1の問題は、不作為がすでに法益を直接に侵害しているということです。なぜなら、社会プロセス

がそれが本来進捗するように進捗していないと言えるからです。第2の問題は、どの因果関係の判断も仮定的性格を持っているということです。不作為については、すでにすこし述べました。因果関係判断の仮定的性格について、なお、手短かに少し述べておきたいと思います。

一つの例として、ドイツ刑法258条の人的犯罪庇護罪（persönliche Begünstigung）の構成要件があります。人的犯罪庇護罪は、新しい各則の中では結果犯として構成されています[48]。ある者が実際に処罰を失敗に終わらせた場合にのみ、その者は犯罪庇護の行為者——既遂の行為者——として処罰されます。昔は、258条（旧257条）は違って理解されていました。そこでは、単に「処罰を失敗させるのに適した行為を遂行した場合」とだけ記されていました。行為者が他の行為者の処罰を失敗に終らせたというテーゼは、刑事訴追のプロセスがその他の点では手はず通り終わりまで進行していただろうということを仮定する場合にのみ、維持されるものです。しかしながら、これについては、この判断は経過していくであろうがごとき将来への一判断にすぎないので、もはや確たる判断が下されるわけではありません。さらにまた、258条の性格は、社会プロセスの障害の結果があってはじめて有罪判決の言渡が要求されるというものですが、これは、258条の適用に際してドイツ刑事司法に大きな問題を投げかけています[49]。立法の観点からは、258条の新規定は立法者の過ちであると評されねばならないと言うこともできます。社会プロセスの侵害もしくは障害に際しては、結果犯を設けることに気をつけなければならないでしょう。よりよいことは、たとえば供述犯罪において行われましたように、障害となりうべき行為のみを処罰の下に置き、結果にかからしめないことです。さもないと、既遂行為のゆえに処罰されるかどうかは、全く偶然的な結果に帰着してしまうことになってしまいます。

法益概念の限界問題は、これぐらいにいたします。次に、法益保護理論の刑事政策的限界というテーマに移りたいと思います。

4 ヴェルツェルの意味における法益保護理論の刑事政策的限界
(1) 刑法的法益保護の補充性

この問題の評価につきましては、ここ10年、ドイツにおいては大きな変化が生じてきております。性犯罪に対するドイツ刑法学の闘いが盛んであった間、つまり、性犯罪が反駁されていた間においては、あらゆるところに法益保護の原理を貫徹することで、自由主義的刑法を持つことになると思われておりました。これに対して、今日では、自由主義的刑法に到達するためには、この法益保護の思想を補充する他の多くの原理が必要であると認識されております。

ここで挙げるべき第1の原理は、すでに一度皆様にお話しいたしましたが、それは次のような考えです。多くの法領域が法益保護に役立っていることが知られておりますが、これに対して、刑法の法益保護はウルティマ・ラティオ（ultima ratio）です。つまり、法益保護の最後の手段です。この原則は、私たちが「刑法的法益保護の補充性」と呼んでいるようなものです。私の考えでは、刑事政策的ならびに解釈学的研究は、今日、刑法的法益保護と他の領域による法益保護との間にある相違を明らかにすることに集中しなければなりません。これは、その相違から、どんな場合に特別な刑法的法益保護が必要であるかを結論として引き出すことができるようにするために必要です。これについて文献の指摘をいたしておきますと、ロクシンの50歳の誕生日にこれについて小さな講演をいたしましたが、これは近いうちに記念論文集の形で公刊されます[50]。

(2) 反対利益の意味

第2の重要な制限的観点は、いわゆる反対利益の意味です。ここでは、純粋な法益思想は、非自由主義的傾向すら持ちうることを述べておきたいと思います。法益思想においては、特に判決によって用いられますように、法益に対するあらゆる方面での攻撃に対して保護を与える傾向があります。しかし実際には、ドイツ刑法典には、「この法益をこれこれしかじかの方法で侵害した者は、処罰する」というふうに規定した構成要件はありません。犯罪

構成要件の大部分のものは、単に当罰的と思われる特定の法益侵害行為のみを規定しています。シャフシュタインがすで断言していますように[51]——彼が国家社会主義者もしくは国家社会主義の普及者となる以前に——、この保護手法、つまり刑法上の法益保護を特定の行為の防止に限定するという手法は、利益衡量を引き合いに出します。刑法的法益保護の創設の際になされる法益衡量は、法益保護思考の適用に際し、裁判所によってしばしばなおざりにされます。そこで裁判所は、構成要件には記述されてはいないが、法益侵害的なもしくは法益危殆的な行為をも犯罪構成要件の下に引っぱってこようとします。これについて文献を指摘しますと、最近のものとしては、シューネマンがボッケルマンの記念論文集の中でこの点を詳しく指摘しています[52]。

(3) 人間的共同生活の組織的前提条件との関係欠如

最後に、法益保護理論の欠陥を指摘したいと思います。冒頭に立ち戻りますが、この点が、法益保護理論を権利侵害説の啓蒙主義的構想から区別しているものです。啓蒙主義の権利侵害説は、社会契約説から導き出されたものですが、これには二重の意味が詰めこまれておりました。つまり、この理論は一面では、啓蒙主義の見解に従って、考えられるすべての保護客体や刑法の客体、つまり他人の権利や刑法の権利を示しました。啓蒙主義的理論は、考えられるすべての犯罪客体——個人および国家のすべての権利——を確定的に数え上げることを一面では主張しました。しかし、啓蒙主義は、次に異った主張もいたしました。啓蒙主義は、社会契約の理論——これは権利侵害説の基礎となっていますが——でもって、人間が相互に平穏に暮らすことができるためには、いかなる組織的前提条件が充足されなければならないかということについて、多少言及しようと考えたのでした。これは、社会学においても言われておりますように、ホッブスの設問です。

それゆえ、啓蒙主義が、人間が共同生活を営むことができるために実現しなければならない組織的前提条件についての表象を持っていたのに対して、他方、法益保護理論はそのような表象を内在しておりません。法益保護理論は、そのような社会の組織的前提条件の表象を同時に提供しはしなかったの

です。それゆえ、この古い啓蒙主義の設問に答えるためには、法益保護理論から脱却し、他の領域における助力を探さなければならないでしょう。これについて、私が知っております唯一の領域は、社会学のシステム理論であり、特にパーソンズの構想におけるシステム理論です。何らかの試みをしてみよう、そしてこの古い設問を再び取り上げてみようとするならば、システム理論に向かわざるを得ないでありましょう。このような理由から、以前、私の学位論文におきましては、その終章に社会システム理論および社会システム維持に対する規範寄与理論を取り扱ったのでした。しかし、この理論は、本来法益保護理論とは係わり合いを持っておりません。持っていたとしても、非常に僅かなものにすぎません。

(30) Hassemer, Theorie und soziologie des Verbrechens, 1973. なお、ハッセマーの理論の論評については、Amelung, ZStW, Bd.87 (1979), S.133ff. を参照されたし。
(31) Walter Sax, Grundsätze der Strafrechtspflege, in : Bettermann/Nipperdey/Scheuner, Die Grundrechte, Bd. 2, 2. Halbband, 2. Aufl., 1972, S.909ff (913f).
(32) BVerfGE, Bd.45, S.187ff (254). BVerfGE, Bd.32, S.40ff (48).
(33) Hoffmayer, Grundrechte im Strafvonzug, 1979, S.48ff. Roxin, JuS 1966, S.381.
(34) Ludwig Wittgenstein, Philosophische Untersuchungen, 1976.
(35) Amelung, Irrturn und Zweifel des Getäuschten beim Betrug, GA 1977, S.1ff.
(36) Raimund Hassemer, Schutzbedürftigkeit des Opfers und Strafrechtsdogmatik, Schriften zum Strafrecht, Bd.40, 1981. 批判としては、Thomas Hillenkamp, Vorsatztat und Opferverhalten, Göttinger Rechtswissenschaftliche Studien, Bd.115, 1981 がある。
(37) 古い見解としては、Drehr, StGB, 34. Aufl, § 180, Anm. 1を参照。これに対して、最近の見解としては、OLG Köln, JR 1974, S.247, mit Anm. Loosを参照。
(38) BT-Drucks. VI/1552, S. 25, 29. BT-Drucks. VI/3521, S.47. なお、Hanack, NJW 1974, S.lff. 参照。
(39) NJW 1974, S.1830. この判例の評釈としては、Loos, JR 1975, S.248ff. がある。
(40) Tiedemann, Festschrift für Peters, Tübinger Rechtswissenschaftliche Abhandlungen, Bd. 35, 1974, S.203ff.
(41) Loos, JR 1975, S.248.
(42) Schmidhäuser, a.a.O., S.37.

(43) Theodor Geiger, Vorstudien zu einer Soziologie des Rechts, 2. Aufl., 1970, S.102ff.
(44) イタリア刑法学会におけるFioreの講演のテーマは、「法益としての法秩序」であった。
(45) Parsons, The Social System, 1951.
(46) Luhmann, Soziologie als Theorie sozialer System, in : ders., Soziologische Aufklärung, 2. Aufl., 1971, S.113ff.
(47) Parsons/Smelser, Economy and Society, 1956, S.46ff.
(48) 1974年3月の改正法律（1975年施行）により、それまで257条に物的犯罪庇護とともに規定されていた人的犯罪庇護が、258条として独立に規定された。
(49) これについては、Lenckner, Zum Tatbestand der Strafvereitelung, Gedächtnisschrift für Horst Schröder, 1978, S.339ff. (347ff.) を参照。
(50) Amelung, Zur Kritik des kriminalpolitische Strafrechtssystems von Roxin, in : Grundfragen des modernen Strafrechtssystems. (1984年にWalter de Gruyterから出版。日本語訳としては、ベルト・シューネマン編著＝中山・浅田監訳『現代刑法体系の基本問題』[1990年]がある。同書所収のアメルンクの論文については、日高義博訳「ロクシンの刑事政策的刑法体系に対する批判」93頁以下。)
(51) Schaffstein, Zur Problematik der teleologischen Begriffsbildung im Strafrecht, in: Festschrift der Leipziger Juristenfakultät für Dr. Richard Schmidt zum 1. November 1934, 1936, S.49ff.
(52) Schünemann, Methodologische Prolegomena zur Rechtsfindung im Besonderen Teil des Strafrechts, in : Festschrift für Paul Bockelmann, S.117ff.

2 クヌト・アメルンク「法益侵害と社会侵害性」
(Knut Amelung, Rechtsgutverletzung und Sozialschädlichkeit, in : Jung/Müller-Dietz/Neumann (Hrsg.), Recht und Moral, 1. Aufl., 1991, S. 269ff.)

1 啓蒙主義における社会侵害思想の発生
2 法益侵害理論による社会侵害の説明
3 法益侵害としての犯罪理論の規範的内容
4 価値の問題
［訳者あとがき］

1 啓蒙主義における社会侵害思想の発生

「社会侵害的」行態のみが処罰されるべきであるという考えは、啓蒙主義において発生した[1]。基礎は、その社会契約論にある。その理論から、世俗内部の課題のみが国家の任務であるとの考えが出てきたのである。国家は、その創立者の平和な共同生活を保障するために創られている。国家の刑罰もまた、最終的にはその目的に資するものである。

しかし、社会契約は、国家的刑罰の目的設定を単に規範的に規定するだけではない。それは、同時に社会侵害的な行為によって侵害されるものについても記述している。個人の権利、あるいは社会が個人の権利を保護するために設けたところの国家の権利を侵害することによって、社会契約によって秩序づけられた社会を破壊する行為は、社会侵害的なのである。

この規範的かつ記述的な性向から、啓蒙主義は、伝統的な宗教犯罪や性犯罪の構成要件に叛旗を翻してきたのである[2]。宗教からの離脱に刑罰を科す犯罪規範（Deliktsnorm）は、世俗的な目的に何ら資するものではない。変異な性的行為も、そのことに係わる者の相互の了解の下に行われるものであれば、何ら権利を侵害するものではない。したがって、これらの犯罪構成要件

は、廃止されなければならない。このことは、初期自由主義の構想でもある[3]。

　法益保護の理論は、啓蒙主義の社会侵害理論に由来している[4]。しかし、法益保護の理論は、社会侵害理論と同一のものではない。反対に、法益保護の理論は、規範的な観点においても記述的観点においても、啓蒙主義の社会侵害構想とは異なっているのである[5]。

（1）　Amelung, Rechtsgüterschutz und Schutz der Gesellshaft, 1972, S.16ff.において論証。
（2）　Würtenberger, Das System der Rechtsgüterordnung in der Duetschen Strafgesetzgebung seit 1532, 1933, S.149ff. ; Oehler, Wurzel, Wandel und Wert der strafrechtlichen Legalordnung, 1950, S.96ff., Amelung（注(1)）S.21ff.において論証。
（3）　Amelung（注(1)）S. 36.において論証。
（4）　Sina, Die Dogmengeschichte des strafrechtlichen Begriffs ≫Rechtsgut≪, 1962, S.24ff. ビンディング以来しばしば引用されるビルンバウムの論文、NArch CrimR, 1834, S.149ff.は、その橋渡しをしている。Moos, Der Verbrechensbegriff in Öesterreich im 18. und 19. Jahrhunrert, 1968, S.92, 515.が指摘しているように、クリスティアン・ボルフ（Christian Wolf）の学派がすでに刑法的「財」保護理論（strafrechtliche ≫Güter≪-Schutzlehre）を知っていた。しかしながら、現代の法益保護ドグマとの精神史的関連性は、今まで証明されていない。
（5）　これについて、詳しくは、Amelung（注(1)）S.45ff.。

2　法益侵害理論による社会侵害の説明

　まず第1に、記述的相違について。法益保護の理論は、犯罪の社会的侵害を権利の侵害としてではなく、法益の侵害としてみる。侵害の生じる客体は、権利ではなくして、その対象である。その点に、法益保護思想の理論家の多くは、犯罪考察における現実関連性の有益さを見出しているのである[6]。この社会侵害の説明の幾つかの利点は、明白でもある。たとえば、他人の窓を打ち壊そうとした未遂に、すでに他人の所有権の「侵害」を認めることができるというのであれば、所有基体（Eigentumssubstrat）を危殆化する行為は、所有権から導き出されうる不作為請求権をとうに侵害しているとでもし

なければならないであろう。しかしながら、本来的な侵害を未だ惹起してはいないという未遂の特殊性は、所有権の客体を社会侵害概念の対象にする場合に、はじめて理解しうるものなのである。

　とはいえ、当初は、刑法理論における法益概念が権利の対象に限定されていたわけではない。すでにビルンバウム（Birnbaum）は、彼の法益保護思想の1834年の論文にまで遡るが[7]、法益概念をこのように限定してはいないのである。ビルンバウムは、とりわけ「公共財」（Gemeingut）の概念を造っており、その概念の下に国民の道徳的・宗教的確信を包摂させていた[8]。そのような公共財は、もはや個人的な権利に関係付けられるものではない。したがって、犯罪の社会侵害的効果の対象は、もはや（単に）社会契約によって秩序づけられ、かつ権利によって構成された社会、つまり啓蒙主義が眼中に置いていたところの社会ではないのである。

　一体、社会侵害の「媒体」（Medium）は何であろうか。この問題は、啓蒙主義の後では、苦心の作である社会理論の助けをもってしても、これまで刑法理論では、再度解答が出されないままになっている[9]。むしろ、きまって、ドイツ語では「財」（Gut）の概念に結び付いた連想がなされてきたのであり、そこでは、とりわけ物の所有（「財産いっさい」≫Hab und Gut≪）の観念が指導的であった[10]。それと共に、この100年の前半においては、いわゆる価値哲学も「財」の理解に幾らか寄与するところがあった[11]。

　その後、財は、価値の付与された対象となっている[12]。もちろん、財の発生には、3種類のものが必要である。すなわち、対象、価値判断、それにその価値判断を下す主体の3種類である。主体は、場合によっては、放棄されうる。すなわち、実質的価値倫理でもって、価値を「観念的存在」（ideale Wesenheiten）——これは価値判断を下している主体とは独立して存在するものであるが——として考える場合には、主体は放棄されるのである。価値判断は、自然主義者達によれば、むしろ心理的に（「利益」とか「必要性」とかの表現によって）理解されているし[13]、規範的に捉えられたとしても、なにか「存在当為的なもの」として理解されているのである[14]。場合によっ

ては、価値評価の対象から、何らの追加的な前提条件なくして、その対象が実在のものであると、述べられることもありうるのである。

「財」の概念でもって示されているものについてのこのような素描から、すでに、啓蒙主義的な権利侵害理論から法益侵害説への「パラダイム転換」（Paradigmentwechsel）と関連している重要な帰結が引き出されている。啓蒙主義にとって、社会侵害的な行動とは、社会を解体する（desorganisieren）行動なのである。その行動は、啓蒙主義の構成原理、つまり社会契約に反するものであり、そしてまた、その重要な構成要素、すなわち社会の中で社会的関係を規律する権利を壊してしまうものなのである。法益侵害としての犯罪理論は、社会侵害性に着目してはいないし、少なくともその必要がない。その犯罪理論にとって、犯罪は、ある「客体」（Objekt）の侵害、すなわち社会によって積極的な価値を認められているが、根本的には、所有の客体のように社会の外にある対象の侵害なのである。社会は、構成された、それゆえ解体され破壊されうる社会関係システムとしてはすこしも現れず、むしろその「財」に侵害を被る主体としてのみ現れるのである。

社会侵害のこのような考察は、確かに多くの利点を持っている。さもなければ、法益侵害としての犯罪の理論を刑法解釈学において主張しえなかったはずである。社会侵害を主体の価値表象に引き戻すことは、刑法理論に「解釈的な」（verstehend）方法論、つまりヘルメノイティク的な方法論の優位を開示するものであった[15]。このことは、「考量」（Abwägungen）の際の優位規則の発見を容易にするものである。また、それは、財の「配分」（Zuteilungen）を許容する。つまり、社会が社会全体のためのその優位性のゆえに積極的な価値を認めた「公共財」と、それに所有権のように、長いあいだ価値あるものと考えられているだけでなく、個人にとっても価値あるものと思われる「個人の財」とがあることになるのである。

しかし、「財」の侵害としての社会侵害の定義が提供しないところのものを、認識しておくべきであろう。その定義は、社会侵害を社会自体を解体するものとして説明するといった構想を、それ自体提供しないように見える。

それは、たとえば、社会システム論のように、社会をいくらか構成されたもの、したがって構成を解きうるものとして把握するという考え方によってのみ、もたらされる[16]。社会における「侵害」を、そのような構想に基づいて説明する学問分野は多い。すなわち、ある旧社会の崩壊を分析する歴史学、単一社会の解明を叙述する文化人類学、現代社会の一部が何らかの形でアノミーのなかに沈んでいることを示そうとする社会学などがそうである。もっとも、これらすべて、個々の構想を持っており、それゆえ、そのようなモデルは、刑事政策的にも意義がある。そのことからすれば、ヘルメノイティク的な教条主義だけが――それは遺憾ながらドイツ刑法学において一定の伝統を持っているものの――、純粋な財保護思想のこれら欠点を、単純な肩透かしでもって無視できるのである。

同様に、法益侵害理論の社会侵害構想においては、犯罪の被害者については、直接に言及されない。それは、いずれにせよ、法益の「保持者」として、間接的に作用するものであり、そこではふたたび所有者のイメージが表象されるのである。いわゆる「(被害者)関連犯罪」(Beziehungsdelikt[17]) は、この構想によって特にうまく掌握されるわけではない。他方、「公共財」の概念は、刑法解釈学に対し、なお「被害者なき犯罪[18]」が侵害もしくは危胎化するものが何であるかを、叙述しうることを保証するものである。このことは、環境法や麻酔剤法の構成要件を想起してみれば分かろう。

(6) すでに Birmbaum (注(4)), S.171 ff.; Binding, Die Normen und ihre Übertretung Bd. 1, 1. Aufl. 1872, S.192.があり、最近では、Balog, Kriminalsoziologische Bibliografie 8, 1981, H.31, S.52ff.がある。参照されたし。ここでどの程度に、法益と行為客体との区別が軽視されているかは、両概念の関係の規定にかかっている。これについての要約については、Amelung (注(1)), S.198ff.
(7) 注(4)参照。
(8) Birnbaum (注(4)), S.178ff.
(9) 最も早いものとしては、すでにイエーリングやリストの利益説が一つの――自然主義的かつ自由主義的な――社会モデルを持っていた。これについては、Amelung (注(1)), S.61ff.; Balog (注(6)), S.53ff.などの論証を参照されたし。

(10) Amelung（注(1)）, S.71ff.において論証。
(11) Amelung（注(1)）, S.126ff., 165ff.において論証。
(12) さらに詳しくは、Amelung（注(1)）, 174ff.とくにS.187ff.参照。
(13) Jhering, Liszt, Hertz, Kesslerなど。Amelung（注(1)）, S.98ff.での論証を参照。なお、その他に、M.E.Mayer, Rechtsnormen und Kulturnormen, 1903, S.67ff.; Lampe, Welzel-FS, 1974, S.151ff.も参照されたし。
(14) とりわけ、Rickert, System der Philosophie, 1921, S.121ff.; Hartmann, Ethik, 1926, S.154ff.および彼に続く刑法解釈学者がそうである。論証については、Amelung,（注(1)）, 130ff., 165ff.
(15) Schwinge, Teleologische Begriffsbildung im Strafrecht, 1930.に関する限りは、基本的にそうである。新カント主義の刑法解釈学によるこの方法の獲得に際し、財保護思想の過大評価がなされたが、それに対する批判としては、Schaffstein, Richard Schmidt-FS, 1936, S.47ff.がある。
(16) これについては、Amelung（注(1)）, S.350ff.批判としては、たとえば、Hassemer, ZStW, Bd. 87（1975）, S.151ff.; Roxin, JA 1980/546.; Balog（注(6)）, S.57.を参照。
(17) Schultz, SchwZStR 71（1956）, S.171ff.〔訳注：Beziehungsdeliktの概念は、とくに被害者学的解釈学において問題とされるようになったものである。たとえば、詐欺罪においては、欺罔の構成要件を確定する上で、被害者の行動が重要な関連性を有しているとする。被害者の行動が構成要件を確定する上で重要な関連性を有している犯罪類型をBeziehungsdeliktと呼んでいる。訳言としては、なお、熟していないが、ここでは一応、被害者関連犯罪と訳しておくことにする。〕
(18) Schur, Crimes Without Victims, 1965.

3 法益侵害としての犯罪理論の規範的内容

啓蒙主義的な権利侵害説から、法益侵害を社会侵害性として説明することへと移行したことの規範的な帰結について考えてみよう。実際それは、すでにビルンバウムの1834年の論文に現れている。すでに述べたように、彼は、とりわけ「公共財」のカテゴリーを設けて、そのなかに国民の道徳的・宗教的な確信を包摂している[19]。ここでは、啓蒙主義の刑法的な規範表象からの二重の離反がみられる。

社会侵害がある「公共財」に及びうるならば、社会侵害は、まずは集団主義的な特徴（kollektivistische Züge）をおびることになるが、それは、啓蒙

主義の社会侵害説とは異質のものである。啓蒙主義にとっては、個人の権利を侵害することが社会侵害的なのである。啓蒙主義の知る唯一の「公共財」は、個人の権利の保全に資するところの国家である。これに対して、ビルンバウムは、非国家的な、純粋に「社会的な」公共財を導入しているが、そのことを法益理論は、今日まで保持してきている[20]。その理由は、明白である。社会が個人の権利を保障することだけで、すでに人間の尊厳を保つ生活を保障しうるという観念は、初期自由主義の終わり以来、過去のものとなっている。現代社会は、社会プロセスを持続させなければならないし、個人的な処分権の下には置かれていない状況も、また保障しなければならないのである。学校、現代の交通、そして健全な環境の保全などを想起すれば分かろう。

　法益侵害説の第2の離脱、つまり啓蒙主義の規範表象からの離脱は、問題である。ビルンバウムは、国民の宗教的・道徳的な確信の侵害をもまた社会侵害的なものとして考えていたし、それでもって、1834年に存在していた宗教犯罪および道徳犯罪を正当化したのである[21]。しかし、彼とは反対に、まさに啓蒙主義の社会侵害説を指向していた人は僅かであった[22]。もし、「道徳」の侵害が社会侵害的な法益侵害であると主張されるのであれば、法益ドグマは、社会侵害的行態のみを処罰すべきであるという公準から、およそ規範的な力を奪うことになってしまうのである。おそらく、神の意志を侵害するというような世俗を越えた結果は、社会侵害思想のそのような理解の下では、もはや刑法規範の正当化を援用することはできないであろう。

　もちろん1945年までは、法益論の多くの理論家が、この理論の規範的な力について、ほとんど気に留めていなかった。法益保護の理論と啓蒙主義的な権利侵害説を比較してみると、法益保護の理論の機能は、まさに刑法上犯罪とされる行態の社会侵害性の公準とその時々の刑法規範の現状とを調和させることにあった。この実証主義的な傾向は、すでにビルンバウムにおいてその徴候が現れている。この傾向は、メッテルニヒの時代において、社会侵害説と法状況との融合を図ろうと努めたことによるものであるが、その法状況は、現実の政治的条件の下では、啓蒙主義の意味では一度も変えられるこ

とがなかった[23]。ビンディング（Binding）は、法益ドグマに刑法理論上の定席をはじめてあてがったが[24]、彼の下では、実証主義は、政治的なプログラムであった[25]。犯罪を利益侵害として捉えるリスト（Liszt）の理論の後は、何が当罰的であるかについての練り上げられた規範表象は存在せず、むしろ、ビンディングの規範論に見られるように、なにはさて置き、実定刑法によって秩序づけられた現実を徹底的に把握しようとする努力があっただけである[26]。

　1945年以後になってはじめて、より広い範囲において、法益保護の理論に対する規範的な期待が持ち出されるようになった[27]。それについては、1933年以降の、とくに国家社会主義的な論拠を強調する刑法学者によってなされた法益ドグマに対する戦いが決定的であった[28]。1945年以降には、多少単純な考えから、反自由主義的な政治運動の擁護者によって撲滅しようとされた原理を導入することが許容されたが、その原理は、明らかに自由主義的な刑事政策の鍵を内在しているものであった。

　しかし、国家社会主義（ナチズム）の下での戦いの状況については、国家社会主義的な刑法の構想も法益保護の理論も、格別明確に定義されていなかったので、正しい見通しがきかなかった。このことは、たとえば、旧刑法典にあった犯罪構成要件が法益を保護したか否かという問題をめぐってなされた論争に、明らかに現れていた。国家社会主義的な論拠を強調する刑法解釈学者たちは、法益ドグマが多数の犯罪構成要件の存在を説明することができず、また法益ドグマはそれらの解釈に何ら寄与するところがないという論拠でもって、法益ドグマを攻撃するのである[29]。これに対して、国家社会主義の下で一貫して財保護思想を維持しようとした者は、成人の単純な同性愛（Homosexualität）のような構成要件でさえも、「性道徳」（geschlechtliche Sittlichkeit）のような法益に還元したのであり[30]、これに似通った法益の記述は、すでにビルンバウムやビンディングにおいても、見られるところである[31]。

　明確なものが、ここでヴェルツェル（Welzel）によって打ち出されたが、

それは1939年においてであった。たしかに、それは時期的に遅すぎた。そのため、ヴェルツェルは、もはや国家社会主義的な議論に影響を及ぼすに至らなかった。さらには、彼が明確にしたことが、なお1960年代においても、多くの法益理論家によって全く擁護されなかったというほど、相当人目に隠れた立場にあったのである。ヴェルツェルは、彼の論文「刑法体系の研究(32)」のある長い脚注において、「道徳」が法益たりうるか否かの問題を自ら提示していた。彼は、それを否定していた。道徳は、ヴェルツェルが言うように、規範によって構成されている以外のなにものでもない。実際、規範を法益に高めることは、意味がないであろう。なぜならば、もしそうした場合には、規範とその保護客体とをもはや区別しえなくなってしまうからである。そのような概念の区別には、賛同しなければならないであろう(33)。ヴェルツェルの法益概念は、一般に争いなく法益として認められるもの——今日の刑法34条の意味における「生命、身体、自由、名誉、財産」——をすべて包括するとともに、具象化されている用語法によって覆い隠された規範および規範複合体以外のなにものでもない、理論的に紛らわしい対象領域だけを、その法益概念から排除しているのである。

　ヴェルツェルによって提示された方法で法益概念を限定するならば、法益保護の理論が、反自由主義的で極端な保守主義である国家社会主義の刑法観と、どこで衝突するのかが明らかとなる。ヴェルツェルによって明確に規定された形式の下では、法益保護の原理は、規範自体ではないものを保護するような刑法規範だけを、正当と認めるのである。別の言い方をすれば、規範は自らを正当化することは許されないのである。このことは、国家社会主義に——それだけではないが——全くもって反するものである。国家社会主義にとっては、成人の同性愛の刑法的禁止のような規範は、民族的な生活様式の構成部分であることだけで十分である。なぜなら、そのような規範を侵害する者は、彼が民族的共同体の外に立っていることを、当該行為でもって認識させるからである(34)。要するに、法益保護の理論は、規範が、規範違反およびその効力の減弱を越えるところの「結果」を阻止することを要請する。

これに対して、国家社会主義的な共同体思想では、共同体によって非難される心情が、規範違反において明るみにでるだけで十分なのである。国家社会主義は、刑法の心情倫理的構想を擁護し、法益保護の理論は、刑法の結果倫理的構想を擁護するのである。

刑法の結果倫理的な考え方は、刑法規範を設定するための理由付け拘束力（Begründungszwang）を高め、またそれゆえに、刑事立法の正当化（Rationalisierung）に資するのである。国家社会主義におけるそのような刑法構想にとっては、刑法規範の創設の「理由付け」のためには、一定の行為態様に対する嫌悪の表明だけで十分である。これに対して、法益保護の原理を指向する者は、規範違反の「背後に」存在する望ましくない結果を証明しなければならないのである。

そのような理由付け拘束力は、すべての逸脱者を刑罰でもって捕捉しようとはしない、自由主義的刑法観の不可欠の前提条件である。しかし、法益保護の理論自体は、そのほかに非自由主義的な価値をも保証する。メッカのカーバ（イスラム教の聖殿）、動物あるいは湿原も、先に述べた意味では法益でありうる[35]。その際、そのような客体が人間にとって特別の利益をもたらすのか、あるいはそうではないのかということは、どうでもよいことなのである。単なる愛着利益（Affektionsinteresse）で十分である。したがって、法益論はそれ自体、たとえば、環境が人間のために保護に価するのか、あるいはそれ自体のために保護に価するのか、といった問題に答えるには、何らの貢献もしないのである[36]。動物あるいは環境に主体的地位もしくは魂まで付与することが、それらを社会の保護に適した同胞とするために、ときとして行われたことがあるが、そのことも同様に必要ではないのである[37]。法益保護の理論は、幸いにも、動物や環境の刑法的保護を正当化するために、そのような「アニミズム」を強要はしないのである。このことは、最初に述べた社会侵害の「外在化」（Externalisierung）の一つの結果であり、その外在化は、啓蒙主義から財保護思想への移行に結び付けられていたものであった。つまり、法益保護の理論は、社会侵害性を主体間の関係の妨害として説

明はしないし、あるいはその必要もないのであり、むしろ社会がある価値を付与している外的な客体の侵害として説明するのである。

(19) 注(8)参照。
(20) まずは、Jescheck, Lehrbuch des Strafrechts, 4.Aufl, 1988, S.233, 342, 654.参照。
(21) 注(8)参照。
(22) 注(2)参照。
(23) これについて、詳しくはAmelung (注(1)), S.38ff., 45ff.ビルンバウムは、彼自身の言明では、なお離実定的な犯罪理論を発展させようとしていたが (NArch CrimR 17 (1836), S. 560ff.参照)、結果的には、その犯罪理論は彼の時代 (そして幾多の他の刑法の時期) の刑法規範の伝統的存立と一致したものであったという、偶然とは言えないものに終わった。「刑事政策的制限の断念」を、Monika Frommel, Präventionsmodelle in der deutschen Strafzweck-Diskussion, 1987, S.158.も強調している。彼女のテーゼは、私が (ジーナ (注(4)) の19頁以下の対比と同様に) ビルンバウムの「歴史的状況」を見間違っているというものであるが、しかしフロンメル女史は、この非難を立証していないし、さらにまた、この状況が彼女の見解によればどのようなものであったのかについて、自ら何ら具体的なものが述べられていないので、依然として私には納得しえないままである。
(24) Kaufmann, Lebendiges und Totes im Bindings Normentheorie, 1954, S.69.
(25) 法益との関係については、たとえば、Die Normen und ihre Übertretung, 2. Aufl., 1890, Bd.1, S.365, Fn.1 ; Bd.2,1, S.161.参照。
(26) これについては、v. Liszt, ZStW, Bd.6 (1886), S.672 ; Bd.8, 1888, S.139ff.参照。
(27) 基本的なものとしては、Jäger, Strafgesetzgebung und Rechtsgüterschutz bei den Sittlichkeitsdelikten, 1957 (これに対する批判としては、Bockelmann, ZStW, Bd.74 (1962), S.311ff.) がある。そのほかに、たとえば、Sina (注(1)) (これに対する批判としては、Amelung, (注(1)), S10ff.) ; Marx, Die Definition des Begriffs ≫Rechtsgut≪, 1972 (これに対する批判としては、Amelung, ZStW, Bd. 84 (1972), S.1015ff.) ; Hassemer, Theorie und Soziologie des Verbrechens, 1973 (これに対する批判としては、Amelung, ZStW, Bd. 87 (1975), S. 132ff.) などがある。
(28) 概要については、Amelung (注(1)), S.216ff.とくにS.228ff.
(29) Schaffstein, DStrR 4, 1937, S.338ff.
(30) H. Mayer, Das Strafrecht des Deutschen Volkes, 1936, S.192ff. ; ders., DStR 5, 1938, S.84.

(31) Birnbaum（注(4)）, S.178ff.；Binding（注(25)）, Bd.1, S.352.
(32) ZStW, Bd.58 (1939), S.511, Fn.30.
(33) より詳しくは、Amelung（注(1)）, S.168ff., 187ff.
(34) この考え方についての広範にわたる証明については、Marxen, Der Kampf gegen das liberale Strafrecht, 1975, S.182ff.；Diemut Majer, ≫Fremdvölkische≪ im Dritten Reich, 1981, S.133ff.
(35) 立法者にはこれらの対象物の保護がまさに問題であるとするならば、それらを単なる「行為客体」と看做すこともまた不可能である。なぜなら、行為客体とすることで、それらは法益としての適格性を欠くことになるからである。「行為客体」の概念は、それが保護客体のために用いられずに、むしろ単に構成要件メルクマールとして用いられる場合においてのみ、有意義な機能を果たすのである。Amelung（注(1)）, S.198ff.参照。
(36) これについては、Schönke/Schröder/Cramer, StGB, 23. Aufl., 1988, Rn. 8 vor §§ 324ff.など参照。
(37) これについては、Mayer-Abich, Wege zum Frieden mit der Natur, 1984, S.162ff.参照。

4 価値の問題

　法益侵害としての犯罪理論の、立法者を指導する規範的な力は、既に述べたことからすれば、ささやかなものである。それは、刑法規範の創設が結果倫理的に基礎付けられうるものであれば、すべて正当化する。もし、法益保護思想の純粋な分析的考察がより多くのものをもたらすのであれば、それは実際驚くことなのだが。刑法が一定の価値表象を満足させるものであることを欲する者は、その価値表象を指定しなければならず、そしてその価値表象から特定の法益論を導き出さなければならない。そのような法益論についての提案が、1960年代および70年代においては、欠けていたわけではない[38]。価値問題を公にしたり、さらにはその体系的な省察を加えることに関しては、あまりよい状況とは言えない。
　法益として考えられる対象の数は、まずは、自然法的な価値評価によって制限されうる。ここでの価値評価が、社会の価値評価に左右されないようなものとして理解されるべきものであるとしたら、その価値評価は、社会の外

にある主体(「神」)に帰せしめられることになろうし、またそれは、実質的倫理のように、(真の)財に「付着している」ところの所与の実在と看做されることになろう[39]。これらの試みは、第二次世界大戦後、時流に乗ったが、しかし、周知の認識論上の理由から、その波は過ぎ去ってしまっている。

　このような理由から、価値を評価する主体は、再び社会の中に引き戻されねばならないであろう。その際、まずもって、文化共同体(Kultur-Gemeinschaft)としての社会が考慮されよう。すでに、ビルンバウムにおいては、刑法は国民文化が財と見るものを保護すべきである、という考えが打ち出されている[40]。今世紀の1930年代の当初において、ドイツ刑法学に後々まで影響を及ぼした南西ドイツ新カント主義の価値哲学においては、「文化的財」(Kulturgut)の概念に問題解決の鍵があった[41]。そして、ハッセマー(Hassemer)の法益論においてもなお、ビルンバウムの場合と似通った考慮が重要な役割を果たしている[42]。

　ロマン主義的民族精神論に続き、今世紀の後半に至るまで、客体を「文化的財」としてラベリングすることは、それを法的に保護する価値があるものと証明することであるということが、ほぼ自明な出発点とされてきている。この確信は、ようやくハッセマーにおいて崩壊をみているが[43]、それは正当なことである。すでに内容的には、刑法が「民族の価値評価」を単純に引き受けるということは、自明のことではなくなってきている。そのような価値評価は、全くもって熟慮を欠いた、おろかで迷信的なものであると言えよう。代表民主制のきわめて精密な構造は、そのような価値評価を単純には立法者に反映せしめないように仕組まれている。その上、統一的な価値評価を行う民族文化の表象は、すでにそれ自体が問題であり、またこのことは、10万人のイスラム教徒が我々のもとに住むようになってからは、はじめてのものではない。我々の社会の中に、すでに刑法的に重要な価値評価についての内容的な合意が存在するというのであれば、承認された手続だけに基づいた民主的な法律というものは、不要となるのだが[44]。

　合理的に振る舞おうとする立法者は、住民の中にある社会文化的な価値評

価 (sozio-kulturelle Wertungen) を実際考慮しなければならない。つまり、たとえば、宗教的儀式やカラスが（議論のあるヨーロッパ共同体方針に基づいて）刑法的手段でもって保護されるべきか否か、またどの程度に保護されるべきかといったことが問題とされる場合、立法者は、宗教的儀式を妨害することの暴力内在的な効果を考慮しなければならないし、あるいは、カラスに対するわずかな社会文化的な価値の尊重を考慮に入れなければならないのである[45]。しかし、そのような考慮は、すべての「文化的財」が、あるいはそれだけが、刑法的手段でもって保護されることが許される、といった種類の拘束を立法者に課すことを意味するものではない。

そこで、文化共同体としての社会に立ち戻ることが疑わしいとすると、法的に高められた価値評価を、政治的共同体としての社会の中に探し求めるという方法のみが残されていることになろう。社会がその価値評価を知らせる道具は、言うまでもなく法律である。その際、刑罰法規に的を絞ってみると、刑事立法者によって積極的に価値評価されるところの客体が法益である、との定義に立ち至るのである[46]。

そのような態度をとる法益論は、第二次世界大戦後、しばしば「内容空虚な」ものとして非難されているのである[47]。このことは、多くの点で腹立たしい不当な判断である。すでに示唆したように、「実定法的」法益概念は、実証主義者ビンディングの、実り豊かな解釈学的発案によるものである[48]。立法者の価値評価を熟慮することによる特別構成要件の目的論的解釈、緊急避難の場合における財考量（Güterabwägung）、同意の効果の問題、さらには、その他の刑法解釈学上の日常的な研究課題など、この補助手段なくしては、解決しえなかったであろうし、あるいは、解決できたとしても非常に困難であったであろう。ただ、そのような法益論に対しては、法益論が生み出そうとは欲しないこと――つまり、立法者への規範的指導、特定の客体だけを法益としてラベリングすること――に期待を寄せてはいけないということである。

単なる法律（刑罰法規）とともに、政治的社会は、その社会が当該法律の

価値評価に高い効力を付与している法律のあることを知っている。たとえば、憲法がそうである。憲法での方向付け[49]には、少なくとも2つの利点がある。一つは、憲法は、刑法上保護するに価すると思われうる財を価値の高いものとして証明することである。もう一つは、憲法は、社会における社会侵害性を構造上の形象（strukturiertes Gebilde）として固定することを可能にするのである。つまり、基本法によって定められた社会システムを破壊するのに適しているものが、社会侵害的なものであると呼ぶことができるのである[50]。

もちろん、そのような構想の規範的な力の限界には、比較的早く達してしまう。憲法は、立法者をごく僅かしか繋ぎ留めておらず、むしろ憲法に適合した立法のための枠組みだけを基本的に設けているにすぎない。憲法は、法益にまで高められることの許されるものを積極的に固定することよりも、むしろ何が法益になりえないかを謳っているのである。憲法が特定の客体を積極的に優遇するとしても、そのことは刑法の観点からは生じない。憲法は、国家を組織し、その上、歴史的経験上まさに国家によって脅かされる若干の法益を保護している。したがって、保護する価値のある客体のうち、これまで私的個人によってしか脅かされなかったもの、あるいはほとんど脅かされることのなかったものは、憲法上には浮かび上がって来ていない、と言えよう。要するに、憲法がある財を積極的に優遇しているものの、どの規則にも、当該財を刑法的手段でもって保護する義務がないという場合すらあるのである[51]。さもなくば、共同体と同様に個人にも自己発展のために自由を与えようとする規範構造からして、刑罰によって武装された拘束服（Zwangsjacke）となってしまうであろう。

このことをよく考えてみるならば、限界領域においてすら、立法者が法益として保護することの許されるものを、立法者に正確に指図することが望ましいことは、もちろん明らかであろう。（単一の）法律は、ある一定の状況において、我々を侵害するように思えるものと戦うべく、我々に自由を付与している。この自由の濫用を防止することは、有意義なことであるが、しかしその自由を排除することは、意味のあることではない。

(38) 前注(27)を見よ。
(39) Hartmann（注(14)）, S.136, 160ff.
(40) Birnbaum（注(4)）, S.178.
(41) 証明については、Amelung（注(1)）, S.126ff., 331ff.
(42) Hassemer（注(27)）, S.127ff.
(43) たとえば、Hassemer（注(27)）, S.160ff.参照。
(44) なお、この点については、Amelung, Jura, 1988, S. 398.参照。
(45) これについては、1988年5月18日の特別保護野鳥についての保護規定の例外に関するラインラント・プファルツ州規則、GVB1. S.108；Reich, AgrarR 1987/184.参照。
(46) すでに、Binding（注(25)）, Bd.1, S.356があるが、詳しくは、Amelung（注(1)）, S.187ff.を見られたし。
(47) 前注(27)において挙げた文献参照。
(48) 前注(15)を見よ。
(49) 最初に提案したものとしては、Sax, Grundsätze der Strafrechtspflege, in Bettermann/Nipperdey/Scheuner (Hrsg.), Die Grundrechte Bd.3,2 (1959), S.909ff.（913ff.）.
(50) Amelung（注(1)）, S.369ff.
(51) この点については、Robbers, Sicherheit sls Menschenrecht, 1987, S.121ff.,とくに、S.129ff.参照。

〈要旨：英文〉

「法益保護」（legally protected goods）の理論は、啓蒙主義の侵害説（doctrine of harm）から派生してきたものである。しかしながら、その理論は、規範的レベルにおいても記述のレベルにおいても、後者の侵害理論とは異なっている。このことは、法益ドグマが社会侵害の客体を「社会契約」の概念に関係させずに、むしろ世俗の客体を財の位置にまで高める規範的評価に関係させている、という事実に関係がある。それゆえ、社会侵害は、個人的権利の侵害の意味において記述されるべきではなく、むしろ個人的権利の関連客体の意味もしくは個人的権利には全く従属しない集合的財の侵害の意味において記述されるべきものである。規範的観点においては、法益理論は、侵害概念の変形可能性を弱めるものである。侵害は、もはや社会契約の

論理的な否認としては考えられず、規範的評価の結果として考えられる。この評価の主体と客体は、この法益理論によっては決定されず、その特別に変化されたものによって決定される。法理論が規範侵害としての犯罪概念に対してなお追加すべき意味を持つとしたら、それは、規範を法的に保護される財の地位にまで高めることはできないということである。規範の背後に存在するところの客体を保護すべき刑法の責務、すなわち行為の結果を注目する犯罪概念は、そのような法益理論の規範的内容として考えられうるものである。

［訳者あとがき］

1　本論文の位置付け

本稿は、ユンク＝ミューラー－ディーツ＝ノイマン編『法と道徳』(Jung/Müller-Diets/Neumann (Herg.), Recht und Moral, 1.Aufl., 1991) に収録されている法益論に関するアメルンクの論文を訳出・紹介するものである。本論文には、アメルンクの法益論の理論的な核心部分が凝縮されており、アメルンクの法益論の構想とその具体的方向性を検討する上で重要なものである。アメルンクが法益論の理論的構想を公にしたのは、1972年に出版された著書『法益保護と社会の保護』(Rechtsgüterschutz und Schutz der Gesellschaft) においてであった。1970年代のドイツでは、性刑法の改正とも関係して、法益論の議論が盛んであったが（この時期に、アメルンク、ハッセマー、マルクスなどによって法益論の構想が出されている）、現在では、各法益論の構想が具体的にはどのような展開をみるものなのかが静観されている状況にある。アメルンクの法益論に関する論文は、上に挙げた著書の後、刑事訴訟法の領域の問題解決へと発展していくが、基礎理論に再度省察を加えたものとしては、1982年にイタリアの刑法学会で行った講演をもとにした論稿「ドイツ刑法学における法益保護理論の現状」(Zum heutigen Stand der Leher vom Rechtsgüterschutz in der deutchen Strafrechtswissenschaft. 日高義博訳・ジュリ770号88頁以下（本書199頁以下）がある。本論文は、これに続くものである。

2　理論的な道筋について

（1）　アメルンクの法益論は、法益概念を事実的・因果的に捉えようとする見解の一つであるが、法益保護と社会の保護とを同一レベルのものとは見ない点が特徴的である。本論文では、その論拠が簡明に述べられているが、その道筋は、次のようになろう。

（2）　法益保護の理論は、啓蒙主義の社会侵害理論に由来するものである

が、法益保護の理論と啓蒙主義の社会侵害理論とは、記述的レベルにおいても規範的レベルにおいても異なっているとする。啓蒙主義の権利侵害説では、社会侵害的行為とは、社会を解体する行動であり、それは社会関係を規律する権利を侵害することである。これに対して、法益保護の理論は、犯罪の社会侵害性を権利の侵害に求めず、法益の侵害に求める。ここでは、社会侵害性を説明するのに、社会の解体という観点は出てこない。つまり、法益を侵害することが、そのまま構築・組織化された社会を解体することにつながるわけではなく、逆に、法益を保護することが社会を直接保護することになるわけではないのである。啓蒙主義の権利侵害説からこのような法益侵害理論への移り変わりには、「財」の概念によるパラダイム転換があったとしている。ここでは、とくにビルンバウムの財概念が注目されているが、「公共財」の概念を導入したことや宗教的・道徳的確信の侵害も社会侵害的であるとしていることなどが、啓蒙主義の社会侵害理論から離反した異質の社会侵害性を展開する契機になっている、との見方が示されている。

（3）法益保護の理論を展開する場合、法益と呼ばれるものの実体が何であるのかが重要な課題となるが、この点については、ヴェルツェルが提示した法益概念が有益であるとする。つまり、規範自体は法益とはなりえず、規範の背後にある保護の客体が法益であるとする立場から、法益論の機能とその限界を明確にすべきであるとしている。しかし、ヴェルツェルのように、刑法の中心的課題から法益保護を除外して、実定的な社会倫理的行動価値（心情価値）の妥当性を追求するといった方向を目指すべきではないとし、法益保護の理論は、刑法の心情倫理的構想を排除し、刑法の結果倫理的構想を擁護するものであるとの前提に立って理論を展開すべきであるとする。この立場では、刑法規範に対しては、規範違反およびその効力の減弱を越えるところの「結果」を防止するものであることが要請されることになる。また、規範の保護の客体が法益であるとする見解の下では、規範そのものである道徳は法益概念の範疇から除外されることになるものの、他方、動物や環境などの非自由主義的な価値も、それが規範によって保護されている限り、法益

たりうることになる。そうすると、ここで法益と呼ばれるものの実体は、社会が価値を付与している外的な客体ということになる。

（4）このような法益論の構想の下においては、価値評価の主体および客体は、法益保護の理論自体によっては決定されないことになる。どのようなものが規範によって保護されるべき客体となるのか、さらにそのような価値評価を行う主体は何かという、価値の評価・決定の問題が重要な課題として残されているのである。この問題の解決方法としては、(1)自然法的な価値評価に依拠して、法益として考えられる客体を限定する方法、(2)価値評価の主体を文化共同体に求め、いわゆる「文化的財」の概念によって問題解決を図る方法なども考えられるが、むしろ、(3)評価の主体を政治的共同体に求めることで問題の解決を図るべきだとする。この第3の方法では、法益の実体は、刑事立法者によって積極的に価値評価された客体ということになる。このような法益論には、立法者を指導する規範的な力はごく僅かしかなく、特定の客体だけを法益としてラベリングするというようなことも期待しえない。もっとも、価値評価に際して憲法的な枠組みによる限定が認められうるが、それとても立法者をわずかに規制するにすぎないとしている。

法益論の機能と限界がこのようなものであるとすると、実質的犯罪概念を捉える上で重要な社会侵害性についての公準（人間の共同生活の諸条件を破壊するもので、かつ刑罰をもって防止しなければならないものを識別するための実質的基準）は、法益論からは直接導き出しえないことになる。この点について、アメルンクは、社会システム論（とくにパーソンの理論）によってその社会侵害性を解明しようとしているが（前掲書『法益保護と社会の保護』330頁以下参照）、ここでは、論題からはずれるため言及されていない。なお、アメルンクのこの構想に対する批判として、たとえばロクシンは、基本法での基礎的な価値決定による限定はなされているものの、その方向性は、法益保護思想の自由主義的な追撃指向性とは反対方向のものになってしまい、「国家は個人のために存在し、個人はそれ自身のために保護されるのであって、社会的全体システムの一部分としてのみ保護される必要があるとい

うものではない。」という考えを覆い隠すことになってしまうのではないか、との見方を出している（Vgl., Roxin, Strafrecht Allgemeiner Teil, Bd.1, 1.Aufl., 1992, S.19 [Rn.33]）。アメルンクの法益論が自由主義的な指向性と反対方向のものになるとは思われないが、この批判は、刑法が人間の共同生活の諸条件を保全する上で、個人と社会全体の利益が衝突した場合にどのように対応するのかという問題をつきつめて考える必要があることを提示しているものと言えよう。

3 アメルンクの研究業績について

以上が本論文で展開された理論的な道筋である。なお、アメルンクの研究業績については、1980年までのものについてはすでに紹介したことがあるので（前掲ジュリ770号88頁以下）、ここでは1981年以後の主なものを挙げ、その後の理論的な関心がどのような分野に及んでいるのかを示しておくことにしたい。

［著　書］
1. Die Einwilligung in die Beeinträchtigung eines Grundrechtsgutes, Schriften zum öffentlichen Recht, Bd.392, 1981.
2. Der Hausfriedensbruch. Kurs-Skriptum der Fernuniversität, 1.Aufl. 1983, 2.Aufl. 1989.
3. Die Untersuchungshaft. <Mitautor als Mitglied des Arbeitskreises Strafprozeßreform>1983.
4. Informationsbeherrschungsrechte im Strafprozeß. Dogmatische Grundlagen individualrechtlicher Beweisverbote. Schriften zum Prozeßrecht, Bd.97, 1990.

［論　文］
1. Zur Kritik des kriminalpolitischen Strafrechtssystems von Roxin. in : JZ 1982, S.618ff. ; in Schünemann (Hrsg.), Grundfragen des modernen

Strafrechtssystems, 1984. 日髙義博訳「ロクシンの刑事政策的刑法体系の批判」(シューネマン編・中山研一=浅田和茂監訳『現代刑法体系の基本問題』(1990年) 所収) 93頁以下。

2. Das Problem der heimlichen Notwehr gegen die erpresserische Androhung kompromittierender Enthüllungen, in : GA 1982, S.381ff.
3. Zum heutigen Stand der Lehre vom Rechtsgüterschutz in der deutschen Strafrechtswissenschaft. 日髙義博訳「ドイツ刑法学における法益保護理論の現状」ジュリ770号88頁以下 (本書199頁以下)。
4. Die Zulässigkeit der Einwilligung bei den Amtsdelikten, in : Festschrift für Dünnebier, 1982, S.487 ff.
5. Die Einwilligung des Unfreien. Das Problem der Freiwilligkeit bei der Einwilligung eingesperrter Personen, in : ZStW 1983, S.1ff.
6. Grenzen der Beschlagnahme notarieller Unterlagen, in:Deutsche Notarzeitung 1984, S.195ff.
7. Zulässigkeit und Freiwilligkeit der Einwilligumg in strafprozessuale Grundrechtsbeeinträchtigungen, in : Rüthers/Stern (Hrsg.), Freiheit und Verantwortung im Verfassungsstaat, 1984, S.1ff.
8. Probleme der Einwilligung in strafprozessuale Grundrechtsbeeinträchtigungen, in : Strafverteidiger 1985, S.257ff.
9. Die Rechtfertigung von Polizeivollzugsbeamten, in : JuS 1986, S.329ff.
10. Der Hausfriedensbruch als Mißachtung physisch gesicherter Territorialität, in : ZStW 98 (1986), S.355ff.
11. Bemerkungen zum Schutz des "befriedeten Besitztums" in § 123 StGB, in ; NJW 1986, S.2075ff.
12. Grundrechtstheoretische Aspekte der Entwicklung des Grundrechts auf Unverletzlichkeit der Wohnung, in : Birtsch (Hrsg.), Grund- und Freiheitsrechte von der ständischen zur spätbürgerlichen Gesellschaft, 1987, S.291ff.

13. Zur dogmatischen Einordnung strafprozessualer Grundrechtseingriffe, in : JZ 1987, S.737ff.
14. Die Rechtfertigung und Entschuldigung von Polizeibeamten irn deutschen Recht, in : Eser/Fletcher (Hrsg.), Rechtfertigung und Entschuldigung, Bd2, 1988, S.1327ff.
15. Sozialer Wandel und Rechtssystem, in : Jura 1988, S.393ff., sowie in : Trierer Beiträge aus Forschung und Lehre an der Universität Trier 1989, S.38ff.
16. Strafrechtlicher Grundrechtsschutz gegen die Polizei, in : ZRP 1991, Heft 4, S.143ff.
17. Grundfragen der Verwertungsverbote bei beweissichernden Haussuchungen im Strafverfahren, in : NJW 1991, S.2533ff.

(1992年3月、トリーア大学法学部研究室にて)

[判例索引]

〈大審院・最高裁判所〉

大判明治43・9・30刑録16輯1569頁 ……………………………131
大判明治43・10・11刑録16輯20頁 ………………………………15
大判明治44・3・31刑録17輯497頁 ………………………………131
大判大正3・2・14刑録20輯142頁 …………………………………155
大判大正6・9・10刑録23輯99頁 ……………………………………161
大判大正7・12・6刑録24輯1506頁 …………………………………136
大判大正12・12・3刑集2巻915頁 ……………………………………131
大判昭和3・1・24刑集7巻6頁 …………………………………………40
大判昭和4・9・20刑集8巻450頁 ………………………………………40
大判昭和13・2・28刑集17巻125頁 ……………………………………136
最判昭和23・5・20刑集2巻5号489頁 …………………………………136
最判昭和24・1・20刑集3巻1号47頁 ……………………………………161
最判昭和24・8・18刑集3巻9号1465頁 …………………………………87
最判昭和26・3・9刑集5巻4号500頁 ……………………………………95
最判昭和26・5・10刑集5巻6号1026 ……………………………………155
最判昭和30・4・6刑集9巻4号819頁 ……………………………………40
最判昭和31・12・11刑集10巻12号1605頁 ……………………………28
最大判昭和32・3・13刑集11巻3号997頁 ……………………………155
最判昭和32・3・28刑集3巻3号1275頁 ………………………………15
最判昭和34・2・5刑集13巻1号1頁 ……………………………………95
最判昭和37・3・23刑集16巻3号305頁 ………………………………161
最決昭和38・10・22刑集17巻9号1755頁 ……………………………40
最判昭和39・3・10別冊労働法律旬報525号26頁 ……………………28
最判昭和39・11・18刑集18巻9号561頁 ……………………………40
最大判昭和41・10・26刑集20巻8号901頁 ……………………………7
最判昭和44・3・18刑集23巻3号179頁 ………………………………40
最大判昭和44・4・2刑集23巻5号305頁 ………………………………7
最大判昭和44・10・15刑集23巻10号1239頁 ………………………155
最判昭和44・12・4刑集23巻12号1573頁 ………………………87、95
最判昭和45・6・23刑集24巻6号311頁 ………………………………28
最大判昭和48・4・25刑集27巻3号418頁 ……………………………28
最判昭和48・4・25 刑集27巻4号547頁 ………………………………7
最判昭和50・8・27刑集29巻7号442頁 ………………………………28
最判昭和50・10・24刑集29巻9号777頁 ……………………………28
最判昭和50・10・24刑集29巻9号860頁 ……………………………28
最判昭和50・12・25刑集29巻11号1007頁 …………………………28
最判昭和51・5・6刑集30巻4号519頁 ………………………………28
最判昭和50・11・25刑集29巻10号928頁 …………………………19

最判昭和52・2・24刑集31巻1号1頁 …………………………………………29
最判昭和52・5・4刑集31巻3号182頁 ………………………………………7
最判昭和55・11・28刑集34巻6号433頁 ……………………………………155
最判昭和58・3・8刑集37巻2号15頁 ………………………………………155
最判昭和58・10・27刑集37巻8号1294頁 …………………………………155
最判平成元・11・13刑集43巻10号823頁、判時1330号147頁 ……………81
最判平成9・6・16刑集51巻5号435頁 ……………………………………88

〈高等裁判所〉
福岡高判昭和31・4・14裁判特報3巻8号409頁 …………………………131
広島高判昭和31・6・18裁特3巻12号625頁 ………………………………95
福岡高判昭和32・5・22裁特4巻11＝12号270頁 …………………………95
東京高判昭和32・8・24裁判特報4巻17号435頁 …………………………131
名古屋高判昭和37・12・22高刑集15巻9号674頁 ……………………105、119
大阪高判昭和42・3・30下刑集9巻3号220頁 ………………………………87
広島高判昭和45・4・30判時624号91頁 ……………………………………95
名古屋高判昭和46・12・8刑月3巻12号1593頁 ……………………………95
東京高判昭和54・3・20高刑集32巻1号71頁 ………………………………155
東京高判昭和57・6・8判時1043号3頁 ……………………………………155
広島高松江支判昭和62・6・18判時1234号154頁 …………………………141

〈地方裁判所〉
鹿児島地判昭和50・10・1日判時808号112頁 ………………………105、119
神戸地判昭和50・10・29判時808号113頁 ……………………………105、119
大阪地判昭和52・11・30判時879号158頁 ……………………………105、119
鳥取地判昭和61・12・17判タ634号250頁 …………………………………141
高知地判平成2・9・17判時1363号161頁 ……………………………105、119
横浜地判平成7・3・28判時1530号28頁 ……………………………………119
横浜地判平成17・3・25判例集未登載 ………………………………………119

〈簡易裁判所〉
尼崎簡裁昭和43・2・29下刑集10巻2号221頁 ……………………………136

[事項索引]

(あ)
愛着利益 …………………………………………………………235
愛のコリーダ事件 ………………………………………………148
悪徳の栄え事件 …………………………………………………147
安楽死 ……………………………………………………96、97
安楽死の要件 …………………………………………98、111

(い)
一元的・客観的不法論 …………………………………………56
一元的・主観的不法論 …………………………………………54
一厘事件 ……………………………………………………………12
一般的違法性 ……………………………………………14、17
一般的主観的違法要素 …………………………………42、44
一般的正当化事由 ………………………………………………16
違法一元論 …………………………………………………………3
違法性推定機能 …………………………………………………13
違法性阻却事由 …………………………………………………127
違法性の概念 ………………………………………………………3
違法相対論 …………………………………………………………5
違法多元論 …………………………………………………………6
違法二元論 ………………………………………43、52、55、66
違法二元論における基本形 ……………………………………52
違法モデル ………………………………………66、70、75
医療行為の中止 …………………………………………………117
因果関係の起点としての実行行為 ……………………187、188
印象説 ………………………………………………………………160

(う)
裏返された禁止の錯誤 …………………………………………169
裏返された構成要件的錯誤 ……………………………………169
ウルティマ・ラティオ ………………………………59、121、222

(え)
営利的猥褻行為仲介罪 …………………………………………216
延命医療の中止 …………………………………………………103

(お)
穏健な実証主義 …………………………………………………203

(か)
瑕疵ある意思表示 …………………………………………………126、129
過剰防衛 ……………………………………………………………………91
家族秩序 …………………………………………………………………205
価値表象 …………………………………………………………………237
家庭の性的秩序 …………………………………………………………144
可罰的違法性の理論 ………………………………………………………3
環境刑法 …………………………………………………………………212
甘言 ………………………………………………………………………126
患者の自己決定権 ………………………………………………………103
感情侵害 …………………………………………………………………219
間接正犯類似説 …………………………………………………………185
間接的安楽死 ………………………………………………………………98
姦通罪 ……………………………………………………………………132

(き)
危険事態 …………………………………………………………………175
危険判断の構造 …………………………………………………………161
偽証罪 ………………………………………………………………………62
既遂説 ………………………………………………………………………68
規範違反説 …………………………………………………………………58
規範信頼 …………………………………………………………………219
規範的構成要件 …………………………………………………………149
規範の保護客体 …………………………………………………………209
客体の不能 …………………………………………………………163、178
客観的違法性論 ……………………………………………………43、45
客観的危険説 ……………………………………………………………170
客観的未遂犯論 ……………………………………………………186、188
客観主義刑法理論 ………………………………………………………159
急迫性 ………………………………………………………………………90
急迫不正の侵害 ……………………………………………………………90
行状 ………………………………………………………………………216
脅迫 …………………………………………………………………………86
極端な実証主義 …………………………………………………………204

(く)
偶然防衛 ……………………………………………………………………67
具体的危険 ………………………………………………………………175
具体的危険説 ……………………………………………………………164

254 事項索引

(け)

傾向犯 …………………………………………………46、62
形式的違法性 ……………………………………………7
形式的客観説 ……………………………………………193
形式犯 ……………………………………………………39
形式犯の可罰的違法性 …………………………………34
刑事的違法性 ……………………………………………16
刑事不法阻却事由 ………………………………………16
刑法解釈学 ………………………………………………7
刑法規範 ………………………………………………9、59
刑法の機能 ………………………………………………151
刑法の謙抑性 ……………………………………………151
刑法の脱倫理化 …………………………………………152
刑法の任務 ………………………………………………59
刑法の複合的規範性 ……………………………………10
啓蒙主義 ……………………………………………223、226
啓蒙主義的自然法 ………………………………………202
結果としての危険 ……………………………160、170、175
結果反価値と行為反価値との関係 ……………………15、77
結果反価値の内容 ………………………………………65
結果反価値論 ……………………………………………75
結果倫理 …………………………………………………207
原因設定行為 ……………………………………………186
原因において自由な行為の理論 ………………………182
幻覚犯 ………………………………………………168、180
厳格故意説 ………………………………………………179
現実的危険 …………………………………………175、177
原則緩和説 ………………………………………………186
限定責任能力 ………………………………………182、196
権利侵害説 ………………………………………………202

(こ)

故意・過失 ………………………………………………61
行為規範 …………………………………………………9
行為者の危険 ……………………………………………159
行為と責任との同時存在の原則 ………………………182、190
行為の危険 …………………………………………159、160
行為の属性としての危険 ………………………………160
行為反価値・結果反価値の具体的内容 ………………52
行為反価値の内容 ……………………………………60、65
行為反価値論 ……………………………………………75

強姦罪	137
公共財	228、231
公職選挙法142条の趣旨	39
公職選挙法166条1号の趣旨	37
構成要件欠缺の理論	168
構成要件的過失	63
構成要件的故意	63
構成要件の犯罪個別化機能	63
構成要件明確性の原則	150
公然猥褻	143
公的秩序	218
光文社争議事件	19
公務員犯罪	219
国鉄久留米駅事件	27
個人的法益	153
誤想防衛	79
国家社会主義	233

(さ)

財	228
罪刑法定主義	150
最後の手段	59、151、222
裁判規範	9
財物の概念	14
財保護理論	203
詐欺罪	214
三段階的犯罪論体系	13
サンデー娯楽事件	146

(し)

志向反価値	54、161
自己決定権の法理	116、118
自己堕胎罪	181
事後判断	170
事後予測の方法	165、166
自殺関与罪	96、98
事実の欠如	167
システム理論	220、224
事前判断	166、174
自然法的法益理論	211
自然法の再生	10

256　事項索引

自然法論 …………………………………………………7、10
事態反価値 ………………………………………………175
実行行為概念の相対化 …………………………………177
実行行為論 ………………………………………………183
実行の着手 …………………………………………188、193
実行の着手時期 …………………………………………192
実質的違法性 ………………………………………………7
実質的違法性の判断 ……………………………………117
実体的デュー・プロセス ………………………………151
実定法を超える法 …………………………………………10
事物の本性 ………………………………………………150
市民刑法規範 …………………………………………24、25
社会契約説 …………………………………………202、223
社会侵害 …………………………………………………229
社会侵害性についての公準 ……………………………244
社会侵害理論 ……………………………………………243
社会的相当性 ……………………………………………100
社会的相当性の理論 …………………………………4、13
社会的法益 ………………………………………………153
社会プロセス ……………………………………………214
社会文化的な価値評価 …………………………………238
社会倫理規範 ………………………………………………9
宗教犯罪 ……………………………………………203、226
住居権説 …………………………………………………134
住居侵入罪 ………………………………………………132
住居侵入罪の保護法益 …………………………………134
自由権説 …………………………………………………135
自由主義的刑法 …………………………………………222
修正された客観的危険説 ………………………………172
主観主義刑法理論 ………………………………………159
主観説 ……………………………………………………160
主観的違法性論 ……………………………………………43
主観的違法要素 ……………………………………………41
主観的緊急避難の法理 …………………………………116
主観的未遂論 ……………………………………………165
主観的構成要件要素 ………………………………………46
主観的要素の客観化 ………………………………………47
主体の不能 …………………………………………164、180
手段の不能 …………………………………………163、179
純粋安楽死 …………………………………………………97
消極的安楽死 ………………………………………………98

消極的行為概念	201
承諾	132
承諾能力	129
承諾の推定	141
嘱託殺人罪	96、98、116
女子	137
諸般の事情	27
自律の原理	96、101
真意に基づく承諾	128
侵害の継続性	90、92
人格的刑法学	42
心情刑法	55、57
心情倫理	207
真正心情要素	54
人的犯罪庇護罪	221
人的不法論	41、48
人的保護関係	123
信頼	219

(せ)

性刑法	144
性行為非公然性の原則	146
青少年の保護育成	153
性生活の純潔	206
性的自己決定権	152
正当化事由の消極的錯誤	79
性道徳	144、233
性の解放	145
性犯罪	203、226
性表現の自由化	153
性風俗環境	154
責任主義	182
責任能力	191
責任無能力	182
積極的安楽死	98、114
積極的安楽死の許容要件	115
絶対的不能・相対的不能説	170
折衷的相当因果関係説	164
選挙運動	34
選挙運動演説	34
潜在的危険性	39

258　事項索引

宣誓犯罪 ……………………………………………………………204
全体的な法秩序 ……………………………………………………10

(そ)
相当性の範囲 ………………………………………………………84
遡及効禁止 …………………………………………………………216
尊厳死 ……………………………………………………102、108
尊重請求権 …………………………………………………………218

(た)
胎児 …………………………………………………………………181
逮捕行為 ……………………………………………………………23
高瀬舟 ………………………………………………………………96
煙草買置事件 ………………………………………………………12

(ち)
チャタレー事件 ……………………………………………………145
抽象的危険説 ………………………………………………………164
抽象的危険犯 ………………………………………………………39
超過的内心要素 ……………………………………………………61
超法規的違法性阻却事由 ……………………………………8、18、101
治療行為の中止 ……………………………………………………110

(つ)
通貨偽造罪 …………………………………………………………61
妻に対する強姦 ……………………………………………………137

(と)
同意は違法を作らず ………………………………………………121
東海大学安楽死事件判決 …………………………………………106
同時的コントロール ………………………………………………190
当罰的不法 …………………………………………………………12
当罰的不法の理論 …………………………………………………4
独自の錯誤説 ………………………………………………………79
特殊的主観的違法要素 ……………………………………………44
賭博 …………………………………………………………………145

(に)
二元説 ………………………………………………………………187
二元的危険予測説 …………………………………………………176
二重の故意 …………………………………………………………196

二分説 …………………………………………………………………73

(は)
ハード・コア・ポルノ …………………………………………148
灰色の領域 ………………………………………………………14
跛行的結果反価値論 ……………………………15、60、76、174
犯罪不告知罪 ……………………………………………………62
犯罪論体系 ………………………………………………………13

(ひ)
被害者 …………………………………………………………230
被害者関連犯罪 ………………………………………………230
被害者なき犯罪 ………………………………………………145
被害者の承諾 …………………………………101、127、141
被拐取者の自由 …………………………………………123、129
被害の軽微性 ……………………………………………14、37
ピケッティング …………………………………………………19
ピケッティングの合理的限界 …………………………………24
被誘拐者の自由 …………………………………………122、124
表現犯 ……………………………………………………46、62
開かれた構成要件 ……………………………………………150
広い意味での行為 ……………………………………………186

(ふ)
風俗犯罪 ………………………………………………………154
武器対等の原則 …………………………………………………86
不真正心情要素 …………………………………………………54
物的不法論 ………………………………………………43、56
不能犯 …………………………………………………………159
不能未遂 …………………………………………………53、159
文化規範 …………………………………………………………8
文化共同体 ……………………………………………………238
文化的財 …………………………………………………212、238
文書偽造罪 ……………………………………………………219

(へ)
平穏説 …………………………………………………………135
平和的説得 ………………………………………………………23

(ほ)
防衛意思 …………………………………………………67、68

防衛意思必要説 …………………………………………68、72
防衛意思不要説 …………………………………………68、72
防衛行為の相当性 …………………………………………93
防衛行為の必要性 …………………………………………84
防衛手段としての相当性 ……………………………85、95
防衛の意思 …………………………………………………93
法益 …………………………………………………………151
法益概念 ……………………………………………………243
法益侵害説 ……………………………………58、76、77
法益侵害の危殆化 …………………………………………161
法益侵害の現実的危険性 …………………………………194
法益衡量説 ………………………………………100、116
法益の権衡 …………………………………………………86
法益保護の理論 …………………………………227、243
法益保護の理論の機能 ……………………………………232
法益理論 ……………………………………………………201
法解釈 …………………………………………………8、11
法解釈の調整原理 …………………………………………18
法確証の法理 ………………………………………………68
法実証主義 …………………………………………………7
法秩序に対する危険 ………………………………………164
法秩序の統一性 ………………………………………4、11
法定外文書の頒布行為 ……………………………………38
法の存在論的構造 ……………………………………7、11
保護監督権 ……………………………………122、124、129
保護客体理論 ………………………………………………203
ポルノ解禁 …………………………………………………152
ポルノカラー写真事件 ……………………………………148

(み)
未遂説 ………………………………………………………72
未成年者 ……………………………………………………125
未成年者奪取罪 ……………………………………………125
未成年者の承諾 ……………………………………………128
未成年者誘拐罪 ……………………………………………121
未成年者誘拐罪の保護法益 ……………………122、124
見たくない人の自由 ………………………………………153
身分犯 …………………………………………………167、180
身分の欠如 …………………………………………………168
三友炭鉱事件 ………………………………………………24

(む)
無罪説 …………………………………………………………70

(め)
命令説 …………………………………………………………44
メタ実定的法益概念 ……………………………………211

(も)
目的的行為論 ……………………………………41、44
目的犯 ………………………………………………47、61
目的論的解釈 …………………………………………………8

(や)
やわらかな違法一元論 ……………………………………4

(ゆ)
優越的利益説 ………………………………………………100
誘拐 …………………………………………………………126

(よ)
四畳半襖の下張り事件 …………………………………147

(り)
利益侵害説 …………………………………………………46
利益保護の理論 ……………………………………………205
量的過剰 ……………………………………………………91
リビング・ウイル …………………………………………104
略取・誘拐 …………………………………………123、126

(ろ)
労働基本権 …………………………………………………35
労働争議 ……………………………………………………26

(わ)
猥褻 …………………………………………………………143
猥褻概念 ……………………………………………………149
猥褻罪 ………………………………………………………62
猥褻罪の保護法益 …………………………………………151
猥褻犯罪 ……………………………………………………142

著者紹介

日髙　義博（ひだか　よしひろ）
　1948年　宮崎県に生まれる
　1970年　専修大学法学部卒業
　現　在　専修大学学長・法学博士
　　　　　専修大学法科大学院教授
　　　　　司法試験考査委員（1997年〜現在）
　主　著　『不真正不作為犯の理論』（2版・1983年、慶応通信）
　　　　　『現代刑法論争Ⅰ、Ⅱ』（2版・1997年、共著、勁草書房）
　　　　　『リーガル・セミナー刑法1、2』（1985年、1986年、共著、有斐閣）
　　　　　『基本論点刑法』（1989年、共著、法学書院）
　　　　　『判例に学ぶ法律考現学』（1990年、共著、ぎょうせい）
　　　　　『刑法における錯誤論の新展開』（1991年、成文堂）
　　　　　『平成7年改正刑法』（1995年、自由国民社）
　　　　　『トピックドイツ刑法』（ギュンター著・共監訳、1995年、成文堂）
　　　　　『刑法総論講義ノート』（3版・2005年、勁草書房）
　　　　　『刑法各論講義ノート』（3版・2005年、勁草書房）ほか

違法性の基礎理論
────────────────
2005年9月10日　初版第1刷発行

　　著　者　日　髙　義　博
　　発行者　田　中　伸　治
　　発行所　有限会社　イウス出版
　　　　〒101-0051　東京都千代田区神田神保町2-24
　　　　　電話 03(3556)0175　Fax 03(3556)0176

　　発売所　株式会社　成文堂
　　　　〒162-0041　東京都新宿区早稲田鶴巻町514番地
　　　　　電話 03(3203)9201(代)　Fax 03(3203)9206
　　　　　http://www.seibundoh.co.jp

© 2005 Y. Hidaka　Printed in Japan
☆乱丁・落丁本はおとりかえいたします☆　検印省略
ISBN 4-7923-8801-5　C3032

定価（本体5200円＋税）